权威·前沿·原创

皮书系列为

“十二五”“十三五”“十四五”时期国家重点出版物出版专项规划项目

智库成果出版与传播平台

烟台乡村振兴发展报告（2022）

YANTAI RURAL REVITALIZATION DEVELOPMENT REPORT (2022)

主　编／于法稳　尹　鹏
副主编／袁居新　王　宾

社会科学文献出版社
SOCIAL SCIENCES ACADEMIC PRESS (CHINA)

图书在版编目(CIP)数据

烟台乡村振兴发展报告 . 2022 / 于法稳，尹鹏主编；袁居新，王宾副主编 . --北京：社会科学文献出版社，2022. 12

（乡村振兴蓝皮书）

ISBN 978-7-5228-1009-6

Ⅰ. ①烟… Ⅱ. ①于… ②尹… ③袁… ④王… Ⅲ. ①农村-社会主义建设-研究报告-烟台-2022 Ⅳ. ①F327. 523

中国版本图书馆 CIP 数据核字（2022）第 205599 号

乡村振兴蓝皮书

烟台乡村振兴发展报告（2022）

主　　编 / 于法稳　尹　鹏

副 主 编 / 袁居新　王　宾

出 版 人 / 王利民

组稿编辑 / 周　丽

责任编辑 / 张丽丽

文稿编辑 / 李惠惠

责任印制 / 王京美

出　　版 / 社会科学文献出版社 · 城市和绿色发展分社（010）59367143

地址：北京市北三环中路甲 29 号院华龙大厦　邮编：100029

网址：www. ssap. com. cn

发　　行 / 社会科学文献出版社（010）59367028

印　　装 / 三河市东方印刷有限公司

规　　格 / 开　本：787mm × 1092mm　1/16

印　张：16. 75　字　数：247 千字

版　　次 / 2022 年 12 月第 1 版　2022 年 12 月第 1 次印刷

书　　号 / ISBN 978-7-5228-1009-6

定　　价 / 158. 00 元

读者服务电话：4008918866

编　委　会

主　　编　于法稳　尹　鹏

副 主 编　袁居新　王　宾

编　　委　（按姓氏笔画排序）

于　婷　于法稳　王　贵　王　宾　王文静

王世杰　王田田　王国平　尹　鹏　卢俊宇

代明慧　包晓斌　朱文博　李春燕　杨　穗

宋秀英　张康洁　陈　锐　林　珊　岳　会

郝信波　袁居新　徐东森　崔　凯　韩潍蔚

曾俊霞　操建华

主要编撰者简介

于法稳 管理学博士，中国社会科学院农村发展研究所生态经济研究室主任、二级研究员，中国社会科学院大学应用经济学院教授、博士生导师，中国社会科学院生态环境经济研究中心主任。兼任中国生态经济学学会副理事长兼秘书长，《中国生态农业学报》《生态经济》副主编。主要研究领域为生态经济理论与方法、资源管理、生态治理和农业可持续发展等。

尹 鹏 鲁东大学党委常委、纪委书记，山东省监委派驻鲁东大学监察专员。在烟台农业农村、乡村振兴一线工作近20年，曾任烟台市委副秘书长、市扶贫办主任、市委农办主任，市农业农村局党组书记、局长，市乡村振兴局局长。主要研究领域为马克思主义理论与思想政治、乡村建设、乡村治理、农民教育和农业产业发展等。

袁居新 烟台市·中国社科院农村发展研究中心副主任、研究员，长期从事农业农村工作。主要研究领域为发展规划、产业发展、生态建设和农民教育等。

王 宾 经济学博士，中国社会科学院农村发展研究所副研究员，兼任中国生态经济学学会副秘书长，在《中国农村经济》《改革》等期刊发表学术论文20余篇，出版专著5部，主持国家社会科学基金项目等各类课题3项。主要研究领域为农业可持续发展和农村生态环境治理。

摘　要

本书从整体上分析烟台实施乡村振兴战略成效，并对未来发展趋势进行展望，开展乡村振兴发展指数的评估与预测，在此基础上，从产业发展、乡村建设、农民生活三个维度全面剖析烟台实施乡村振兴战略中存在的问题，探索提升的路径。最后，以栖霞市、龙口市为例，分享了党支部领办合作社、产城融合发展的典型案例，以期为其他地区全面推进乡村振兴战略提供有益借鉴。

第一，总体成效及未来展望。从乡村振兴战略的五大方面，分析烟台实施乡村振兴战略的成效，并总结梳理主要做法及经验，剖析存在的主要问题，提出未来高质量推动乡村振兴战略的政策建议。

第二，发展评估与预测。对标烟台市乡村振兴战略规划的主要指标，对乡村振兴各子系统的实现程度进行比较分析，并对主要指标进行了预测。

第三，产业发展状况研究。产业兴旺是乡村振兴的基础。本部分重点探究烟台乡村产业发展的成效、提出未来战略重点及对策，在此基础上，对农村集体经济现代化和海洋牧场发展进行系统分析。

第四，乡村建设状况研究。围绕烟台乡村治理体系与治理能力现代化、农村人居环境整治提升以及城乡基本公共服务均等化三个方面，系统分析取得的成效和主要做法，剖析存在的问题，并提出相应的对策建议。

第五，农民生活状况研究。聚焦农村居民收入和消费，探索烟台增加农村居民收入的路径与措施，分析农村居民消费现状并进行未来展望。同时，剖析老龄化背景下农村老年人口共同富裕的现实困境、采取的积极举措，明确具体应对策略。

第六，典型案例研究。以栖霞市、龙口市为例，系统探析党支部领办合作社在推动村集体经济发展，以及产城融合发展在打造县域高质量发展中的成功做法和经验，以揭示背后蕴藏的重要启示，为有效实施乡村振兴战略提供借鉴和参考。

关键词： 乡村振兴　指数测评　产业发展　人居环境　公共服务

目　录

Ⅰ　总报告

Ⅱ　产业发展篇

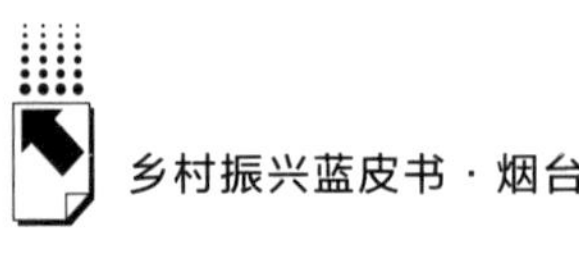

Ⅲ　乡村建设篇

Ⅳ　农民生活篇

Ⅴ　典型案例篇

皮书数据库阅读**使用指南**

总报告

General Reports

B.1 烟台实施乡村振兴战略的成效及未来展望

于法稳　张康洁　尹　鹏　袁居新*

摘　要： 全面实施乡村振兴战略是解决"三农"问题的关键，是实现共同富裕的重要路径。"十四五"开局之年，烟台作为中国山东半岛的中心城市、环渤海地区重要的港口城市和国家历史文化名城，实施乡村振兴战略取得了一系列阶段性成就，粮食生产呈"三增"格局，果业等特色产业高效发展；人才外引内育齐发力，促进乡村振兴人才队伍建设；多措并举推动乡风文明建设有序开展；全域推进美丽乡村建设，农村人居环境明显改善；强化组织引领，

* 于法稳，管理学博士，中国社会科学院农村发展研究所研究员，主要研究方向为生态经济理论与方法、资源管理、农村生态治理和农业可持续发展；张康洁，管理学博士，中国社会科学院农村发展研究所博士后，主要研究方向为产业组织、农业绿色发展；尹鹏，法学硕士，烟台市委原副秘书长，原烟台市扶贫办主任，原烟台市委农办主任，市农业农村局党组书记、局长，市乡村振兴局局长，主要研究方向为马克思主义理论与思想政治、乡村建设、乡村治理、农民教育和农业产业发展等；袁居新，烟台市·中国社科院农村发展研究中心副主任、研究员，主要研究方向为发展规划、产业发展、生态建设和农民教育等。

乡村治理现代化水平明显提高。其成效主要归功于强化政治担当和责任意识、激活乡村振兴农村资源要素活力、全域推行党支部领办合作社、大力推进人居环境整治、党建引领乡村治理等。虽然成绩斐然，但相比于国家乡村振兴战略的目标，烟台农业经济增长内生动力依然不足，乡村人才支撑有待强化，乡村文化建设仍需进一步加强，农业农村生态环境保护任务仍然艰巨。为进一步推动乡村振兴战略高效实施，烟台应继续扎实推进农业高质量发展、不断提升美丽乡村建设水平、持续深化农村综合改革及提高城乡基本公共服务均等化水平。因此，应加快农业提质增效，促进农村三次产业融合；加大人才培育引进力度，提高乡村发展动力；强化工作支持与服务保障，推动乡村文化建设；推进环境保护与治理，推动乡村生态振兴；推进自治、法治、德治“三治”融合，继续提升乡村治理水平；拓宽农民增收渠道，多措并举推动共同富裕。

关键词： 乡村振兴　乡村治理　农村现代化

实施乡村振兴战略，是党中央站在时代的高度，统筹中华民族伟大复兴战略全局和世界百年未有之大变局提出的重大战略任务。习近平总书记高度重视、亲自部署，特别是对山东省推进乡村振兴战略提出明确要求和殷切期望。2018 年 3 月 8 日参加十三届全国人大一次会议山东代表团审议时，习近平总书记对山东提出“两个走在前列、一个全面开创”的重要任务，即“山东在全面建成小康社会进程中、在社会主义现代化建设新征程中走在前列，全面开创新时代现代化强省建设新局面”①。2018 年 6 月 12~14 日，习近平总

① 《牢记嘱托　创新实干　全面开创新时代现代化强省建设新局面》，“新华网”百家号，https://baijiahao.baidu.com/s?id=1597414923348533939&wfr=spider&for=pc。

书记在山东考察时，要求山东“打造乡村振兴的齐鲁样板”①。作为农业大市，烟台市委、市政府始终牢记习近平总书记的嘱托，坚持“走在前列”的目标定位，把实施乡村振兴战略作为新时代“三农”工作总抓手，突出烟台特色、形成烟台亮点，聚焦聚力“五个振兴”，奋力谱写了农业强、农村美、农民富的乡村振兴齐鲁样板烟台篇章，为扎实推进共同富裕奠定了坚实基础。

一　烟台实施乡村振兴战略的发展成效

近年来，烟台市坚持把乡村振兴工作放在重要位置，按照乡村振兴战略二十字的总要求，始终将最广大人民的根本利益作为出发点和落脚点，致力于推动农业农村现代化。“十四五”开局之年，烟台乡村振兴工作成效显著，产业更加兴旺、人才更加聚集、乡风更加文明、生态更加宜居、治理更加有效。

（一）产业更加兴旺

牢固树立粮食安全底线思维。全力打赢稳定粮食生产翻身仗，压实粮食生产责任制，2021 年，新增高标准农田 12.3 万亩，整治改造撂荒耕地 5750 亩。全年粮食种植面积 30.27 万公顷，比 2020 年增加了 1.13 万公顷，同比增长 3.9%；粮食总产量为 183.34 万吨，比 2020 年增加 8.67 万吨（见图 1），同比增长 4.96%；粮食平均单产为 403.72 公斤/亩，比 2020 年增加 4.06 公斤/亩，同比增长 1.02%。粮食生产呈现“三增”格局，实现了稳定粮食综合生产能力的工作目标，为新发展阶段构建新发展格局、促进社会经济高质量发展奠定了坚实基础。加快实施种业攻坚行动，开展种源“卡脖子”技术攻关，自主研发的小麦品种“烟农 1212”“登海 206”，先后刷新了全国旱地小麦单产纪录。

① 《山东　乡村振兴澎湃新动能》，“人民网”百家号，https://baijiahao.baidu.com/s?id=1693704756609335783&wfr=spider&for=pc。

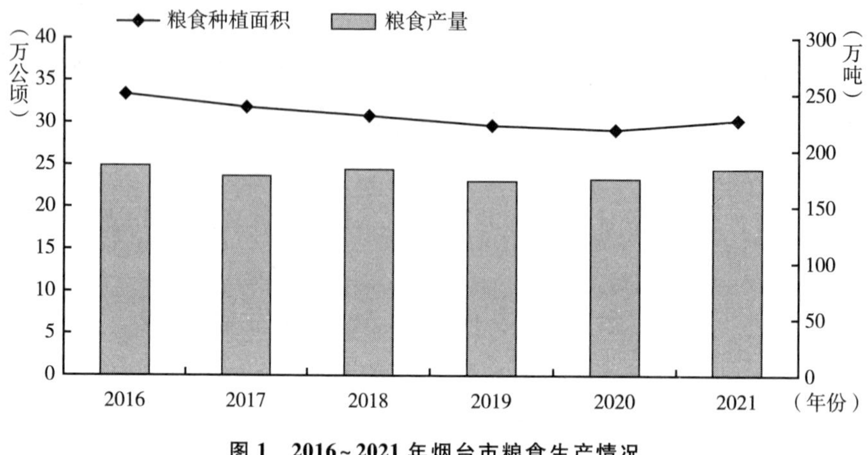

图1　2016~2021年烟台市粮食生产情况

资料来源：根据历年《烟台统计年鉴》《烟台市国民经济和社会发展统计公报》整理。

推动特色产业提质增效。一是继续推进果业高质量发展，加大老龄苹果园和梨园改造力度，加强数字果园建设。二是推动畜牧业持续发展，全市存养祖代肉种鸡、父母代肉种鸡、核心基础母猪，继续保持在全省全国的优势地位；自主培育的"益生909"小型白羽肉鸡，是全国畜禽育种的新突破。三是加快农产品品牌化建设，全力打造烟台特色农产品品牌集群，首推"品道烟台仙果香"果品全品类整体品牌概念，推动形成"全品类整体区域公用品牌+单品类区域公用品牌+企业产品品牌""三位一体"的农业品牌模式，使农产品市场竞争力、影响力得到较大提高。2021年，全市新增"三品一标"产品95个，其中绿色食品28个、农产品地理标志登记产品1个；蓬莱区和海阳市的全国绿色食品原料（苹果）标准化生产基地获批，进入创建期；"烟台苹果"入选《中欧地理标志协定》目录，获批建设首批国家地理标志产品保护示范区。四是注重打造海洋牧场示范之城。2021年建成使用智能网箱4座，海洋牧场总面积达137万亩。海洋牧场"烟台模式"在全国推广，已形成"全国看山东、山东看烟台"的格局。截至2022年，烟台建成省级以上海洋牧场43处，其中国家级18处，占全国总数的1/9。

强化龙头企业带动，加快农业产业转型升级。建设了一批现代农业产业园和田园综合体，国家级现代农业产业园“栖霞模式”在全国推广；积极抓好农民合作社和家庭农场两类新型农业经营主体，大力发展五大支柱产业，培育壮大七大绿色农产品加工产业集群。进一步健全四级农产品质量监管体系和三级农产品检测检验网络，打造优势品质品牌；完善农产品质量安全信用体系，加快构建差异化监管模式，建立健全农产品质量安全守信激励和失信惩戒机制，2021 年烟台制定了《烟台市农产品质量安全信用分级分类管理办法》。

（二）人才更加聚集

采取外引内育措施，强化人才队伍建设，提升人才对乡村产业发展的支撑能力。烟台市加大对农业类重点人才项目、人才工程的支持力度，着力引进、培养了一批高层次科技人才。2021 年，全市积极引进农业领域高层次人才，包括山东省泰山产业技术领军人才 11 人、烟台市“双百计划”32 人，进一步强化了人才培养、技术创新和先进技术成果的转移转化；自泰山产业技术领军人才工程实施以来，烟台市 11 名专家成功申报高效生态农业类领军人才，数量居全省首位。全市还大力支持高层次人才创新创业。2021 年，举办首届烟台高层次人才创新创业“嘉年华”系列活动 22 场，引进高层次人才 62 人，签约项目 42 项，金额 4.6 亿元。设立引才工作站，发布“求贤榜”，解决农业人才岗位需求 341 个。完成农村转移劳动力职业技能培训 3.68 万人次。

着力实施本土人才培育行动，创新本土人才培育机制。烟台市积极开展技术技能培训，依托省级服务乡村振兴继续教育基地，以线上、线下等多种形式实施乡村振兴人才培训，完成乡村振兴人才培训 1.35 万人次。2021 年乡村人才教育培训成效显著，高质量完成高素质农民培训、基层农技推广人员培训以及省新型农民创业培训。烟台市农广校系统共承担高素质农民培训 5564 人，其中市级培训 4935 人，省级培训 629 人；邀请了市委党校、省农广校、中国农业大学等相关领导、专家进行授课，完成 719 名基层农技人员培训，有301人参加了网络直播销售员和果树两个专业的培训；还举办了全市高素质农民能力提升、鲁渝协作乡村振兴（烟台）、农业农村主体人才和支撑人才培训班（种粮大户）等各类专题培训班。

（三）乡风更加文明

强化文化引领，塑形铸魂推进乡风文明。深化新时代文明实践中心建设，2021年全市已建成新时代文明实践中心15个、实践所164个、实践站6226个；组建新时代文明实践志愿服务队3000余支，文明实践志愿者超过80万人，开展各类文明实践活动近10万场次。深入开展乡村文明行动，烟台市已建成县级以上文明达标村5601个，村庄覆盖率达到96%，其中，省级文明达标村覆盖率达到6%。

深化移风易俗，全面倡导婚丧新风。2021年，烟台市全面推动公益性公墓建设，充分发挥志愿服务队、慈善社工队伍和农村红白理事会的作用，组织集体婚礼、公益海葬、文明祭扫等活动，参与人数达2.5万人次。深化文化惠民，推动曲艺下乡，推动国有文艺院团、文化馆、民营剧团、庄户剧团参与“戏曲进乡村”，行政村覆盖率达到100%；开展“胶东起红潮　奋斗新烟台”优秀电影展映，放映公益电影7.8万场，举办各类文旅惠民活动1.1万余场。

（四）生态更加宜居

全域推进美丽乡村建设。烟台市通过集中连线、成方连片，突出特色、示范引领，打造“点上出彩、面上出新，带上成景、全域铺开”的烟台美丽乡村新画卷。2020~2021年，高质量建成14个市级美丽乡村示范片和105个样板村，带动各市（区）储备建设一批美丽乡村示范带、精品村，累计创建省级美丽乡村示范村168个，全市美丽乡村示范村覆盖率达到40%。烟台市将全市村庄划分为三类，即一类样板示范村、二类达标提升村、三类重点攻坚村，开展分类建设、梯次晋级，三类村比例从30：40：30发展到42：41：17，在一定程度上推动了烟台美丽乡村建设。

牢固树立“绿水青山就是金山银山”的理念，全面开展农村人居环境整治提升，积极打造生态宜居的美丽乡村。一是坚持开发“四抓四促”烟台模式，打好村庄清洁行动春季、夏季、秋冬三大战役，烟台市通过全覆盖排查整改、排名通报、公开曝光，问题数量呈逐月下降趋势，人居环境明显改善，农村居民获得感、幸福感、满意度持续提升。烟台市坚持“四抓四促”、持续推进农村人居环境整治提升的经验，获得国家、省级层面的充分肯定。全市农村改厕基数约 79.36 万户，截至 2021 年底拥有卫生厕所农户约 74.88 万户（不含未完成整改的问题厕所户数），占比为 94.35%；全市农村生活污水治理验收 857 个行政村，占全市行政村的 14.06%，其中，纳管 233 个行政村，集中拉运 373 个行政村，建站 251 个行政村。烟台市各市（区）改厕及污水治理方式覆盖行政村数量情况见图 2 和图 3。二是农业绿色发展理念持续深化，耕地质量保护得到进一步重视，加快推进水肥一体化建设，加强农业面源污染防治，大力促进农业废弃物资源化利用，有效地改善了农业生产环境。2021 年新增水肥一体化面积 12 万亩，积极发挥“蓬莱区绿色种养循环项目”“福山区旱作节水项目”“龙口市酸化土壤改良项目”的示范带动作用，有效推进化肥减量。招远、莱州、牟平 3 个市（区）入选全国农作物病虫害“绿色防控示范县”。

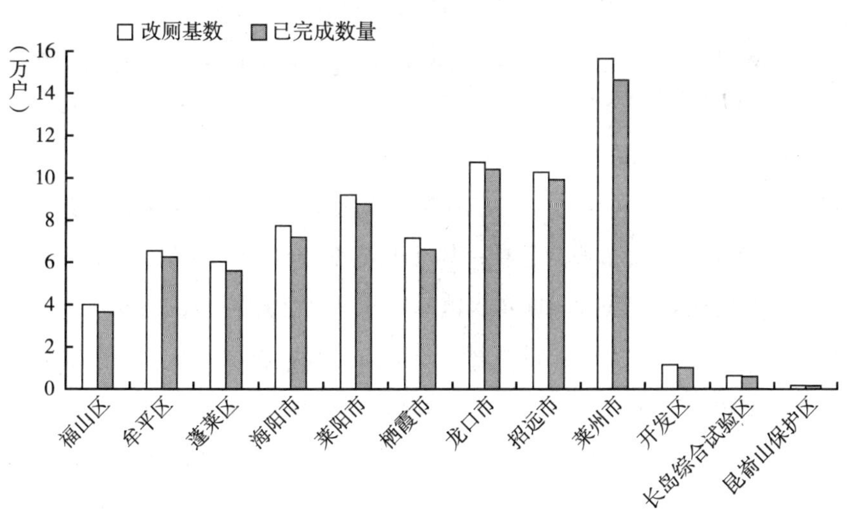

图 2　截至 2021 年烟台市各市（区）改厕基数及完成情况

资料来源：由烟台市农业农村局提供。

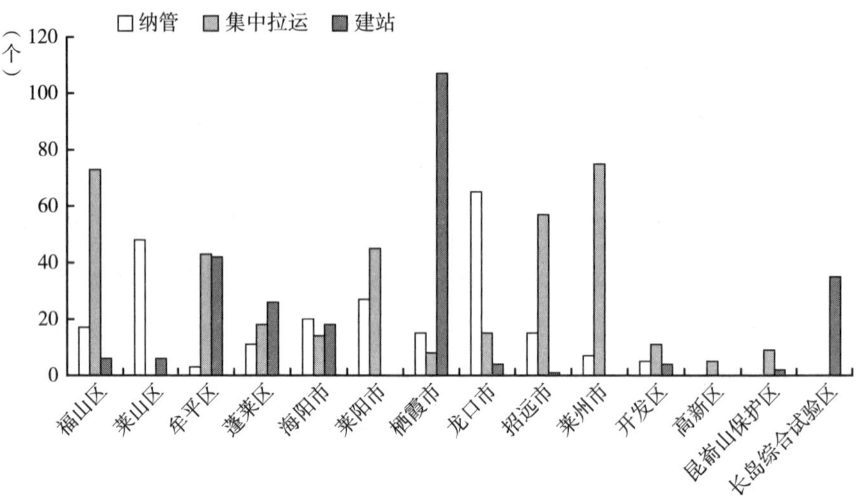

图 3　截至 2021 年烟台市各市（区）污水治理方式覆盖行政村数量情况

资料来源：由烟台市农业农村局提供。

着力完善农村基础设施配套服务。一是城乡供水一体化建设持续推进。2021 年烟台市完成农村规模化供水村庄 1879 个；继续巩固城乡环卫一体化成果，聘用农村卫生保洁员 1.8 万余人，开展农村垃圾分类试点村（居）30 个。二是不断提高乡村基本公共服务水平。烟台市已经完成农村清洁取暖改造 20 万户，改造“四好农村路”2240.7 千米。村内全部实现了“户户通”，其中，硬化路占比为 67.98%，砂石路占比为 26.65%，废渣路占比为 5.37%。用心服务农村居民，实施城乡一体化改造，推进城乡公共交通服务均等化。2021 年，全市城乡公交一体化改造率达到 90.28%，逐步完善以主城区为中心的城际、城市、城乡、镇村四级公交客运网络，完成 677 个村庄公交线路改造。三是实施农村电网提升巩固工程，农村地区户均配变容量提升至 2.3 千伏安，农村电网供电能力得到进一步提高，城乡电网一体化发展有序开展；农村有线电视、宽带网络、公交、快递基本实现了全覆盖。

（五）治理更加有效

烟台市深入贯彻习近平法治思想，认真践行依法治国和以德治国相结合，以“崇德向善、尚法笃行、法德融合、汇润民心”为核心内容，探索构建“法德共进”的乡村治理新体系，实施乡村治理“强基工程”“育民工程”“善治工程”，为打造乡村振兴齐鲁样板中的烟台篇章提供了坚实保障。

强化组织引领，筑底强基夯实组织保障。一是锻造过硬的“头雁”队伍。2021 年，烟台市高质量完成村“两委”换届，“一肩挑”比例达 99.4%；开展“新班子新征程新作为”主题活动，累计培训 333 期 3.9 万人次，确定干事创业项目 4.8 万个；推行试点村党组织书记专业化管理，建立多元化薪酬体系，激励干事创业。二是推进组织集中整治，开展软弱涣散基层党组织专项整治攻坚行动，确定 314 个问题突出村并进行集中整治；选优配强村级班子，开展集体“三资”专项清理，逐村落实“五个一”整治措施。三是促进党建融合发展。2021 年，全市建成党建融合发展区 368 个，覆盖 3500 多个村庄，初步形成了共建共兴、共治共享的良好格局。四是融合发展区党委牵头共治、区域内各类主体参与联治、部门力量下沉系统整治，使得乡村治理形成“一盘棋”的格局，变村庄“各自为战”为“共同奋战”，有效解决了跨村治理运转机制不畅的问题，提升了乡村治理现代化水平。五是加快补齐基层治理短板，加快建立以“和为贵”社会治理服务中心为依托的投诉举报受理督办综合平台，提升基层治理效能，年内 85% 的村（社区）达到“三无”标准。

推动实现强村富民，持续提升党支部领办合作社质效。烟台市先后列支专项资金近 2 亿元，组建专家顾问团，建成联合社 190 个，全面开展评星定级；完善“六统一”风险防控机制，确保健康发展。近年来，党支部领办合作社数量呈增加趋势，由 2018 年的 574 个增至 2021 年的 3421 个（见图 4），带动群众增收 5.32 亿元。

巩固脱贫攻坚成果，促进共同富裕。持续巩固全市脱贫享受政策人口 33349 户 50898 人的脱贫成果，建立“1+4”防返贫动态监测督控工作体系，实施“20100”重点镇村帮扶工程。多措并举开发设置村内公益岗位，全市 9486 名脱贫人口就近上岗。扎实开展烟台・德州、烟台・巫山协作帮扶，战略协作持续深化。

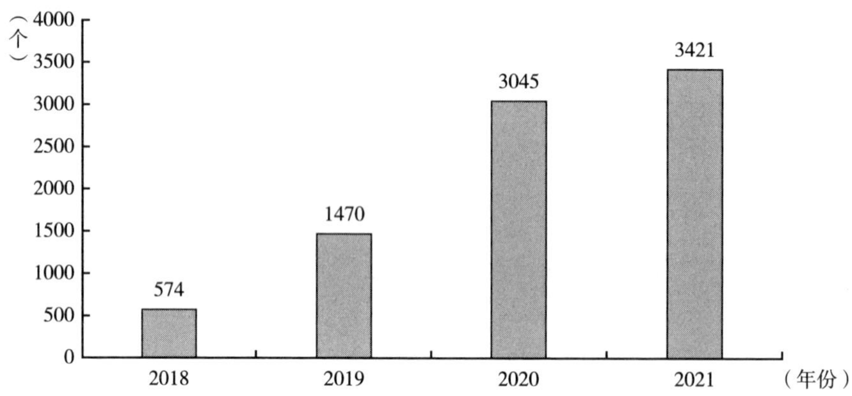

图 4　2018~2021 年烟台市党支部领办合作社数量

资料来源：由烟台市农业农村局提供。

二　实施乡村振兴战略的主要做法及经验

烟台坚持把全面实施乡村振兴战略作为新时代“三农”工作总抓手，聚焦“五大振兴”，依托烟台市实际，探索并形成了一批具有可复制价值、可推广的乡村振兴烟台经验，对奋力谱写乡村振兴齐鲁样板烟台篇章具有重要意义，更为同类地区开展乡村振兴工作提供了很好的借鉴。

（一）强化政治担当和责任意识，高起点谋划推进乡村振兴

烟台市委、市政府始终坚持以习近平新时代中国特色社会主义思想为指导，全面落实中央和省委、省政府决策部署，坚持高标准谋划、高质量推进、高层次发展，强化政治担当和责任意识，科学有序推进乡村振兴。

1. 强化组织领导

严格落实市县乡村四级书记抓乡村振兴责任制，及时调整充实市、县两级党委农村工作领导小组。按照省委部署要求，烟台市委成立农业农村委员会，市委书记任主任，市长和市委副书记、分管副市长任副主任；市委、市政府主要领导亲自部署、亲自督导，各市（区）委书记做好“一线总指

挥”，统筹推进乡村振兴战略实施。建立市县两级领导班子、领导干部“五个一”联系点制度，组建“五大振兴”工作专班，形成乡村振兴工作合力。先后召开全市农村工作会议、市委农村工作领导小组暨扶贫开发领导小组全体会议和全市乡村振兴暨脱贫攻坚现场会议等，持续推进乡村振兴战略深入实施。

2. 做好顶层设计

坚持“走在前列”目标和“保三争二抢第一”工作定位，烟台市委以“一盘棋”“一张图”的理念谋划乡村振兴战略，印发《烟台市乡村振兴战略规划（2018—2022 年）》及产业、人才、文化、生态、组织振兴等领域五个工作方案，在省内率先完成在市级层面实施乡村振兴战略的“1+5”政策体系，并实现县域乡村振兴战略规划全覆盖。烟台市连续出台“1 号文件”，将推进乡村振兴作为市委、市政府“头等大事”，以开展全省乡村振兴“十百千”示范创建工程为切入点，注重细化落实工作重点、政策措施及相关机制，积极统筹安排重大的工程、计划及行动，着力突出烟台特色、形成烟台亮点，努力打造乡村振兴齐鲁样板中的烟台篇章。

3. 强化考核评估

建立专题报告和实绩考核制度，市（区）党委、政府定期向上一级政府针对乡村振兴战略推进情况开展专题报告。建立健全相关考核评价体系及奖惩机制，将乡村振兴战略实施成效作为主要内容纳入市（区）党委、政府及有关部门的年度绩效考评。制定全市生态文明乡村建设暨乡村文明行动督查推进办法，将各项工作任务指标细化，直接督查考核 147 个涉农镇街，结果纳入经济社会发展综合考核。

（二）激活农村资源要素活力，强化发展有力支撑

人才、土地及资金是推动乡村产业振兴最基本的要素。近年来，烟台市采取有效措施，激活这些资源要素，为乡村振兴战略提供了有力保障。

1. 以人才振兴为关键

采取有效措施，加强各类乡村人才建设，加快培育打造高素质的新时代

新“农人”，为乡村振兴提供坚实智力支撑。加强乡土人才培育，培养选拔优秀乡土技能人才，修订了《烟台市首席技师选拔管理办法》，放宽乡土技能人才申报条件，县级以下扎根乡村基层，推广应用新技术、新成果且取得显著经济社会效益的新型职业农民、涉农技能人才，可不受职业资格条件限制，直接申报；连续举办烟台市苹果苗木嫁接、乡村面艺、家畜（猪）繁殖、果树修剪等一大批乡村振兴职业技能竞赛，并给予成绩优秀的选手一定奖励，为乡土技能人才搭建技艺交流平台。

着眼“育新人”，实施高素质农民培育工程，分类型、分层次培育一批爱农业、懂技术、善经营的高素质农民，打造乡村振兴的中坚力量。着眼“引高人”，加强与高层次人才的合作，从全市涉农科研院所和机构集中筛选专家，组成多支服务队，下乡提供解决技术难题、优化产业布局等服务，推动更多创新成果转化为田间地头的生产力。着眼“聚能人”，实施农村优秀人才“回引计划”，通过建立青年农民创业园等形式，吸引大学生、进城务工人员、退伍军人等重点在外人群返乡创业，有效解决农业“后继无人”的问题。

2. 乡村产业用地优先保障

烟台市继续按照“土地跟着项目走”的用地保障机制，对符合拿地条件、急需开工的项目，在国家明确年度新增建设用地指标管理方式前，允许预支土地指标。对乡村产业中有用地需求的项目，全力做好用地保障工作。截至 2021 年，烟台市共组卷上报乡村振兴类项目 34 个，涉及新增建设用地指标 1092 亩。预支新增建设用地指标 127 亩，保障了乡村产业急需开工项目的用地需求。同时，2022 年初，开展了农村居民住宅建设用地需求调查，经过摸底调查，全市符合村民住宅新增建设用地要求的有 3581 户，拟使用新增计划指标 1225 亩，为改善民居环境打下了良好基础。

3. 加强资金投入保障

烟台市先后出台《关于加快推进市级涉农资金统筹整合的实施意见（试行）》《烟台市涉农资金统筹整合市级统筹安排项目和资金管理办法（试行）》《关于切实做好涉农资金统筹整合及乡村振兴重大专项资金管理

工作的通知》等配套文件，以“五个振兴”为目标，加快推进涉农资金整合，确保统筹资金全部足额用于乡村振兴。按照农业农村优先发展的要求，进一步加大财政支持力度。此外，坚持产业项目带动。2021 年“三争”和大项目建设取得新突破。累计争取莱山区国家现代农业产业园等各类农业农村项目 44 个，省级以上财政资金 94.65 亿元。蓬莱区与山东农发集团共同投资 60 亿元新建“东方海岸果谷”，莱州市投资 30 亿元的现代渔业园区项目和 20 亿元的现代农业蛤蜊产业园项目均已开工建设，招远市与省农科院共同打造乡村振兴科技支撑型齐鲁样板示范县。

（三）全域推行党支部领办合作社，带动乡村产业发展

合作社等新型经营主体在推动小农户与市场有机衔接中发挥重要作用。特别是党支部领办合作社这一特殊类型，可以发挥制度优势，更好地带动乡村产业发展，壮大新型村集体经济，推动实现共同富裕。

1. 以“党建引领”为主导，牢牢把握农村工作主动权

始终坚持党对乡村振兴工作的领导，烟台市充分发挥村级党组织的战斗堡垒作用，不断提高新时代党对农村工作全面领导的能力和水平。一是坚持市委统筹，定好“规划图”。近年来，烟台市把党支部领办合作社纳入市委重点工作，以此作为全市对省委、省政府公开承诺的重点工作之一，在全市推行党支部领办合作社。制定 30 余条扶持政策、22 条指导意见，在品牌建设、社会化服务、人才支撑等方面给予全方位扶持。设立村党支部领办合作社发展增量奖，对村（社区）“两委”成员给予最高 10 万元奖励，激励其担当作为；发挥农科院校及驻烟高校的力量，组建百名专家顾问团精准对接、提供服务，强化智力支撑；深入开展党支部领办合作社评星定级活动，并给予乡村振兴激励资金。二是强化政治标准，发挥“领头雁”作用。将德行、品行、才能作为选人导向，做好村（社区）“两委”换届选举工作，制定相关候选人正负面清单，以县乡村“三级联动审查”的方式，选拔优秀人才。多措并举提高村党支部书记领办合作社的能力，如将村党支部书记培训纳入整个干部培训规划，建立相关学院，通过组织赴浙江大学进行专题

研修班学习，加强村党支部书记专业化学习。三是壮大支部力量，发挥“桥头堡”作用。合作社组织村集体和群众以资金、土地、劳动力等入股，推进产业规模化、集约化高质量发展。市县乡三级将村党支部领办合作社情况作为重点考核内容，综合运用定期调度、现场观摩和外出学习等多元化形式，带动周围村庄主动参与。在普惠政策方面，主要通过党支部将合作社承接的扶持政策落实到群众，使群众坚定不移地感党恩、听党话、跟党走，保障党支部作用不减、合作社方向不偏。

2. 以“组织起来”为基础，积极调动群众内生动力

村党支部在领办合作社时，把人民群众放在重要位置，最大限度地把群众的积极性、能动性激发出来。一是鼓励群众参与。按照“入社自愿、退社自由”的原则，不断强化党支部组织、宣传、凝聚及服务群众的职能，以实地观摩、集中培训学习、开展座谈研讨及党员入户动员等多样化形式，提高群众对加入合作社前后利益变化的科学认识，科学阐释党支部领办的独特优势，坚决不搞“一刀切”，以实际的发展红利吸引群众主动参与。现已经吸收48万名群众参加合作社。二是自觉接受监督。合作社建章立制、理事选举以及管理运营等各个过程，均体现了以人民群众的利益为出发点与落脚点，坚决尊重农村居民的意愿，最大限度提高群众的话语权、主动权，以增进群众对合作社的理解。三是切实关注群众利益。党支部领办合作社始终坚持为人民服务的底线思维，将保护广大群众的利益摆在首要位置。为保障合作社继续发展壮大，党支部将发挥分红主动权，提取5%~10%的公积金用于发展，然后以股份收益形式把剩余收益返还给村集体和群众。此外，为杜绝“大户垄断”的现象，还明确指出单个社员出资比例不得超过20%，以保障农村最广大人民群众的切实利益。

3. 以“现代农业”为抓手，推动传统农业转型升级

针对“地怎么种、谁来种”的问题，烟台市积极发挥合作社有效对接市场、抱团发展的载体作用。一是在经营体系方面，将合作社作为衔接主体。在合作社的引领下，把传统的分散型经营转型升级为适度规模化经营，统一由合作社或农业龙头企业开展规模化、集约化、标准化的管理，促进小

农户与现代农业有机衔接。现全市有流转土地 180 万亩，经连片平整，还新增了集体用地，这不仅有利于增加集体占股，还为农田机械化管理提供便利。二是在生产体系方面，将合作社作为技术推广服务平台。合作社注重推动产业链条高质量发展，把质量兴农、绿色发展贯穿农业全产业链，采用“四良”（良田、良种、良法、良品）模式，采纳水肥一体化、机械作业、物联应用、智能管理等先进的生产管理技术，实行统一种植管理及品牌销售。三是在产业体系方面，将合作社作为产业融合发展的重要纽带。合作社在农村居民与龙头企业、科研院所、苗木基地、大型超市之间起桥梁纽带作用，以“农头工尾”为主要抓手，跳出农业看农业，大力发展农产品精深加工、乡村休闲旅游等项目，促进一二三产业融合发展，为传统农业发展注入新活力。

4. 以“强村富民”为目标，构建集体和群众利益共同体

党支部领办合作社为促进村集体经济发展、实现共同富裕提供了持续动力。它扭转了以往村集体和农村居民各自为战的尴尬局面，以股份合作的形式，把村集体与群众紧密联系起来，最大限度地实现了村集体与群众利益的双赢。从村集体层面来看，一是积极盘活现有集体资源，使资源变成资产、资金变成股金，形成持续增收的利益联结模式；二是以成方连片的改造形式平整土地，并将多出的土地变为村集体产权，入股合作社可以享受分红。从农村居民层面来看，可以实现收入来源多样化：一是通过土地流出和股份合作，获得租金和合作社收益分红；二是还可以获得合作社务工工资，或者在没有土地耕种的情况下从事非农就业及再创业。这不仅使农村居民可以享受稳定客观的收入，而且有助于推动收入类型多元化。此外，党支部积极吸纳残疾人、低收入人群、老龄人口加入合作社，以推动实现共同富裕。

5. 以“规范运营”为准绳，扎实推动合作社高质量发展

坚持质量优先、实事求是、循序渐进的原则，烟台市杜绝搞“一刀切”，以制度先行促规范化发展，在规范中发展，在发展中规范。一是全链条建章立制。出台《关于促进村党支部领办合作社高质量发展实施意见》，明确领办标准，建立章程文件统一把关、重大项目统一评估、大额支出统一审核等“六统一”机制，用制度管人、管钱、管事，在各环节建立起科学规范、闭环监管的内部治理体系。二是全方位严格把关。要求以章程促组建、以制度保运作、以标准严考核；村级集体资产监督管理工作主要归乡镇党委负责，严格审核签订的经济合同及1万元以上的重大支出等项目。三是全过程示范推进。秉承试点先行、示范带动、全域推进的发展思维，2017~2020年相继筛选出11个试点村探索经验，实施百村示范行动树样板，开展千村覆盖工程严管理、全域推进促提升，2021年坚持一手抓高质量发展、一手抓风险防控。在实际发展过程中，逐步探索出以劳动力、土地及资金等要素入股的发展方式，组建起以不同经营和服务范围为导向的多种类型的合作社，为合作社规范化发展提供了有益参考。

（四）大力推进人居环境整治，积极打造乡村宜居家园

推进农村人居环境整治可以使农村居民生活环境更加优美，农村人居环境系统更加健康，体现新时代城乡之间的均衡、社会发展的公平。①

1. 注重政策引导，确保整治工作有序开展

近年来，围绕农村人居环境整治，烟台市有关部门出台了《烟台市农村人居环境整治三年行动实施方案》《烟台市健全完善农村改厕规范升级和后续管护长效机制工作方案》《全市农村人居环境整治2020年巩固提升工作方案》《烟台市农村人居环境整治检查评估范围及评分标准（试行）》《烟台市农村人居环境整治提升2021年督查推进工作方案》《烟台市农村人居环境整治提升五年行动实施方案（2021—2025年）》等一系列政策文件，为推动农村人居环境全域整治、聚焦重点全力攻坚提供标准和方向。统一全市标准，坚持市级制定标准、区市对标落实、镇村联动整治，积极总结推广龙口市《农村人居环境整治标准手册》，以提高农村人居环境整治质量。全市着力抓农村人居环境整治重点，坚持补短板、强弱项，依据现实情况制定目

① 于法稳、胡梅梅、王广梁：《面向2035年远景目标的农村人居环境整治提升路径及对策研究》，《中国软科学》2022年第7期。

标任务，集中攻坚，推动新一轮农村人居环境整治行动。

2. 深化统筹发展思想，探索实现综合治理

大力推动农村人居环境整治攻坚行动，统筹推进农村生活污水治理与厕所改造相结合。例如，莱山区明确了农村生活污水治理思路，在全市率先开展将农村生活污水治理与改厕结合，统筹推进。按照“合并实施、避免重复投资”的原则，统筹实施辖区城乡供水及污水涉及的主管网建设，最大限度地避免重复清表、重复开挖、重复投资，在提速增效的同时节约财政资金，在改善城乡生态环境、保障民生发展方面取得明显成效，农村居民日常生活餐厨废水、卫生间废水等全部高标准有效处理，实现了经济效益与社会效益双赢。

3. 全面落实河（湖）长制，创建美好生态环境

烟台市全面落实河（湖）长制，努力打造“河畅、水清、岸绿、景美、人和”的良好生态环境。一是建立完善工作机制。建立市、县、乡、村四级河（湖）长组织体系，共设立河长4600余名、湖长1500余名，并聘请民间河长和落实河管员，实现河湖全覆盖。还持续深化完善“河长湖长+检察长”依法治河新机制。二是深入开展河湖问题专项整治。两位市级总河长共同签发第1号至第7号总河长令，对深化河湖清违整治、巩固河湖清违整治成效、推进生态示范河湖建设等做出部署。近年来，烟台市先后开展各类专项行动，持续整治乱占、乱采、乱堆、乱建等涉河湖问题，有效地改善了河湖质量。三是推进美丽幸福示范河湖建设。2021年，烟台市将福山区清洋河、开发区八角河等11条河流列入省级美丽幸福示范河湖建设计划，通过开展河道清淤、河岸绿化、基础设施建设等工程，提升河流品质。2021年，全市共有23条河流被评为省级美丽幸福示范河湖。四是拓宽群众参与渠道。将“12345”政务服务热线设为全市河（湖）长制群众投诉举报电话，在河（湖）长公示牌上公开水利部门举报电话和微信公众号。连续举办主题志愿活动，增强群众参与节水护水、关爱水环境的自觉性，推动实现河（湖）长制“有实、有名、有能”。

（五）党建引领乡村治理，区域融合一体提升

1. 实体化运行党委，推动组织融合

打破“就农村抓农村、就党建抓党建”的路径依赖，跳出以行政村为单位的党组织设置模式，从组织设置入手，建立全面进步、全面过硬的“大党建”格局。第一，组织联动。设立党建融合发展区党委，由乡镇街道包片干部担任书记，经济强村、中心村党组织书记担任副书记，其他村党支部书记任委员，构建以党建融合发展区党委为统领，辖区村党支部为支撑，特色党支部为拓展的组织体系。各党支部突破村庄行政界限，既独立运行，又接受融合发展区党总支的统一领导，形成了各自牵头又互为支撑的工作局面。第二，班子联建。采取跨村任职、挂职交流、跟班学习等方式，统筹加强党建融合发展区村干部教育培训、管理使用等工作，推动村干部队伍合建共建、互促提升。第三，党员联管。按照“双重管理、双向服务”思路，党建融合发展区内全体党员既接受组织关系所在党支部的直接管理，也接受融合发展区党委的统一管理，形成“关系在本村、活动在区域、展现作为双岗位”的党员教育管理方式，推动区域内党员比学赶超、争做先锋。

2. 体系化下沉服务，推动民心融合

为有效解决农村服务资源分散、服务效能不高的问题，烟台市强化流程再造，推动各类便民服务事项下沉党建融合发展区代办，建立起贴身贴心的“大服务”格局。第一，高标准建设阵地。按照标准建设党群服务中心，统一外观标识，设置“一站式”便民服务大厅，区域村庄共用活动阵地、共享便民服务、共过组织生活，真正使党建融合发展区成为聚人气、接地气的红色地标。第二，镇村干部驻点办公。在党建融合发展区党群服务中心配备专兼职工作队伍，实行工作日到岗到位、节假日值班制度。强化激励关爱，帮助下沉干部解决食宿、通勤、补贴等实际困难，在年底考核、评先树优等方面重点倾斜。第三，推行服务代办机制。全面梳理低保补助、困难残疾人生活补贴、医疗保险等与群众生活关系密切的服务事项，下沉党建融合发展区，由镇村干部全程“跑腿”代办，让农村群众享受城市化的公共服务。

3. 系统化整合资源，推动治理融合

通过区域内党组织合建共建，推动社会治理由过去的各自为政、分村治理向区域共治、分片联治、综合施治转变，构建共建共治共享的“大治理”格局。第一，党委牵头区域共治。党建融合发展区党委每月至少召开1次联席会议，听取各村工作情况汇报，大事共商、难题共解。第二，党员联户分片联治。开展党员联户工作，依托信息化手段，建成集群众诉求收集、跟踪办理、反馈评价于一体的党员联户平台，实现“即时上传—即时办理—即时反馈”，不断提升治理科学化水平。第三，部门联动综合施治。整合社会组织、网格、警务助理等力量，通过议事会、恳谈会等方式加强区域民主协商，共同化解矛盾，织密织牢治理网络。

4. 区域化发展经济，推动产业融合

党支部领办合作社扎实有序推进，建立起资源互补、融合发展的运作机制。一方面，利益联结互促共兴，通过党建融合发展区党委领办联合社，统筹单体党支部领办合作社力量，实现村庄抱团发展、共同富裕。另一方面，以强带弱实现双赢，发挥经济强村作用，通过集中流转土地、共上产业项目、吸收劳务用工等，盘活弱村闲置资源。

三　实施乡村振兴战略过程中存在的主要问题

实施乡村振兴战略的本质是推进农业农村现代化，补齐现代化短板。[①]当前，虽然烟台市乡村振兴战略实施工作取得了阶段性成效，但也存在农业经济增长内生动力不足、农业农村生态环境保护任务艰巨、乡村人才支撑有待强化以及乡村文化建设仍需进一步加强等问题。

（一）农业经济增长内生动力依然不足

农业发展面临同质化明显、供给结构性矛盾突出、市场化优势缩小、行

① 周文、刘少阳：《乡村治理与乡村振兴：历史变迁、问题与改革深化》，《福建论坛》（人文社会科学版）2021年第7期。

业竞争加剧等困难，第一产业增加值增速长期低位运行，农业生产对农村居民增收的贡献力不强，农村居民收入的增长主要依靠农业经营净收入之外的国家财政或第二、第三产业支撑，小农生产模式亟待进一步改变。在特色农业方面，果树树龄大、品种差的果园面积较大，而且多是靠单一品种打天下，产业体系正处于调整关键期，品种结构必须优化；受果农老龄化严重、思想观念老化的影响，果园规模化改建推进速度较慢，且生产技术推广普及和应用不够、生产标准不统一。现有海参产业发展水平相对较低，与其他主产区相比，其产业规模仍具有一定差距，尚未建立全产业链高标准园区；缺乏一批精深加工产品，且相关产品附加值及品牌化运营程度相对较低；品牌宣传力度不够，标准体系滞后，团体标准相对较少。全市“三品一标”规模实现稳步扩大，质量实现稳步提升，但地区发展不平衡、发展用力不均衡、发展主体偏弱小等问题依然存在，尤其是部分市（区）相较 2020 年出现断崖式下跌。

此外，农业产业化程度仍不够高。农业产业化龙头企业少、规模小，加快发展的意识不强，经济实力弱，联农带农发展能力相对有限；管理较为粗放，农产品精深加工龙头企业数量少、带动能力弱，规模化经营程度还不高，产业链条延伸不够；部分企业创新能力不强，由于人才资金短缺等，企业在科技研发上投入不足，产品科技含量低，市场竞争力不强。

（二）乡村人才支撑有待强化

烟台市乡村人才供需仍然存在一定的结构性矛盾。一方面，乡村人才总量小，懂技术、会经营、擅管理的人才相对匮乏，高端人才、技能人才、高校大学生等各类实用人才下基层到农村工作的意愿较弱，农民工返乡就业创业积极性不高。另一方面，虽然农村居民总量多，但高素质高技能农业人才仍短缺，农业人才的经营管理能力、专业化水平还跟不上现代农业发展和产业转型升级的快速变化。此外，现有农村人才之间的交流合作较少，不但很难形成集聚效应、延长产业链、带动全村发展，反而逐渐趋于同质化，易造成不良竞争。

乡村人才精准扶持仍存在难度。从事传统农业生产的农村居民虽多，但有专业技术的高素质农村居民严重匮乏，农村实用人才大多集中在传统种养业方面，加工、营销、农村经纪人等其他类型人才不足，人才行业分布不均衡。国家、省级层面缺少为乡村人才制定的具体认定标准，统筹机制不健全，农村人才的管理和评价体制尚需制度化。

（三）乡村文化建设仍需进一步加强

对照中央和省市推进乡村文化振兴战略工作要求，烟台市乡村文化建设仍存在以下问题。一是重视程度有待加强。基层党委、政府抓文化振兴的力度相对较弱、精力相对分散，加上新农村建设任重道远和亟待解决的问题较多，导致文化振兴在工作安排上可能处于被边缘化的境地。以文明达标村的创建为例，测评标准包含组织领导、创建活动、人居环境、文化生活、乡风民风、群众评价等多项指标，涉及农村工作的各个方面，部分镇街、农村居民存在重视程度不足、工作力度不够的问题，导致创建效果不佳。二是资金投入相对不足。乡村文化振兴离不开资金支持，烟台市农村数量大，当前财政资金投入相对不足，导致基层文化阵地建设、文化队伍管理、文化活动开展得不到必要的经费支撑，基层公共文化建设硬件和软件上仍然存在“短板”。尤其是涉农资金整合后，可用于乡村文化建设的资金更加有限。三是公共文化服务满意度仍需提升。一方面，农家书屋、文化室、健身设施等利用率不高，作用发挥不明显；另一方面，村级文化活动形式单一、内容贫乏，高质量文化活动不多，农村居民群众的精神文化需求得不到充分满足。四是新时代文明实践作用发挥不充分。虽然新时代文明实践中心建设已全面推开，但多数文明实践站由村支书担任主任，缺乏专管员，组织实践活动的能力和积极性不够；实践活动以“送下去”为主，活动形式固化、内容单调，吸引力不足。

（四）农业农村生态环境保护任务仍然艰巨

农村环境是美丽乡村建设的突出短板，全市近 2/3 的行政村未达到农村环境综合整治要求，已整治地区成效还不稳定。一是农村人居环境有较大改善但仍不优美。农村居民环保意识仍较弱，河道、农业废弃物治理压力较大，农村污水治理、垃圾站等基础设施的建设、维护相对滞后，农村生态环境保护基础设施建设不够完善，农村生活垃圾分类和减量工作需要进一步加强；对农村生活污水采用管网收集、进行设施治理的行政村比较少，治理基数相对较大，治理资金较短缺，运行维护长效机制尚未健全；群众满意度有待进一步提高，农村人居环境整治及美丽乡村建设发展不够平衡。二是农业产业化在全省乃至全国范围内属于较高水平，种植业和畜禽养殖业发达，导致农业面源污染防治压力较大。烟台市存在部分畜禽养殖粪污处理处置设施建设运行不规范，畜禽粪污资源化利用能力不足，规模以下畜禽养殖、水产养殖污染防治要求和责任不明确等问题。全市农药化肥使用量仍然偏高，农膜残留问题仍较突出。农村环境综合整治任务重，整治成效有待进一步巩固提升。

环境监管能力有待提升。有的市（区）土壤、地下水及农业农村环境管理和监测能力不足，不能满足土壤环境的监管需求，现代化技术手段在决策和环境监管中的应用不足。执法工作基础薄弱，人员专业水平有待提高，技术力量有待加强。农业农村生态环境监测网络不完善，尚未健全从源头到环境质量的统一监测体系，难以有效支撑农业面源监管需求。有的市（区）及以下乡镇有关农业农村环境管理的专业技术人员和技术支撑单位不足，基层环境监管能力需要进一步提升。

四　全面推动乡村振兴战略的发展趋势

全面推进乡村振兴要坚持“绿水青山就是金山银山”的理念，处理好经济发展与资源生态之间的关系，确保农业农村优先发展。[①] 烟台市将继续重点从农业高质量发展、美丽乡村建设、农村综合改革以及城乡基本公共服

① 黄祖辉、胡伟斌：《全面推进乡村振兴的十大重点》，《农业经济问题》2022 年第 7 期。

务均等化等方面扎实推进乡村振兴战略高效实施，以加快建设乡村振兴齐鲁样板示范市。

（一）扎实推进农业高质量发展

高质量发展是实现农业现代化的核心要义，也是实施乡村振兴战略的必要步骤；农业高质量发展对当前全面落实乡村振兴战略、推进农业农村现代化发展具有重要意义。[①] 烟台市全面推进农业高质量发展，将继续重点实施粮食稳产丰产、耕地地力提升、种业攻坚、“1+6”产业集群建设、农业产业化龙头企业“雁阵”培育、农业品牌提升等 6 个工程。一是进一步夯实产业发展基础。加快推动吨粮镇建设，扩大农业保险覆盖面，健全农民种粮收益保障机制，确保粮食播种面积稳定在 454.2 万亩以上、产量稳定在 180 万吨以上。全力抓好耕地“进出平衡”工作，科学合理编制年度耕地进出平衡方案，保障设施农业的合理用地需求；继续创建并完成年内高标准农田任务，启动下一轮建设工作。二是着力延伸产业链、提升价值链。进一步抓好烟台苹果 1 个千亿级国家优势特色产业集群建设，完成老龄苹果园改造任务。不断壮大农业产业化龙头企业，加强现代农业产业园区建设，强化产业发展示范带动作用。持续办好“烟台仙果”果业全品类整体品牌发布推介活动，深入挖掘“品道烟台仙果香”文化内涵，集中打造烟台苹果、烟台大樱桃、莱阳梨、烟台草莓、烟台大花生等区域公用品牌，提升烟台苹果“中国果业第一品牌”美誉度。此外，以需求为导向，扎实开展有针对性的专家服务基层活动，为基层单位提供智力技术支持，不断完善专家服务基层长效机制。

（二）不断提升美丽乡村建设水平

美丽乡村建设是生产、生活、生态“三位一体”的系统工程。[②] 烟台市

---

① 于婷、于法稳：《基于熵权 TOPSIS 法的农业高质量发展评价及障碍因子诊断》，《云南社会科学》2021 年第 5 期。

② 于法稳、李萍：《美丽乡村建设中存在的问题及建议》，《江西社会科学》2014 年第 9 期。

将全力以赴推进美丽乡村建设，重点实施乡村振兴示范镇村创建、美丽乡村分类推进、农村人居环境整治提升、农村产权制度改革、数字乡村创建、基础设施提升 6 个工程，纵深推进乡村建设行动，全面提升农村基础设施建设及基本公共服务水平。一是持续推进农村人居环境整治。把农村人居环境整治作为乡村振兴的底色，纵深开展，持续擦亮。启动村庄分类推进工作，将村庄按照整治效果划分为长效保持类、即查即改类、持续提升类等多种类型，分类开展整治督查，并实施动态调整。二是完善农村路、水、电、气、物流、通信网络，切实强化农村公共服务和公共环境基础设施建设，特别是提高乡村数字化水平，通过数字赋能助力乡村振兴。三是加强运管护长效机制，以农村居民的利益为出发点和落脚点，将农村居民的实际需求放在首要位置，尊重其意愿，着实提升农村居民的主人翁地位。此外，继续创建 10 个以上带动作用明显的乡村振兴示范镇，建好第二批 13 个市级美丽乡村示范片、107 个样板村，一类村比例达到 45%以上，三类村降至 10%以下。

（三）持续深化农村综合改革

推动制度创新、激发活力是当前农村改革的重点，其核心及方向是深化农村制度改革，破除“三农”发展制度性障碍，建立同市场化、城镇化和现代化相适应的相关体制，激发内在活力及动力，促进农村经济和社会治理现代化。① 进一步扎实推进农村综合改革，以增加农村居民收入、保障有效供给为目标，重点推进农业供给侧结构性改革、农村集体产权制度改革、农村金融制度改革和完善财政支农投入机制等。继续深化农村土地制度改革，加快释放改革红利，促进农村居民增收；积极推进农村宅基地“三权分置”试点工作，探索建立宅基地有偿转让、有偿调剂、有偿收回等模式，激活农村闲置资源，引导工商资本下乡，为乡村振兴发展提供更多空间。加快推进农村集体产权制度改革，逐步构建归属清晰、权能完整、流转顺

① 项继权：《当前农村综合改革的方向和重点》，《华中师范大学学报》（人文社会科学版）2016 年第 3 期。

畅、保护严格的农村集体产权制度；特别是在农村集体产权制度改革工作中，要进一步协调有关部门，抓好龙口、莱州两个省级试点和其他市（区）确定的市级试点改革工作，注重发现先进典型，提炼有益经验，总结特色做法，为全市农村改革提供可借鉴、可复制、可推广的成功经验，推动体制机制创新，激活农业农村发展的内生动力，促进烟台市现代农业快速发展。此外，健全财政投入保障、金融重点倾斜、社会积极参与的多元投入格局。

（四）着力提高城乡基本公共服务均等化水平

基本公共服务与人们切身利益密切相关，而基本公共服务均等化是引导人们从事农业的关键因素，其实质上是生产要素的配置和生产成果的分配问题，[①] 是共同富裕的内在要求和应有之义。高标准提升农村公共服务，加强城乡之间基本公共服务的政策协同与制度衔接，持续推进城乡在教育资源、医疗卫生、社会保障、公共文化等基本公共服务方面的一体化建设。实施义务教育薄弱环节改善与能力提升工作，继续提高农村办学条件，增强师资力量，推动优秀师资共建共享，积极引导优秀师资扎根农村，做好对支教老师的跟踪管理工作，注重遴选骨干教师赴重点扶持区域开展支教工作；加快申报省级教育强镇筑基试点乡镇。以实施乡村振兴战略和健康中国战略为重要契机，进一步健全农村医疗卫生服务体系，合理协调城乡医疗卫生资源，进一步改善村镇卫生室硬软环境，特别是提升村卫生室医疗水平，推进公共医疗卫生资源向农村合理倾斜，提高农村卫生资源数量、医疗卫生质量和技术水平，提升农村居民健康素养。完善农村社会救助体系，深入健全城乡居民基本养老保险、基本医疗保险、最低生活保障制度等，创新农村养老模式，加快农村养老服务业发展，以满足农村养老需求。此外，全面推进新时代文明实践中心和县级融媒体中心建设；积极推行移风易俗，大力开展弘扬时代新风行动；深入挖掘乡村历史文化资

① 杨远根：《城乡基本公共服务均等化与乡村振兴研究》，《东岳论丛》2020 年第 3 期。

源，发展一批具有“乡村记忆”的博物馆和特色传统村落，讲好烟台故事，留住乡愁记忆。

五 高质量推动乡村振兴战略的对策建议

促进乡村振兴战略全面实施是加快农业农村现代化、推进农民农村共同富裕的必然选择。烟台虽然在乡村振兴战略实施过程中取得了显著成效，但仍存在一些突出问题。为进一步推动乡村振兴战略，本报告提出以下政策建议。

（一）加快农业提质增效，促进农村产业融合

产业兴旺是推动乡村振兴战略的关键。当前，农业发展应始终坚持底线思维，发展特色优势产业，以延伸产业链、提升价值链为重点，推动一二三产业融合发展，加快产业平台建设和专业人才培养，以提高农业质量、增强市场竞争力，为乡村振兴注入强劲动力。

1. 加快传统产业巩固提升

坚决扛牢粮食生产政治责任，牢牢守住耕地红线，坚决遏制耕地“非农化”，严格管控“非粮化”，把粮食安全放在突出位置。抓好粮食生产功能区建设，推广优质绿色生产技术，强化重大病虫害防控，实施好撂荒地复垦整治改造，保持粮食单产、总产双提高；稳步推进高标准农田建设。依托农业物联网技术，大力发展设施农业，提高年内设施蔬菜有效供给能力；加快畜牧业产能恢复，保障年内出栏商品猪及商品肉鸡数量。还应加大保险支持力度，协调保险机构，把为党支部领办合作社开展保险业务作为支农重点，提供多种形式的农业保险服务，特别是完善极端灾害性气象条件下的保险理赔制度，增强抵御自然灾害的能力。

2. 聚焦特色农业高质量发展，延伸产业价值链

加快推动特色农业生产“三品一标”工作，注重果业、海洋渔业等特色农产品产地环境安全；进一步优化海洋牧场发展布局，重点抓好国家级海洋牧场建设，着力打造“蓝色种业硅谷”；主要围绕现代特色果业、现

代海洋渔业、高端粮油、农产品精深加工等产业，全面打造现代农业产业集群。深入实施“电子商务进农村综合示范项目”，建立健全农村电商公共服务体系；推进特色农业与休闲观光、电子商务等产业深度融合，深入实施全域旅游计划，打造“农林牧渔娱”特色综合体，着力构建全产业链和全价值链。

3. 加快产业平台构筑行动

以要素集聚、政策集成、功能集合和企业集中为目标，高标准推进乡村产业平台建设。重点抓好现代农业产业园、农村产业融合发展示范园、乡村振兴齐鲁样板示范区、田园综合体、产业强镇建设，积极创建各类国家、省级平台。

（二）加大人才培育、引进力度，提升乡村发展动力

加大人才培育、引进力度是乡村振兴的重要支撑，它不仅可以促进乡村人才振兴，还有助于凝聚各类人才，推动农业农村现代化。

1. 强化乡村人才培育

强化乡村人才培育是推动乡村人才振兴中的重要一环，可以为乡村振兴提供人才支撑。一方面，加强乡村人才队伍建设。围绕农业生产、产业发展、乡村文化建设、乡村治理及农业科技等领域，深入实施各类人才培养计划，加快乡村人才振兴。依据不同主体类型自身特点，从培训内容、培养方法、评价体系、考核标准以及激励方式等方面制定科学合理的人才培养实施方案，以发挥最优培养成效。另一方面，进一步提高各类人才专业素养。适度加大对乡村振兴领域专业技术人员的培训力度，抓好继续教育基地培训，征集开展乡村振兴领域高级研修项目，加强专业技术人才培训和技术骨干培训；加快推进基层职称制度改革，扎实推进高素质农民职称评审，调动广大农民参与农业生产经营、技术推广和服务的积极性。

2. 进一步加大人才引进力度

实施人才引进是促进乡村人才振兴的重要途径。一方面，加快制定及全面落实人才引进政策。积极探索推进重点人才工程向农业农村领域倾斜，充

分发挥人才工程的牵引作用，在人才工程优化整合过程中加大对农业人才的引进和扶持力度，着力聚集一批“高精尖缺”农业人才。针对乡村振兴发展各方面的实际需求，进一步加大对乡村人才引进的资金支持和政策倾斜力度，积极落实细化高层次人才扎根烟台基层的相关支持政策，推行涉农高层次人才引进政策“一事一议”，建立健全动态化业绩考核和激励机制。另一方面，尊重、信任和善待高层次人才，对其进行适度放权、充分赋权。在推动农业农村现代化过程中，要积极鼓励高层次人才特别是青年人才加大农业科技研发力度，自主合理使用科研经费等。

3. 提升乡村人才承载力

一方面，聚焦发展需求，提供全链条、全要素人才创业平台支持。依托农业优势乡镇、农业合作社，烟台市应探索建立专家服务基层“联盟+基地”发展模式，充分发挥山东苹果 · 果业产业技术研究院、现代高效设施农业示范区、高效生态农业产业融合示范园等产业平台引领作用，广泛布局技术创新中心、博士后科研工作站等科技创新平台，加快涉农产业领军人才等各类人才聚集。在全市范围内挖掘更多综合实力优异的农业合作社、企业及其他相关机构，设立市级乡村振兴专家服务基地，以市级乡村振兴专家服务基地为抓手，对接专家服务乡村振兴联盟资源，结合各市（区）农业产业特点，为各基地培养一批应用型技术人才，充分发挥基地的辐射带动作用，依托基地的人才技术资源对基层农户进行产业技术推广、培训。另一方面，继续开展乡村、农业职业技能竞赛活动，搭建技能人才选拔和交流平台。通过竞赛评选等活动选拔出成绩优异的技能选手给予表彰奖励，发挥先进典型的引领、示范和带动作用，激发技术人员爱农敬业、争学技术、提高本领的热情，把工匠精神注入农业发展实践。

（三）强化工作支持与服务保障，推动乡村文化建设

乡村文化振兴是深化提升农村精神文明建设的内在要求，是乡村振兴战略的重要任务、重要内容和重要保障。烟台市将继续深入推进乡村文化振兴，不断提升农村居民文明素质和乡村社会文明程度。

1. 加大乡村文化支持力度

进一步加强组织领导。召开全市乡村文化振兴专题推进会议，对相关工作进行再动员、再部署、再落实，引导优质文化资源向乡村倾斜，推进设施布局、服务供给、人才资金配置合理化。将新时代文明实践中心建设和文明达标村创建情况与文明单位、文明村镇名额分配挂钩，引导各市（区）切实提高重视程度，加大专项投入力度，真正把各项工作任务抓实抓细抓到位。建立健全乡村文化振兴资金投入机制，为基层文化阵地建设、文化队伍管理、文化活动开展提供必要的经费支撑，同时通过乡村自筹、单位帮扶、社会募捐等方式吸引社会资本参与。

2. 创树工作品牌

强化品牌引领。一方面，烟台市将深入推进市民文化节向乡村拓展延伸，建机制、创品牌、抓引领，着力培育具有时代特色、群众喜闻乐见的文化服务品牌，打通乡村文化服务“最后一公里”。另一方面，以人居环境、乡风民风、文化生活“三个美起来”为目标，将文明村镇创建活动作为深化新一轮乡村文明行动的总抓手，实施好“百镇千村”建设示范工程，建设好美丽乡村示范片，着力打造乡村文明行动示范区。此外，全市深化推进乡村振兴示范工程，组织实施阵地提升、道德建设、文化惠民、移风易俗、环境改善“五大工程”，加快打造乡村文化振兴工作样板。

3. 深化拓展新时代文明实践中心建设

全市将继续以新时代文明实践中心为乡村文化振兴的重要载体，依托新时代文明实践中心提升各类乡村文化场所，集成资源、提高水平，围绕“思想筑魂、改善环境、移风易俗、家风建设、文化惠民”五项重点任务，采取讲、评、帮、乐、庆五种形式，搭建起理论宣讲、教育服务、文化服务等工作平台，努力打造培育时代新人、弘扬时代新风的新阵地。

（四）推进环境保护与治理，推动乡村生态振兴

乡村生态振兴是推进生态文明建设的重要组成部分。为此，需要进一步改善农村人居环境，加强乡村生态保护与修复，注重示范引领。

1. 全力抓好农村人居环境整治重点

继续以建设美丽宜居乡村为引导，突出工作重点，加大推进农村人居环境整治力度。一是推进农村改厕工作提质扩面。针对不同类型的农村居民、不同房屋建设结构等情况，制定细化改厕方案，特别是针对常年外出的农村居民，建立沟通协作机制；注重做好改厕粪污后期的治理工作，从根本上消除农村居民使用无害化卫生厕所的后顾之忧。二是梯次推进农村生活污水治理。引导各村因地制宜、合理选用实用技术和设施设备，优先开展美丽乡村、新型社区、旅游特色村、环渤海区域等中心村庄的生活污水治理，大力提高农村污水治理率；加快研发推广农村生活污水 App，实现农村污水信息化、网格化、科学化管理。三是全面推进农村生活垃圾治理。完善城乡环卫一体化体系，所有市（区）实现城乡生活垃圾无害化处理；稳步推进农村生活垃圾分类，探索适合农村的生活垃圾分类方式，逐步建立以县域或乡镇为基础的资源化回收利用体系。

2. 持续加大生态环境保护修复力度

加强乡村生态保护与修复，健全相关制度保障。一方面，统筹推进森林生态修复与保护、退耕还果还林、森林生态廊道建设、森林质量精准提升和城乡绿化美化等重点造林工程，加强造林和生态修复；推进土壤污染防治，强化重点单位环境监管，精准实施耕地分类管理。另一方面，健全农村河湖管护长效机制，全面开展农村黑臭水体排查，推动黑臭水体治理由城市向农村延伸。强化责任落实，加强河湖管理员队伍建设，落实网格化管理措施，提升常态化巡查成效；持续清理整治河湖“四乱”问题，坚决遏增量、清存量，将清理整治重点向中小河流、农村河湖延伸；抓好美丽幸福示范河湖建设。此外，统筹推进河道治理、景观营造等重点工作，打造一批河湖生态保护和水源涵养的样板河、示范河；积极开展“数字河湖”建设试点；提高群众参与度，组织开展志愿者巡河湖活动，积极探索河湖管护“全民治”。

3. 推进美丽建设示范引领

坚持示范引领，在美丽乡村、美丽村居和美丽庭院创建上加大力度。坚持以点带面，示范引领推进，着力打造生产美产业强、生态美环境优、生活美家园好的“三生三美”新时代烟台特色美丽乡村，推广一批具有引领作用的示范典型，做到“干有样板、学有标杆”，加快创建农村人居环境整治示范县、美丽乡村示范镇、美丽乡村示范村和清洁村庄。深化“美丽庭院”创建工作，提高“美丽庭院”示范户创建比例，做到村村有示范、户户有样板，推动创建工作提档升级。

（五）推进自治法治德治“三治”融合，持续提升乡村治理水平

乡村治理是实现乡村振兴的坚实基础。新时代提升乡村治理水平需要加强基层党组织的领导作用，推进自治法治德治“三治”融合，全面提高基层治理能力。

1. 全面提升农村基层党建工作整体水平

坚持党建引领，把加强党的全面领导作为乡村治理的出发点和落脚点。深入实施村党组织带头人“头雁领航”工程，通过实地考察、培训学习等方式全面提高村党支部书记的专业化管理水平，同时，提升乡村治理现代化水平，推动“村事通”智慧监管平台的规范化运用。进一步合理提升党支部领办合作社的数量和质量，加强政府政策帮扶及资金支持，创新风险防控和利益联结机制，加大联合社组建力度，以促进新型村集体经济高效发展。坚持融合发展，整合区域各类资源，凝聚乡村治理强大动能；坚持人民至上，围绕保障群众利益最大化推进各项工作，推行党建融合发展区始终坚持以人民为中心的工作理念，把解决群众急难险重的迫切问题摆在第一位。此外，依托基层党组织，充分发挥“互联网+”的作用，加快数字赋能新型村集体资产资源管理，积极搭建农村集体资产的核查、管理、监管等服务平台，实行智能化、信息化和便捷化的监督管理模式。

2. 提高乡村自治水平，推进农村社区治理创新

鼓励和支持农村居民广泛参与，激发社会活力，促进政府治理和农村居民自治良性互动。坚持农村居民的主体地位，最广泛地动员和组织农村居民开展民主自治实践活动；完善民主选举制度和程序，健全民主决策制度，规

范议事决策程序，拓宽群众参与民主决策的渠道；推进民主管理，充分发挥村民自治章程、村规民约的积极作用，弘扬公序良俗。持续推进农村社区治理创新。积极引导驻社区机关企事业单位、市场主体和其他社会力量参与社区治理；鼓励和支持乡镇（街道）社区服务中心、农村社区服务站、群团组织服务阵地等基层公共服务平台，根据需要设置社会工作专业岗位，配备和使用专业人才；加快推进数字化赋能乡村治理，进一步搭建数字乡村综合服务平台，使政务服务更便捷，让基层治理更有效。

3. 加强法治乡村建设，维护农村社会平安稳定

推行新时代“枫桥经验”，加快综合治理中心标准化建设，推动更高水平的平安法治乡村建设。增加对农村地区的治安防范资金投入，进一步整合农村治安资源，加强村级治安治理网络建设；积极开展严打农村“黄赌毒”专项整治行动，营造良好稳定的社会环境；注重关爱农村妇女儿童，完善相关服务体系，保障其人身权利不受侵害。推进法治宣传教育，认真落实普法责任清单，以培育农村学法用法示范户为抓手，推动《宪法》《民法典》和涉农法律走进农村，提高农村居民的法律意识；强化机关《宪法》和法治宣传教育工作，加快引导党员干部时刻尊重法律、学习法律、遵守法律以及用好法律，着力为乡村振兴提供农业法治保障。

4. 坚持德治为先，加快推动农村精神文明建设

积极引导农村居民树立社会主义核心价值观，深入学习贯彻习近平新时代中国特色社会主义思想；不断创新乡村道德激励约束机制，提高农村居民的自我管理、自觉履行、自我实施的能力，推动乡村社会和谐有序发展。加快现代化宣传平台建设，以线上线下等形式宣传报道道德模范及身边好人的典型事迹。进一步加强乡村德治建设，深入开展立家训家规、传家风家教以及诚信建设、道德评议等行动；扎实推进婚丧嫁娶移风易俗，注重内容和形式创新，杜绝铺张浪费，扎实推进乡村德治与自治良性互动。将法治教育和道德教育有机结合，以“一堂一会一阵地”建设为着力点，大力推动“法德共进”工作开展。

（六）拓宽农民增收渠道，多措并举推动共同富裕

生活富裕是乡村振兴的根本，确保广大农民收入更快增长是实现全面共同富裕的关键。[①] 实现农民增收与巩固脱贫攻坚成果、创新利益联结机制、深化农村综合改革存在密切联系。

1. 持续巩固拓展脱贫攻坚成果

坚持把巩固拓展脱贫攻坚成果放在突出位置，同步推动相对薄弱镇村和低收入群体收入实现扩增，农民经营性和财产性收入实现扩增。把巩固拓展脱贫攻坚成果、防止返贫和新致贫作为“三农”工作的头等大事，严格落实好“四个不摘”要求，抓牢防止返贫监测和帮扶“两个环节”，抓好对口协作、结对帮扶和社会帮扶“三类帮扶”，用好驻村工作队和农村基层党组织“两支力量”；继续推进重点帮扶行动，发挥政府投入的主体作用，保持专项扶贫资金支持规模，落实“两不愁三保障”和饮水安全行业主管责任，保持各项主要帮扶政策总体稳定。支持重点帮扶镇村发展特色优势产业。

2. 建立健全多元主体协作机制

促衔接，充分发挥乡村振兴重点项目指挥部的统筹作用，加快健全烟台市委农办、农业农村部门、乡村振兴部门“三位一体”统筹乡村振兴体制机制，积极探索先富带后富的新机制，推动小农户之间、小农户与新型农业经营主体以及农业产业化龙头企业之间建立“利益共享、风险共担”的联结模式，推广能人返乡、村庄经营、强村公司、片区组团等创新做法，构建社会、工商资本广泛参与的开放式、开发式帮促机制，拓展农民增收渠道。

3. 激发乡村资源要素活力

以完善产权制度和要素市场化配置为重点，激活主体、激活要素、激活市场，释放和激发农村发展活力。稳妥推进土地制度改革，基于现有土地利用总体规划，烟台各区（市）可以合理调整优化村庄用地布局，有效利用

---

① 黄季焜：《加快农村经济转型，促进农民增收和实现共同富裕》，《农业经济问题》2022年第7期。

农村零星分散的存量建设用地；积极探索适合烟台市的宅基地“三权分置”具体实现形式，积极盘活农村闲置、低效资源，稳妥推进农村集体经营性建设用地入市。进一步加强农村集体资产监督管理平台建设，积极探索村级集体增收路径，规范集体资产运营和交易，拓宽增收渠道，因地制宜地增加集体经营收入，实现集体和农民双增收。

B.2

烟台乡村振兴发展指数测评（2018～2021年）

崔 凯*

摘 要： 本报告针对烟台乡村振兴战略规划的进程开展测评，经过重点评估24项可获得性指标的完成情况，认为烟台市自实施乡村振兴战略以来已经取得重大进展，乡村振兴战略规划目标的总体完成质量较高，并且能做到指标创新和统筹兼顾，烟台市正成为引领乡村振兴齐鲁样板的先行区。从乡村振兴五个子系统看，“产业兴旺”“治理有效”“生活富裕”等三个子系统的总体实现程度较为一致，“生态宜居”和“乡风文明”的部分指标完成度相对滞后，需加快完善并调整指标设计思路。各子系统内部均有若干优势指标，这些指标代表了农业农村现代化的方向，对乡村振兴战略的实施有重要贡献。本报告聚焦“十四五”时期农业高质高效、乡村宜居宜业和农民富裕富足的发展目标，选择13项关键指标进行2025年的目标预测，形成了面向“十四五”时期的乡村振兴趋势展望。

关键词： 乡村振兴 指数测评 齐鲁样板

乡村振兴战略是新时代“三农”工作总抓手。自党的十九大提出乡村振兴战略以来，山东省深入贯彻落实习近平总书记重要指示批示精神，提出

* 崔凯，管理学博士，中国社会科学院农村发展研究所副研究员，主要研究方向为农业现代化、农村信息化和数字乡村。

高起点打造乡村振兴齐鲁样板的总方针。烟台将打造乡村振兴齐鲁样板中的烟台篇章作为重大政治任务，全力推动乡村振兴战略的顺利实施。立足当前农业农村发展取得的主要成效，按照《烟台市乡村振兴战略规划（2018—2022年）》（以下简称《规划》）中“产业兴旺、生态宜居、乡风文明、治理有效、生活富裕”五个方面要求，从指标完成情况、发展目标和展望等方面，对烟台乡村振兴战略规划的进展情况进行全面测评。

一　烟台乡村振兴各子系统的实现程度评估

乡村振兴涉及“三农”各个领域，内容广泛，需要对既有指标进行整合，针对乡村振兴的不同子系统开展实现程度的评估和对比。在此基础上，关注每个子系统中有突出作用的重点指标，进行深入分析。

（一）各子系统的实现程度

按照乡村振兴“产业兴旺、生态宜居、乡风文明、治理有效、生活富裕”的总要求，将指标归类为五个子系统来考查其实现程度①，从而得到不同子系统的横向对比结果，以及各子系统2020年和2022年的实现程度变化（见表1）。

表1　烟台乡村振兴子系统指标实现程度评估

子系统	指标数量	具体指标	实现程度(%)	
			2020年	2022年
产业兴旺	10	粮食综合生产能力、果品产量、渔业经济总产值、高标准农田建成面积、主要农作物耕种收综合机械化率、农产品年出口额、农产品网络销售额、农作物秸秆综合利用率、省级以上农产品企业产品品牌数量、农产品质量安全例行监测总体合格率	104.42	99.87

① 系统实现程度为该系统所有指标实现程度的算数平均值。

续表

子系统	指标数量	具体指标	实现程度(%)	
			2020年	2022年
生态宜居	6	森林覆盖率、村庄规划编制率、实现农村道路"户户通"村庄占比、农村互联网普及率、农村无害化(卫生)厕所普及率、农村生活污水治理率*	84.37	87.15
乡风文明	3	县级以上文明村/文明乡镇占比、有体育健身场所的村庄占比、节地生态安葬率	88.05	92.30
治理有效	2	农村社区服务站普及率、村级网格化服务管理覆盖率	100.00	100.00
生活富裕	3	农村居民人均可支配收入、城乡居民收入比、农村居民恩格尔系数	100.16	98.79

*生活污水得到处理和资源化利用的行政村占比。

从乡村振兴的五个子系统来看，“产业兴旺”“治理有效”“生活富裕”等三个子系统已经达到或基本达到2022年目标值。如果农村生活污水治理率、县级以上文明村/文明乡镇占比这两项指标采用农村生活污水有效收集处理及管控的行政村占比和县级以上文明达标村覆盖率，则2022年“生态宜居”“乡风文明”两个子系统的实现程度也接近或达到100%。大多数指标已提前完成目标，总体来看烟台乡村振兴战略正按照计划稳步推进。

就不同子系统内部指标的完成情况而言，“产业兴旺”“生活富裕”“治理有效”子系统的指标完成度普遍较高，其中，“产业兴旺”子系统的指标有较好的发展预期，这是粮食生产连年丰收、农业现代化建设步伐明显加快的重要体现。“生活富裕”子系统的实现程度表明，烟台城乡收入差距不断缩小，农村居民步入与城乡更加趋同的共同富裕道路。“治理有效”子系统中，较高的农村社区服务站普及率和村级网格化管理覆盖率代表了良好的村级服务能力，为基层治理的开展奠定基础，凸显了乡村治理能力现代化水平的提升。

根据不同子系统实现程度的比较得出，“产业兴旺”“治理有效”“生活

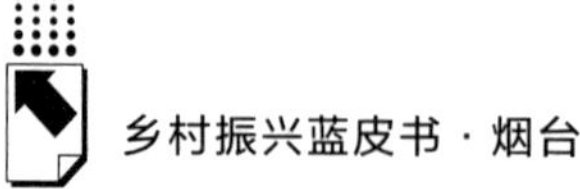

富裕”之间的协同性较高，目标年份（2020 年和 2022 年）这三类子系统的实现程度较为一致，说明烟台市在乡村振兴战略实施过程中，兼顾了产业发展、公共服务、人民生活、村庄治理等“三农”发展的各个领域。

从薄弱环节看，“生态宜居”和“乡风文明”类的部分指标完成度相对滞后，仍需加快提升才有可能实现 2022 年目标值。除农村生活污水治理率占比、县级以上文明村/文明乡镇占比这两项指标外，“生态宜居”和“乡风文明”子系统在目标年份的实现程度与其他指标相似，说明烟台在农村基础设施和环境保护等方面也取得了较好的成绩。各类指标在乡村振兴目标实现进程中充分体现和证实了农业现代化与农村现代化耦合发展的阶段性演进特征。

（二）各子系统的重点指标

子系统中的重点指标主要是发展水平较高的优势指标，其实际值高于全国和全省平均水平，同时实现程度较高，能够较好反映乡村振兴的进展情况。这里选择粮食综合生产能力等 12 项指标进行分析，考查这些重点指标的变化特征。

在“产业兴旺”子系统中，选择高标准农田建成面积、主要农作物耕种收综合机械化率两项重点指标。这两项指标是现代农业生产条件的重要反映，也是保障粮食产能的基础。从耕地质量看，2019 年烟台高标准农田面积 374.38 万亩，已经远高于 2020 年目标值 312.9 万亩，2021 年更是较 2019 年提高了 13%。从机械化水平看，烟台市主要农作物耕种收综合机械化率自 2018 年起保持在 91%左右，2021 年全国主要农作物耕种收综合机械化率为 71%，山东为 90%（见图 1）。基于上述两项重点指标，烟台农业现代化具备良好的实现基础，主要农产品供给得到保障，实现农业高质高效发展的条件保障充分。

在“生态宜居”子系统中，选择村庄规划编制率、农村互联网普及率、农村无害化（卫生）厕所普及率三项重点指标。就乡村规划来看，烟台共完成编制镇（乡）总体规划 87 个，村庄规划编制率达到 100%，国家《乡村振兴战略规划（2018—2022 年）》中设定 2022 年村庄规划管理覆盖率的

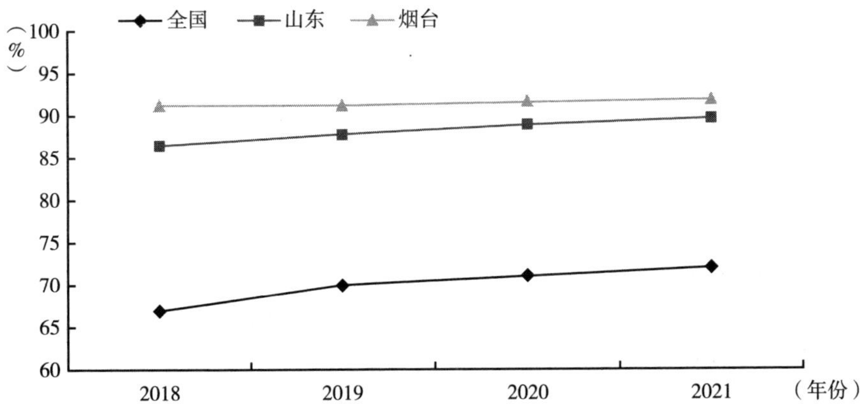

图 1　2018~2021 年全国、山东及烟台主要农作物耕种收综合机械化率

资料来源：农业农村部、山东省农业农村厅、烟台市农业农村局。

目标为 90%，而该指标 2016 年仅为 61.5%（行政村）和 31.7%（自然村），烟台村庄规划编制的落实情况在全国领先。从基础设施建设条件看，2021 年烟台农村互联网普及率已经达 100%，农村无害化（卫生）厕所普及率达 94%，相比 2021 年全国农村地区互联网普及率不足 60%，农村卫生厕所普及率超过 70%，烟台农村网络接入条件已基本完善，农村“厕所革命”取得显著成效。今后重点任务将是进一步保持现有基础并提升，重视改厕后的标准升级和后续管护，努力提高农村生活污水处理水平。

在“乡风文明”子系统中，选择有体育健身场所的村庄占比、节地生态安葬率两项重点指标。烟台充分发挥乡村文化设施的作用，丰富乡村文化内涵，2021 年有体育健身场所的村庄占比达到 94%，预计“十四五”期末体育健身场所可覆盖全部村庄，乡村体育健身场所将成为提升农民身心素质的载体。在推动精神文明建设、倡导移风易俗方面，积极引导推广绿色生态安葬方式，2021 年节地生态安葬率达到 75%，农村乡风文明基础健全，文化服务不断完善。

在“治理有效”子系统中，选择农村社区服务站普及率、村级网格化服务管理覆盖率两项重点指标。烟台创建农村党建示范区，统筹整合区域内人才、产业、项目、设施等资源，发挥集群效应，形成连片和统筹发展格局。同时，积极推进镇村两级综治中心实体化建设，组成综治中心队伍、网格员队伍等力量，2018 年以来农村社区服务站普及率和村级网格化服务管理覆盖率两项指标均达到 100%，治理的有效性初步显现。

在“生活富裕”子系统中，选择农村居民人均可支配收入、城乡居民收入比两项重点指标，这两项指标体现了农民的富裕程度与收入分配情况。2021 年，烟台农村居民人均可支配收入为 24574 元，比山东省平均水平高 3780 元，比全国平均水平高 5643 元，接近实现《规划》设定的 2022 年农村居民人均可支配收入达 25500 元的预期目标。近年来，随着农民收入水平不断提高，城乡收入差距持续缩小，2021 年烟台城乡收入比为 2.16，分别低于全国的 2.50 和山东的 2.26（见图 2），农村居民的共同富裕迈出坚实步伐，农民富裕富足未来可期。

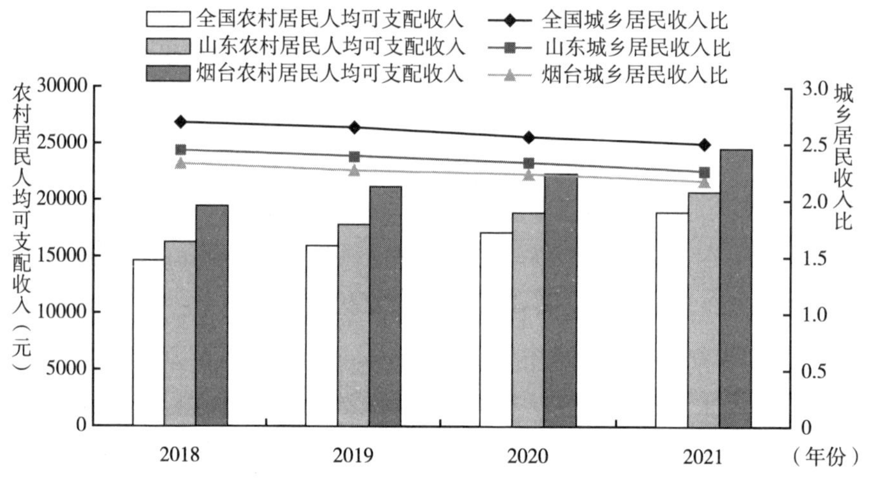

图 2　2018~2021 年全国、山东及烟台农村居民人均可支配收入及城乡居民收入比

资料来源：国家统计局、山东省统计局、国家统计局烟台调查队。

（三）需要注意的几个方面

从指标实现难度看，有三类情况需要重视。

一是对于目标值设定偏高的指标，需要结合《规划》实施以来的指标进展情况考虑，如果确实实现程度较高（90%以上），但增长幅度不大，与目标值差距不大，则可以考虑降低预期，下调“十四五”时期的目标值。

二是对于进展较缓慢的指标，需要在指标设计上重新聚焦，充分反映农业农村的实际发展情况。如将县级以上文明村/文明乡镇占比这一指标改为文明达标村覆盖率，农村生活污水治理率指标改为农村生活污水有效收集处理及管控的行政村占比等。将国内和省内进行比较后，再改进指标和设定目标值。

三是对于短期出现波动的指标，应给予一定区间和范围来考查。从2018年以来的情况看，部分指标发展或增长的趋势出现了逆转，不利于2022年目标值的实现。如农产品年出口额、农村居民恩格尔系数等，但中长期经济稳步增长趋势依然可以预期，对于这类指标，如果基于更长远历史时期，给予一定区间和范围来考查更有意义。

二 烟台乡村振兴战略规划的主要指标完成情况

烟台将推进乡村振兴作为市委、市政府“头等大事”，陆续出台“一号文件”，编制了《规划》和乡村产业振兴、人才振兴、生态振兴、文化振兴、组织振兴等五个专项工作方案，同时指导市县两级编制实施乡村振兴战略规划。在省内率先完成在市级层面实施乡村振兴战略的“1+1+5”政策体系，并实现县域乡村振兴战略规划全覆盖。随着一批乡村振兴重大工程、重大计划、重大行动的扎实推进，乡村振兴齐鲁样板的烟台篇章正持续深入打造。

对标《规划》提出的49项主要指标，考虑数据可获得性等因素，本报告以其中的24项指标为测评乡村振兴发展情况的主要依据，分别以其设定的2020年目标值和2022年目标值为标准，参考中国社会科学院农村发展研究所课题组的研究方法①，计算得出有17项指标已经达到2020年目标，且这些指标大概率可实现或已经实现2022年目标，占指标总数量的70.83%，乡村振兴总体进展顺利。本报告按照实现程度将24项指标分为三类并进行分析和总结。

① 中国社会科学院农村发展研究所课题组：《农村全面建成小康社会及后小康时期乡村振兴研究》，《经济研究参考》2020年第9期。

（一）基本实现类指标

基本实现类指标包括粮食综合生产能力等 17 项指标，这些指标在实现 2020 年目标的基础上，已提前或接近实现 2022 年目标（按 2021 年数据）。17 项指标分布于产业兴旺、生态宜居、乡风文明、治理有效、生活富裕这 5 个子系统（见表 2），这说明烟台在实施乡村振兴战略中充分做到统筹兼顾，5 个子系统都有取得明显进展的指标。

表 2　基本实现类指标

子系统	指标	实际值		目标值		实现程度(%)	
		2020 年	2021 年	2020 年	2022 年	2020 年	2022 年
产业兴旺	粮食综合生产能力(万吨)	174.7	183.3	170	170	102.76	107.82
	果品产量(万吨)	712.4	744.8	600	600	118.73	124.13
	高标准农田建成面积(万亩)	399.38	423.03	312.9	—	127.64	—
	农产品年出口额(亿元)	242.2	230.2	216	216.1	112.13	106.52
	农产品网络销售额(亿元)	32.6	41.8	32.3	43.5	100.93	96.09
	农作物秸秆综合利用率(%)	95	96	95	95	100	101.05
	农产品质量安全例行监测总体合格率(%)	99	98.5	>98	>98	100	100
生态宜居	村庄规划编制率(%)	100	100	100	100	100	100
	实现农村道路“户户通”村庄占比(%)	100	100	90	90	100	100
	农村互联网普及率(%)	100	100	100	100	100	100
	农村无害化(卫生)厕所普及率(%)	93.2	94.4	90	90	103.56	100
乡风文明	节地生态安葬率(%)	66	75	60	70	110	107.14
治理有效	农村社区服务站普及率(%)	100	100	100	100	100	100
	村级网格化服务管理覆盖率(%)	100	100	100	100	100	100
生活富裕	农村居民人均可支配收入(元)	22305	24574	22200	25500	100.47	96.37
	城乡居民收入比	2.22	2.16	2.3	2.28	100	100
	农村居民恩格尔系数(%)	33	—	35.6	35.2	100	—

注：对于正向指标，实现程度 = 100×（实际值/目标值），逆向指标则为该式取倒数。2020 年实现程度以当年数据为实际值进行测算，2022 年实现程度以 2021 年数据为实际值进行测算。

资料来源：目标值参考《烟台市乡村振兴战略规划（2018—2022 年）》，相关指标的实际值由烟台市统计局、烟台市农业农村局、烟台市发改委等部门提供。

保障粮食安全是全面推进乡村振兴的底线。近年来，烟台市粮食综合生产能力始终高于 2022 年目标值，整体实现程度较高。果品产量、高标准农田建成面积、农产品年出口额、节地生态安葬率等指标也保持了较高的实现程度，15 项指标提前实现了 2022 年目标。农产品网络销售额、农村居民人均可支配收入指标已接近实现 2022 年目标值，基本能够实现预期目标。

（二）平稳过渡类指标

平稳过渡类指标包括渔业经济总产值等 6 项指标，这些指标近年来保持稳定的增长趋势，虽然尚未达到 2020 年目标值，但以现有发展趋势来看，这些指标的实际发展水平与目标差距并不大，如 2022 年主要农作物耕种收综合机械化率、森林覆盖率、有体育健身场所的村庄占比等指标的实现程度均在 95%以上（见表 3）。这些指标在保持现有发展基础上的提升空间已经不大，可按既有发展速度平稳推进，同时结合乡村振兴建设情况来适当调整这类指标的目标值。

表 3　平稳过渡类指标

子系统	指标	实际值		目标值		实现程度(%)	
		2020 年	2021 年	2020 年	2022 年	2020 年	2022 年
产业兴旺	渔业经济总产值(亿元)	1049.5	1112.5	1200	1300	87.46	85.58
	主要农作物耕种收综合机械化率(%)	91.61	91.77	93	94	98.51	97.63
	省级以上农产品企业产品品牌数量(个)	48	56	50	70	96	80
生态宜居	森林覆盖率(%)	36.28	36.28	38	38	95.47	95.47
乡风文明	县级以上文明村、文明乡镇占比*(%)	46.7	59.4	80	>80	58.38	74.25
	有体育健身场所的村庄占比(%)	91	93.59	95	98	95.79	95.5

* 文明村为各级命名表彰的村。文明达标村为自查自评自行认定，省级进行测评考核，符合标准则为文明达标村。截至 2022 年 7 月，烟台市县级以上文明达标村覆盖率超过 96%。测评中对于县级以上文明村、文明乡镇占比这一指标采用实际值，如采用文明达标村为指标来源将在文中有说明。

注：对于正向指标，实现程度 = 100×（实际值/目标值），逆向指标则为该式取倒数。2020 年实现程度以当年数据为实际值进行测算，2022 年实现程度以 2021 年数据为实际值进行测算。

资料来源：目标值参考《烟台市乡村振兴战略规划（2018—2022 年）》，相关指标实际值由烟台市统计局、烟台市农业农村局、烟台市发改委等部门提供。

（三）实现难度较大类指标

实现难度较大类指标为生活污水处理的行政村占比，就全国层面看，污水处理是当前农村人居环境整治最为薄弱的环节。2018 年，全国农村生活污水治理率也只有 18.75%，其中，污水处理厂集中处理率只有 11.12%。截至 2019 年，依然有超过 70%的农户生活污水没有得到处理。截至 2020 年，全国 95%以上的村庄开展了清洁行动，农村生活污水治理率达到 25.5%。这说明，污水处理是各地乡村振兴中普遍难点。随着道路、水、电、垃圾处理、污水处理等基础设施建设投入不断增加，预计农村生活环境将持续改善，宜居性不断提升。

值得注意的是，生活污水处理的行政村占比这一指标的考核依据需要相关部门进一步明确，根据《烟台市“十四五”土壤、地下水和农村生态环境保护规划》，2020 年烟台农村生活污水有效收集处理及管控的行政村占比为 46.9%，高于 36.76%的目标值，以此来看，烟台农村生活污水处理水平高于全国平均水平。但从生活污水得到处理和资源化利用的行政村占比来看，2020 年和 2022 年农村生活污水治理率分别仅为 3.61%和 15.07%，据此计算，2020 年生活污水处理的行政村占比这一指标实现程度不到 10%，按 2022 年目标则仅为 27%，实现目标的难度较大。因此对于该指标，需要结合实际情况，调整并明确其指代的具体内容和计算方法，以契合乡村振兴中生态宜居的要求。

（四）总结

总体上，烟台实施乡村振兴战略已经取得重要进展，实施乡村振兴战略期间粮食综合生产能力保持稳定，建档立卡贫困人口、扶贫工作重点村全部实现稳定脱贫，乡村振兴的底线得到充分保障，同时农业现代化水平稳步提升，乡村宜居宜业的环境初步形成，乡风文明建设扎实推进，乡村治理效能不断提升，农民富裕富足的目标可期，烟台正成为引领乡村振兴齐鲁样板的先行区。

结合指标测评，从 24 项指标完成程度的算数平均值看，乡村振兴总体实现程度在95%以上，部分指标已经达到中国基本实现农业农村现代化的目标值，如主要农作物耕种收综合机械化率①等。烟台在完成乡村振兴战略规划各项指标任务的过程中，形成以下特色。

一是做好有关政策的衔接。烟台充分考虑本市农业农村发展实际，在乡村振兴规划的指标设计方面，既与上位规划保持一致，又做到指标的创新和新旧衔接。通过系统谋划，防止短期化、急功近利的倾向，同时分阶段扎实推进，推动乡村振兴战略的全面实施。

二是目标完成质量高，除极个别指标外，绝大多数指标提前或者接近实现2022年目标值，说明烟台市全面推进乡村振兴的基础坚实、前景向好。

三是均衡发展、统筹兼顾。从2020年和2022年的实现程度来看，绝大多数指标在90%以上，乡村振兴涉及的各领域中都有优势突出的指标。这说明烟台在推进乡村振兴战略过程中，能够充分统筹产业振兴、人才振兴、文化振兴、生态振兴与组织振兴，做到整体推进、步伐协同。

三　烟台乡村振兴战略规划的主要指标发展预测

面向“十四五”时期，烟台将聚焦农业高质高效、乡村宜居宜业、农民富裕富足这“三条主线”，与乡村振兴“三条主线”进行衔接，结合上文的重点指标分析，并参考国内权威研究成果②，选取粮食综合生产能力等13项关键指标来预测其2025年目标值，通过重点指标来充分体现乡村振兴的变化特征和趋势。

（一）关键指标预测结果

农业高质高效方面，近年来烟台粮食综合生产能力较为稳定，在提前实

① 根据魏后凯和崔凯，到2035年中国基本实现农业农村现代化时，农作物耕种收综合机械化率达85%以上。参见 Wei Houkai and Cui Kai, “China's Agricultural Modernization Strategy towards 2035,” *China Economist* 1（2021）。

② 指标选取和方法参考魏后凯、杜志雄主编《中国农村发展报告（2021）——面向2035年的农业农村现代化》，中国社会科学出版社，2021。

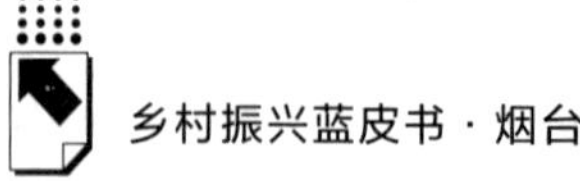

现生产目标的同时，完全可以实现满足粮食供给保障的目标任务，考虑到目标值持续性和粮食生产波动性，2025 年粮食综合生产能力预计达 180 万吨以上。

高标准农田建成面积决定了粮食产出水平，国家对于高标准农田建设非常重视。《山东省高标准农田建设规划（2021—2030 年）》要求到 2022 年建成 6500 万亩以上高标准农田，到 2025 年建成 7791 万亩，改造提升 870 万亩，稳定保障 1100 亿斤粮食产能。各地高标准农田建设的提升改造空间较大，烟台自 2018 年以来高标准农田建成面积每年增加 20 万亩以上，预计 2025 年高标准农田建成面积在 480 万亩以上。

烟台市主要农作物耕种收综合机械化率、农作物秸秆综合利用率已经达到较高水平，均高于全国平均水平 10 个百分点左右，结合 2018 年以来较为稳定的发展趋势来看，预计 2025 年这两项指标分别达到 93%和 98%。根据近三年增长情况，农产品网络销售额预计 2025 年达 60 亿元以上。

乡村宜居宜业方面，烟台大力推进农村改厕，2021 年农村无害化（卫生）厕所普及率已达 94.4%，按照山东省“十四五”规划中实现农村卫生厕所基本普及的目标，预计 2025 年农村无害化（卫生）厕所普及率达 100%。有体育健身场所的村庄占比指标反映了村民文化生活条件，根据过去三年的增长趋势和发展水平，预计 2025 年有体育健身场所的村庄占比达 100%。森林覆盖率指标自 2018 年以来稳定在 36%，预计 2025 年达 40%。

生活污水处理的行政村占比、县级以上文明村/文明乡镇占比等两项指标由于建设起步较晚，成为烟台市乡村振兴的短板，值得注意的是两项指标近年来增速较快，得到重点关注和支持。结合烟台市相关规划和研究测算，预计 2025 年农村生活污水治理率达 55%，县级以上文明村/文明乡镇占比达 85%。

农民富裕富足方面，2020 年烟台农村居民人均可支配收入 22305 元，与 2015 年相比，年均增长 7.5%，2021 年烟台农村居民人均可支配收入 24574 元，比上年增长 10.2%，综合“十三五”以来农村居民人均可支配收入增长情况，考虑经济增速变化，保守估计 2025 年烟台农村居民人均可支配收入不低于 3 万元。

城乡居民收入比、农村居民恩格尔系数两项负向指标每年略有下降，并且能够实现既定目标，2021 年烟台城乡居民收入比低于山东平均水平，按照此发展趋势，预计 2025 年城乡居民收入比为 2.05，农村居民恩格尔系数为 32%。

2021 年和 2025 年烟台市乡村振兴主要指标目标预测见表 4。

表 4　2021 年和 2025 年烟台市乡村振兴主要指标目标预测

类别	主要指标(单位)	2021 年基期值	2025 年预测值	属性
农业高质高效	粮食综合生产能力(万吨)	183.3	>180	预期
	高标准农田建成面积(万亩)	423.03	480	约束
	主要农作物耕种收综合机械化率(%)	91.77	93	预期
	农产品网络销售额(亿元)	41.8	60	预期
	农作物秸秆综合利用率(%)	96	98	约束
乡村宜居宜业	森林覆盖率(%)	36.3	40	约束
	农村无害化(卫生)厕所普及率(%)	94.4	100	约束
	农村生活污水治理率(%)	15.07	55	约束
	有体育健身场所的村庄占比(%)	93.59	100	约束
	县级以上文明村/文明乡镇占比(%)	59.4	85	预期
农民富裕富足	农村居民人均可支配收入(万元)	2.46	>3	预期
	农村居民恩格尔系数(%)	33*	32	预期
	城乡居民收入比	2.16	2.05	预期

* 2021 年数据缺失，采用 2020 年数据。

（二）“十四五”时期展望

预计到 2025 年，烟台全面推进乡村振兴取得重要突破，乡村振兴的烟台特色、烟台样板、烟台亮点已经形成，全市 50%的村庄基本实现农业农村现代化。粮食安全和主要农产品供给更加有保障，构建绿色、高效与可持续的现代乡村产业体系，农业质量效益和竞争力大幅提高。农民收入水平和生活质量达到新高度，城乡、区域间居民生活水平差距显著缩小。乡村建设取得显著成效，农村基础设施、人居环境、风俗风貌全面改善，形成绿色生产生活方式。城乡融合发展的体制机制基本健全，农村教育、医疗和养老等基本公共服务质量显著提升，自治、法治、德治相结合的现代乡村治理体系基本建成。

农业高质高效方面，预计到2025年，烟台粮食安全保障水平进一步提升，粮食综合生产能力稳定在180万吨左右，经济社会高质量发展对重要农产品的需求得到充分满足，粮食、蔬菜、水果、肉、蛋、奶等主要农产品供给实现总量平衡、结构平衡和质量提升。农业劳动生产率大幅提升，农业化肥、农药等化学投入品使用总量和强度均呈现显著下降趋势，农业投入效率和废弃物利用水平明显提升，农产品质量安全得到全面保障，农业绿色化发展特征初步显现。农业科技贡献水平不断提升，农业产业结构持续优化，农业社会化服务加快普及。数字化、智慧化对农业产业链的推动作用不断增强，农产品加工、乡村旅游、农村电商等乡村产业融合形态大量涌现，成为提升农业价值和促进农民就业的重要支撑。

农民富裕富足方面，农民持续稳定增收的长效机制初步构建，“十四五”时期农村居民收入年均增速高于城镇居民，并且高于全省平均水平。预计2025年农村居民人均可支配收入在3万元以上，城乡区域发展差距和居民生活水平差距显著缩小，城乡居民收入比争取下降到2.05左右，共同富裕迈出坚实步伐。农村外出劳动力整体就业质量进一步提高，农民工资性、财产性收入占比稳步增加，相对贫困得到有效缓解。农民文化素质进一步提高，精神文化生活更加丰富，绿色生产生活理念全面深入。农村民生持续改善。教育、养老、医疗等基本公共服务的城乡均等化水平全面提升，城乡统一的公共服务体系和社会保障制度加快构建，城乡融合发展体制机制更加完善。

乡村宜居宜业方面，预计到2025年，农村人居环境得到全面改善，农村自来水实现全面普及，农村无害化（卫生）厕所实现全面普及，农村道路基本实现“户户通”，村庄体育健身场所全覆盖，农村生活污水治理率显著提升，乡镇、村级绿化覆盖率明显提高，将绝大多数乡村建成宜居型示范农房，生态宜居的美丽乡村基本实现。农村人居环境长效管护机制进一步完善，村级综治中心建设全部达标，乡村社会风险防控和灾害应急保障体系全面建立。县级以上文明村、干事创业进步村、村级综合文化中心等数量显著增加，乡村优秀传统文化得到有效传承和发展，农民精神文化生活需求不断得到满足。基层党组织领导的自治、法治、德治相结合的乡村治理体系更加完善，村级党支部的引领和示范作用进一步增强，基层党组织的领导力、组织力和凝聚力提升至新高度。

（三）工作推进措施建议

对乡村振兴规划涉及的各项指标进行深入分析、评价和预测，不仅能够反映乡村振兴战略规划落实情况，也能够掌握当前乡村振兴工作的优势和短板，明确全面推进乡村振兴的重点任务和目标。为顺利完成规划目标和接续推进乡村振兴战略，应当用好指标考核与评估机制，本报告提出建议如下。

1. 将乡村振兴规划指标测评与绩效考核制度相衔接

完善市（区）各级党政领导班子和干部围绕乡村振兴工作的实绩考核制度，并建立相应的激励机制。对考核排名靠前的市（区）给予适当奖励，对考核排名靠后、履职不力的地区进行约谈。建全乡村振兴工作推进报告制度，定期由市（区）级政府或者相关主管部门向同级人大报告乡村振兴工作推进情况，对报告情况进行公开，以更好地督促各级政府对乡村振兴工作加强重视。

2. 将乡村振兴规划指标测评与资金使用管理相衔接

统筹整合财政涉农资金，优化乡村振兴投资考核评估机制，创新绩效评估管理办法，建立统一、规范的评估流程，将乡村振兴重点领域和项目纳入绩效评估范围，强化评价结果的应用，实现绩效评价结果与预算安排和政策调整挂钩。注重资金使用的绩效评价管理，将绩效考核的思路、理念和方法融入预算编制、执行和监督全过程，在财政与预算单位之间，形成权责清晰、协调配合、责任共担的预算绩效管理机制。

3. 将乡村振兴规划指标测评与负面清单制度相衔接

针对乡村振兴战略规划实施中存在的弱项、短板和进展缓慢的指标，分析其原因和负面影响因素。将负面清单管理机制引入乡村振兴领域，围绕乡村振兴底线、主线和重点任务等，从中长期乡村振兴战略实施的角度制定详细的负面清单。建立信息公开机制、质询评议机制、追责问责机制等，确保负面清单事项得到有效贯彻执行。

参考文献

魏后凯、杜志雄主编《中国农村发展报告（2021）——面向 2035 年的农业农村现代化》，中国社会科学出版社，2021。

Wei Houkai and Cui Kai, "China's Agricultural Modernization Strategy towards 2035," *China Economist* 1 (2021).

产业发展篇

Industry Development

B.3

烟台乡村产业发展：成效、未来战略重点与对策

张康洁*

摘　要： 产业兴旺是乡村振兴战略的首要任务。烟台全面贯彻新发展理念，坚决落实高质量发展要求，现阶段乡村产业发展成效明显，农业特色产业提质增效，农业绿色发展扎实有序推进，新型农业经营主体带动效果明显，农村一二三产业融合发展，脱贫攻坚成果同乡村振兴的有效衔接进一步巩固，这为打造乡村振兴齐鲁样板示范市奠定了良好基础。为保障粮食安全、促进农业高质量发展、实现共同富裕，在未来乡村产业发展过程中，烟台将以坚持粮食安全底线思维为基础，持续推动特色产业发展；促进科技创新赋能现代农业发展；培育新型农业经营主体，推动农民持续增收；健全产业链、提升价值链，以促进农业高质量发展。同时，

* 张康洁，管理学博士，中国社会科学院农村发展研究所博士后，主要研究方向为产业组织和农业绿色发展。

针对乡村产业发展中存在的主要问题，提出以基层党建引领乡村产业振兴、科技创新赋能乡村产业融合发展、推进乡村产业生态化与生态产业化、多举措强化资源要素支撑、建立健全乡村产业发展体制机制等针对性政策建议，以推动烟台乡村产业高质量发展，加快乡村振兴战略全面实施。

关键词： 乡村产业　绿色发展　乡村振兴　农业现代化　高质量发展

产业兴则乡村兴。乡村产业发展是全面推动乡村振兴战略的重要内容，也是推进共同富裕的重要一环。在实施乡村振兴战略 20 字总方针中，“产业兴旺”居于首要位置，它既是乡村振兴的重要基础，也是解决农村问题的重要前提。推动乡村产业振兴有利于提高农村生产力，可以为农业农村发展提供物质保障。为此，烟台市在推进乡村振兴战略过程中，要贯彻落实新发展理念，聚焦乡村特色产业，聚集各类优势资源要素，建立健全地域特色鲜明、质量效益全面提升的现代农业产业体系，以实现高质量发展，促进乡村产业振兴。

一　烟台乡村产业发展主要成效

烟台将特色产业引领作为产业振兴的突破点，坚持陆海统筹，优先发展以苹果为代表的果业、以海洋牧场为代表的现代渔业两大领军产业，积极构建具有烟台特色的现代农业产业体系。在“十四五”开局之年，烟台市大力推动产业转型升级，注重农业绿色发展，积极推动产业融合，为全面推动乡村振兴奠定了重要基础。

（一）农业特色产业提质增效

立足农产品资源禀赋，烟台市按照“标准化、链条化、融合化”的思路，大力实施农业产业提质增效行动，加快烟台苹果1个千亿级和海参、葡萄及葡萄酒、生猪、白羽肉鸡、花生和食用油、龙口粉丝等6个百亿级优势特色产业集群的培育步伐。

果业高质量发展继续推进。全面实施苹果、莱阳梨、葡萄与葡萄酒等产业的高质量发展规划，加快培育烟台苹果千亿级国家优势特色产业集群，实施苹果产业更新升级三年行动，2021年新改造老龄苹果园46万亩，累计改造老龄苹果园93万亩、梨园4300亩，建设提升现代示范果园297处共计6.6万亩，建设数字果园95个。高标准建设苹果科创中心、大数据中心、交易中心、苹果博物馆“三中心一场馆”，成功举办第二届中国·山东国际苹果节，苹果免套袋栽培、葡萄简易设施栽培等高效益技术模式的示范带动作用明显。按照“链长制”要求，建立了葡萄酒产业链，全力推进中国葡萄酒国家馆、丘山谷葡萄酒养生休闲体验区建设；以张裕130周年庆典为契机，一体策划烟台国际葡萄酒节和博览会，推动葡萄与葡萄酒产业高质量发展。

畜牧业持续保持良好发展态势。2021年，全市存养祖代肉种鸡42万套、父母代肉种鸡1060万套，分别占全国的25%和20%；存养核心基础母猪2.7万头，占全省的25%，继续保持在全省、全国的优势地位。全市生猪存栏可达315万头，出栏470万头以上，肉鸡出栏3.5亿只。全市肉蛋奶总产量150万吨，同比增长7%。非洲猪瘟、高致病性禽流感等重大动物疫病防控工作扎实有序开展，顺利通过省级免疫无口蹄疫区和无高致病性禽流感区评估验收，全省首家国家级布病、结核病双病种净化创建场及首家国家级猪伪狂犬病净化创建场均落户烟台市，省级禽白血病净化创建场数量占全省的26.7%。饲料行业健康有序发展，总产量619万吨，总产值197亿元，均同比增长10%以上。同时，进一步做大做强海洋牧场，将其作为加快渔业转型升级的主引擎，促进海洋牧场引领高端渔业发展。创新“海工+牧场”“陆海接力”“大渔带小渔”等模式，启动海洋牧场“百箱计划”；烟台市海参生产方式以底播为主，海洋牧场底播养殖占全市海参养殖面积的89.86%。全国海洋牧场建设现场会在烟台召开，会上农业农村部向全国推广烟台经验，形成了海洋牧场建设“全国看山东、山东看烟台”的良好格局。

农业品牌化建设开启新篇章。全国首创“烟台仙果”果业全品类整体品牌，将烟台苹果、莱阳梨、烟台大樱桃等优势特色果品统一纳入品牌并集中推介宣传，推动形成“全品类整体区域公用品牌+单品类区域公用品牌+企业产品品牌”“三位一体”的农业品牌模式，开启了烟台品牌农产品抱团发展的新篇章。加快知名品牌培育，“烟台苹果”入选《中欧地理标志协定》目录，成为首批国家地理标志产品保护示范区，新增省知名农产品品牌8个，总量达61个，居全省首位。扎实推动农产品质量持续向好，新发展“三品一标”企业59个、产品103个，累计用标企业489个、产品851个；创建全国绿色食品原料标准化生产基地32万亩；农产品抽检合格率达到98.5%；着力提升品牌价值，创新宣传方式，巩固“烟台苹果”中国果业第一品牌的地位。邀请央视栏目组围绕烟台草莓产业进行深度采访报道，在黄金时段定档播出，将烟台草莓打造成烟台市又一特色农产品“名片”。先后举办多次大型产销会，品牌营销成效显著，烟台苹果、大樱桃、黄茶等特色农产品销往海内外，品牌知名度和美誉度进一步提升。

（二）农业绿色发展扎实推进

坚持“藏粮于地、藏粮于技”，牢牢守住耕地红线。2021年，新增高标准农田12.3万亩，整治改造撂荒耕地5750亩；推广病虫害统防统治、机种机收等技术手段，全力保障粮食丰产丰收；扎实做好病害防护，小麦条锈病发病面积仅占全省的0.24%。组织开展“双脚沾满泥土、深化为农情怀”包村大走访大调研活动，解决实际问题229个，办实事419件；粮食面积达454万亩，产量为183万吨，同比分别增加17万亩和9万吨。全面实施耕地保护田长制，2021年出台《烟台市耕地保护田长制实施意见》，全市共设立各级田长1.3万余人，构建了网格化的耕地保护田长制架构。建立完善耕地保护激励机制，2022年4月出台《烟台市耕地保护激励办法》；强化设施农业用地监管，督导各市（区）及时将已备案的设施农业用地上图入库，2021年已有近1万个项目和6000公顷设施农业用地在信息系统中上图入库，数量位居全省第一。在全省率先建立了设施农业用地“一张图”，助力设施农业用地科学化监管。

种子工程攻坚行动有效实施。烟台整合优势龙头种业企业及市内外高校、院所优势资源，搭建育种创新技术平台，围绕品种选育、科研机构、育种人才、种业市场等开展创新突破，形成了《关于加快烟台市现代种业创新发展的实施意见》，吹响了种业振兴的号角。围绕打造中国北方“种业硅谷”，积极向上级争取政策。2021 年，市级安排 3000 万元专项资金，开展种质资源普查和种业“卡脖子”技术攻关，自主研发的小麦品种“烟农 1212”“登海 206”攻关田平均亩产分别达 778.32 公斤和 800.36 公斤，分别创下全国旱地、十亩方小麦单产最高纪录；益生股份自主培育的“益生 909”小型白羽肉鸡通过国家新品种认定，是全国畜禽育种的新突破。

烟台坚持“绿水青山就是金山银山”理念，坚定不移地走绿色高效发展之路。持续推动农业面源污染治理，推广有机肥替代化肥、高效节水等绿色发展模式，持续开展化肥农药减量增效行动，大力实施化肥农药“双减”工程；全面提升对畜禽粪污、秸秆、农膜等农业废弃物的资源化利用能力。积极开展“减药控肥”行动，2021 年新增水肥一体化面积 12.0 万亩，超额完成年度任务。发挥“蓬莱区绿色种养循环项目”“福山区旱作节水项目”“龙口市酸化土壤改良项目”的示范带动作用，有效推动化肥减量。招远、莱州、牟平 3 个市（区）入选全国农作物病虫害“绿色防控示范县”。农作物耕种收综合机械化率在 92%以上，莱阳、招远成功创建全省“两全两高”农业机械化示范县。烟台市还完成中央和省级环保督察迎检工作，62 个中央生态环保督察交办问题、116 个省级交办问题全部整改到位。

科技创新支撑乡村产业发展。“十三五”以来，烟台市农业领域共承担市级以上各类科技计划项目 176 项，经费总额达 1.62 亿元，先后在超高产小麦育种、宜机收玉米育种、食用植物油精深加工、安全高效农业缓释肥等领域攻克了一系列“卡脖子”关键技术，累计获得省级以上科学技术奖励 26 项。聚集了一批高水平创新资源，地方政府及企业积极与各高校科研院所全面开展产学研合作。搭建了一批高精尖的创新平台，烟台市在农业领域拥有国家级创新平台 2 处、省级创新平台 53 处；高度重视农业科技园区体系建设，全市共建有国家农业科技园区 2 处、省级农业高新技术产业开发区 3 处、省级农业科技园 9 处，促进省级及以上农业科技园区在市（区）实现全覆盖，按照“政府引导、企业运作、社会参与、农民受益”的原则，园区依靠科技创新培育并壮大了一批具有较强区域带动能力的农业特色产业，为农业提质增效和转型升级起到了重要的示范、引领和带动作用。2021 年全市省级及以上农业科技园区总营业收入达到 259.11 亿元，同比增长 12.24%，发展势头持续向好。此外，智慧农业建设扎实开展，全面推进农业农村“一张图”信息服务系统建设，已建成专题图 21 个，为分析形势、科学决策提供有力支撑；数字果园建设为标准化生产、智能化管理树立样板。

（三）新型农业经营主体带动效果显著

培育农业经营主体的步伐进一步加快，涌现了一批高质量的农业创新主体。坚持部门联手、市县联动、各方联合，加快打造“小升高、高壮大”的梯次培育机制。实施龙头企业雁阵培育工程，通过加大贷款贴息力度，促进企业改造升级，提升带动农产品加工业发展的能力，梯次培育农业产业化龙头企业。2021 年，烟台市新增市级龙头企业 100 家，总数达到 239 家；新增国家级龙头企业 2 家，总数达到 17 家；春雪集团在主板上市，全市“农”字号上市企业达到 15 家，其中畜牧业上市企业达到 6 家，居全国地级市首位。社会化服务水平进一步提升，通过信贷支持等扶持政策，持续推动合作社、家庭农场等新型农业经营主体健康发展，2021 年新增家庭农场 804 家、农民专业合作社 888 家，新认定示范场 70 家、示范社 90 家，农业社会化服务组织达到 4400 个。将海阳市作为家庭农场高质量发展整县提升省级试点。

党支部领办合作社助力村强民富。近年来，烟台市认真贯彻落实中央决策部署，坚持党对农村工作的全面领导，加大创新村党支部领办合作社的力度，将党支部的政治优势、组织优势与合作社的经济优势有机结合，把党的领导全面融入乡村发展。推行党支部领办合作社，组织集体和群众通过股份合作的形式，重新构建党组织与农民群众的经济联结纽带，抱团发展、规模经营。截至2021年，全市已有3421个村党支部领办合作社，占总村数的54%，带动新增集体收入3.93亿元，带动群众增收5.32亿元。相关做法先后获评“中国三农创新十大榜样”“2019~2020年度全省组织工作创新奖”，并由《人民日报》《光明日报》《党建研究》等20多家省级以上媒体刊发报道。

（四）农村一二三产业融合发展

一二三产业融合发展成效显著。全面实施农产品加工业、休闲农业和农产品电商三大提升行动，加快发展“新六产”。积极做好烟台粮油品牌和粮油科技宣传工作，组织市内品牌企业积极参加“齐鲁粮油”电商直播培训，进一步提升烟台市粮油企业电商直播水平。2021年全市农产品网上销售41.8亿元。苹果种植业作为烟台农村地区的支柱产业带动了第二、第三产业的发展，其果品加工、贮运和流通为社会提供了上百万个就业岗位，形成了以苹果市场销售为龙头，以生产、贮藏、加工和旅游为产业链的产业集群，推动了全市农业农村经济稳中向好。2021年，以苹果为原料的加工企业有50余家，围绕苹果肉、皮、籽、花等，开发苹果脆片、果胶、籽油等7个系列100多个加工品种，年加工能力超400万吨，居全国首位。产业园区建设加快推进。现代农业产业园区多级联创，国家级、省级、市级现代农业产业园分别新增1个、2个和4个。其中，莱山区成功争创国家级现代农业产业园；牟平区围绕肉鸡、苹果产业，开发区围绕海参产业成功创建省级现代农业产业园；新增市级现代农业产业园4个。牟平区获批创建国家级田园综合体；新增国家级农业产业强镇1个，省级农业产业强镇11个，新增省级乡土产品名品村150个。

聚焦产业融合，乡村文化旅游蓬勃发展。2021年，烟台打造省级精品文旅小镇4个，市级精品文旅小镇12个，省级景区化村庄19个。同时，各美丽乡村样板示范片充分利用烟台市特有的滨海风情、海洋民俗、红色文化和生态资源，在挖掘保护的过程中，促进文化旅游产业协调融合发展，推出了招远大户陈家，莱阳凤头村、濯村樱花节，蓬莱木兰沟等一批特色村落、精品线路、旅游品牌，为农民增收、农村发展开辟了新路径。其中，蓬莱丘山谷示范片通过“点线面”的发展模式，串点成线、连线成面，“点”上开发特色旅游产品，“线”上完善“葡萄酒+乡村旅游”产品线路，“面”上打造连片发展的乡村旅游区，先后开发了酒庄体验、农家美食、特色民宿、果蔬采摘、马术骑乘等旅游项目，年接待游客35万人次，综合收入2亿元。2021年烟台市县级以上文明村达标率为89%，创建省级美丽乡村示范村41个。

（五）脱贫攻坚成果同乡村振兴的有效衔接进一步巩固

全面巩固拓展脱贫攻坚成果。保持帮扶政策总体稳定，继续巩固脱贫享受政策人口“两不愁三保障”的成果。2021年，持续巩固烟台市脱贫享受政策人口33349户共计50898人的脱贫成果。不断完善防止返贫动态监测帮扶机制，建立“1+4”防返贫动态监测督控工作体系，纳入监测帮扶422户836人，在6221个村建立相对困难农户台账。支持重点帮扶镇村发展特色优势产业，实施“20100”重点镇村帮扶工程，重点帮扶20个镇和100个村，安排各类衔接资金项目201个。多措并举开发设置村内公益岗位，全市9486名脱贫人口就近上岗。扎实开展烟台 · 德州、烟台 · 巫山协作帮扶，东西协作持续深化，战略协作迈上新台阶。

二 乡村产业发展的战略重点

烟台市深入学习贯彻习近平新时代中国特色社会主义思想和党的十九届六中全会精神，全面落实市委“1+233”工作体系，着重抓好乡村振兴三年行动各项重点任务，持续紧扣“十四五”经济社会发展总体目标任务，坚持党管农村，坚持农业农村优先发展，以改革创新、转型升级为主线，以农业产业化、农村组织化、农民收入多元化为方向，做好巩固拓展脱贫攻坚成果与乡村振兴的有效衔接，全面推进乡村振兴，促进农业持续升级、农村持续进步、农民持续增收，聚力谱写乡村振兴齐鲁样板烟台篇章。

（一）坚持粮食安全底线思维，持续推动特色产业发展

粮食安全是国家安全的基础，是经济发展、社会稳定的生命线；保障粮食安全的关键是保粮食生产能力。[①] 大力提升稳产保供能力，需要抓住种子和耕地两个要点。立足烟台市发展优势，做大做强现代种业。继续坚决守住耕地红线，落实最严格的耕地保护制度，坚决遏制耕地“非农化”，防止耕地“非粮化”，重点实施好粮食稳产丰产工程，保障粮食播种面积、产量稳定，进一步推进高标准农田建设，保质保量完成建设任务。优化小麦、玉米核心产区产业生产布局，整建制推进市县乡三级粮食绿色高质高效示范区创建，稳定保持全年粮食种植面积和生产能力。

持续推动特色产业发展。秉承因地制宜、科学规划的原则，以满足广大人民群众的实际需求为着力点，加强顶层设计，推动生产、生活、生态“三生”融合发展；促进小农户与市场有机衔接，优化农业生产要素配置，依托农民专业合作社、家庭农场和农业企业等新型农业经营主体，通过内部合作化和外部社会化服务，将小农群体带入农业现代化，以促进产业转型升级、提质增效。在农业产业化发展上，重点实施好粮食稳产丰产、“1+6”产业集群建设、农业产业化龙头企业“雁阵”培育和农业品牌提升 4 个工程。加快推动特色农业转型升级，全面抓好烟台苹果 1 个千亿级国家优势特色产业集群建设，积极加快老龄苹果园改造。依托线上线下等方式，全面办好“烟台仙果”果业全品类整体品牌发布推介活动，深入挖掘“品道烟台仙果香”文化内涵，集中打造烟台苹果、莱阳梨等区域公用品牌，加快提升烟台苹果“中国果业第一品牌”美誉度。此外，进一步支持莱阳梨、大樱桃、葡萄与葡萄酒等优势特色产业高质量发展；积极落实生猪产业发展政策，发展优质高效的生态环保型肉鸡产业，加快发展海洋牧场；开展地方优势特色农产品保险奖补，有序扩大保险投保面积。

① 于法稳、林珊：《碳达峰、碳中和目标下农业绿色发展的理论阐释及实现路径》，《广东社会科学》2022 年第 2 期。

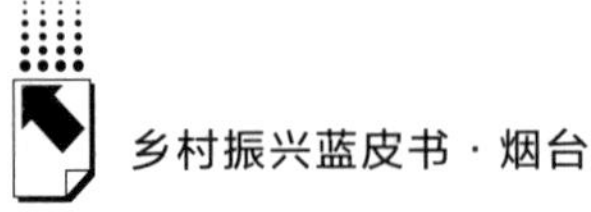

（二）强化科技创新赋能，发展绿色低碳农业

科技是第一生产力，也是农业的根本出路，农业科技创新是加快现代农业发展的决定力量。[①] 烟台以强化农业科技创新为支撑，坚持走科技兴农、质量兴农之路，加快健全现代农业产业、生产及经营体系，把烟台建成优质粮油生产功能区、果蔬特色产业引领区、现代畜牧示范区以及海洋渔业经济发展示范区，以实现农业绿色、生态、高效发展，推动农业现代化。一是加快实施科技创新工程，坚持产业需求和市场导向，围绕发展现代种业、推动高端农业、提档升级农产品加工及研发智能化农机装备等主要任务，加强科技攻关，着力解决一批关键共性技术。发挥科研院校、技术平台的优势，组织实施一批科技计划项目，培育特色产业，打造新的地域产品。二是实施现代种业提升工程，健全种业研发创新激励机制，针对主导产业，以新型经营发展模式为依托，加快构建产学研相结合、“育繁推一体化”的现代种业体系，重点依托国家、省、市各类科研院所、企业研发中心等建立全国领先的小麦、玉米、苹果、大樱桃、肉鸡、海参、海带、鲆鲽鱼类育种中心和创新基地。推进种业龙头企业兼并重组，打造“育繁推一体化”的种业集团。加快发展现代农作物、畜禽、水产、林木种业，培育一批具有较强竞争力的种业龙头企业，努力打造中国北方“种业硅谷”；同时，加强国内外优良品种的引进和选育，做好地方特色产业品种的更新换代，保持产业竞争力。三是提高农业科技成果转化率。健全省县乡村四级农业技术的推广服务体系，积极推广适合当地农业生产的新品种、新技术、新机具和新种养模式，深入实施化肥农药减量化、农业废弃物资源化利用等工程，通过补贴等机制，推动病虫害绿色防控、水肥一体化、有机肥替代化肥、绿肥种植等绿色生产技术的应用。加强对农业科技成果转化的政策支持，依据乡村产业发展需求和农民实际需要，加强产学研合作，健全农民队伍培训体系，提高农民专业知识与技能。

① 王丹等：《国家农业科技创新系统生态演化研究》，《中国软科学》2021 第 12 期。

（三）发挥农业经营主体的带动作用，推动农民持续增收

新型农业经营主体是促进小农户与现代农业有机衔接的重要纽带，是促进农民农村共同富裕的重要力量。一是加大新型农业经营主体培育力度，强化对市级示范社和示范场的评定与监测，深入实施规范提升行动，建立健全规范管理制度，引导经营主体规范发展，注重保障农民的切实利益，以满足乡村产业发展的多元化需求，提高农民的组织化程度。二是加快推动特色优势产业发展，发挥农民专业合作社、家庭农场和农业龙头企业等新型农业经营主体的示范带动作用，重点通过促进农民就业创业、依靠集体经济带动和注重低收入群体等促进农民持续增收。三是进一步探索多种发展模式，创新农民与新型经营主体之间的不同利益联结模式，充分发挥各自资源禀赋优势，促进土地、劳动力、资金等要素协同配置。大力发展优质高效的特色产业，激活农村土地、水面等各类资源要素，依托农业龙头企业、合作社、家庭农场等新型经营主体，通过租赁、入股等方式，推动新型经营主体与村集体或农户在资本、要素、技术、信息及政策等方面实现有效对接，以促进新型村集体经济发展，推动实现共同富裕。例如，针对民俗文化和地方特色丰富的村庄，应着力打造特色民宿、休闲农业采摘体验等。

此外，持续推进巩固拓展脱贫攻坚成果同乡村振兴有效衔接。新时代，实现巩固拓展脱贫攻坚成果同乡村振兴的有效衔接，提高农业农村现代化水平，是落实“十四五”规划、推进共同富裕迈出实质性步伐的战略选择。[①] 今后应从组织领导、顶层设计、体系建设及考核机制等方面做好衔接工作，以乡村振兴战略20字方针为工作重点，集中力量支持脱贫攻坚向巩固拓展脱贫攻坚成果同乡村振兴有效衔接。特别是做大做强产业帮扶，保持政策资金投入力度，支持重点帮扶镇村发展特色优势产业；加强省内各地区的帮扶协作。在巩固拓展脱贫攻坚成果上，将重点

---

① 董玮、秦国伟、于法稳：《脱贫攻坚与乡村振兴的有效衔接：转换与调适——基于公共政策的视角》，《农村经济》2021年第9期。

实施好防止返贫、乡村振兴衔接推进区建设和“20100”重点镇村帮扶三个工程，保持帮扶政策“四个不摘”，建立健全“1+4”防返贫动态监测督控工作体系，及时发现困难人口并尽早进行帮扶，坚决防止发生返贫和新致贫。

（四）健全产业链、提升价值链，实现农业高质量发展

凭借区位优势和资源禀赋特征，烟台市将继续挖掘、找准产业发展融合点，更加注重乡村特色产业发展，大力培育优势特色产业和农产品精深加工业，发展科技体验、休闲度假、生态养生和服务餐饮等休闲农业，实现第一产业“接二连三”“隔二连三”。一是推动农产品精深加工，鼓励有条件的地区完善产业链，提升农产品的就地加工能力，加大有关农产品加工、综合利用等方面的技术研发及推广示范力度，形成一批推动价值提升的关键技术和特色产品，提高企业、农民等多元化利益主体的收入水平。同时，加快构建农林牧渔娱特色综合体，更加注重培育田园综合体、现代农业园区，集中打造特色农业产业带和示范基地，增强各级美丽乡村示范村在生产、生活、生态等方面的示范带动效应。二是加强特色品牌建设。以保障农产品质量为引领，进一步增加优质农产品认证面积，通过实施品牌提升工程，加快培育烟台特色农产品品牌；健全品牌农产品评价体系，发布农产品品牌目录，构建市县两级政府联动，政府和协会、企业互动的农业品牌建设有效机制，提升区域品牌，打造企业品牌，发展品牌经济。全面加强农产品质量安全监管，积极健全市县乡村四级农产品质量监管体系以及市县企三级农产品检验检测网络，全面实施农产品产地准出和市场准入制度。依托农产品质量安全信息平台，实现市县乡村信息互联互通，实现农产品质量全程可追溯。三是深入推动农文旅融合发展，加快培育新产业新业态。着力开展乡村“旅游+”行动，进一步依托本地各类物质及非物质资源的发展优势，推动“农业+”高质量发展，衍生出“农业+文旅”“农业+互联网”“农业+康养”等业态；坚持因地制宜、实事求是的原则，建设一批产业融合发展特色村镇，开发一批具有差异化特色的乡村旅游精品路线，推动生产、生活、生态

“三生”协同发展。加强实施“文化+”行动，全面加强与中国社会科学院农村发展研究所、驻烟高校的密切合作，创新推进烟台民俗文化村建设，重点培植一批民俗文化创意产业项目，将民俗文化元素融入农业现代化发展以及美丽乡村建设。

三　推动乡村产业发展的对策建议

烟台乡村产业发展虽成效显著，但也存在应对自然灾害能力较弱、农业增长动力放缓、农民老龄化比较严重等问题。为进一步推动乡村产业高质量发展，本报告提出以下对策建议。

（一）以基层党建引领乡村产业振兴

进一步强化党对“三农”工作的领导，制定产业振兴任务清单，明确不同部门在产业振兴中的责任与义务，加强工作协调推进，包括强化乡村振兴的制度保障、加强新时代“三农”工作队伍建设、建立督查考核激励机制等。一是更加注重组织推动。把乡村产业兴旺作为党委、政府统筹农村工作的重要任务，作为补短板、惠民生的重要着力点，明确任务书、路线图和时间表，形成全域覆盖、整体推进、全面发展的格局。二是加快推动党支部领办合作社合作、联合。在联合社组建方面对各地给予政策指导，推动单体合作社向联合社、“三位一体”合作社方向发展，提升强村富民的实际成效；持续开展示范社创建行动，将村党支部领办合作社纳入省级农民专业合作社评选体系，积极优先从获评省级示范社的村党支部领办合作社中推荐申报国家级示范社。三是强化考核评估。健全专题报告和实绩考核制度，市（区）党委、政府定期向市委、市政府做专题报告，汇报乡村产业振兴进展情况；进一步完善考核评价和奖惩机制，把乡村产业振兴实施成效纳入市（区）党委、政府和有关部门的年度绩效考评。

（二）科技创新赋能乡村产业融合发展

深入探索关键核心技术攻关新型举国体制的“烟台路径”，尤其是开展

“卡脖子”技术攻关，依靠科技进步与创新，突破现代农业发展和生态保护的科技瓶颈。一是加快生物育种技术的推广应用。在大宗农作物、绿色果蔬和特色水产等重点领域，运用基因编辑、全基因组选择等前沿生物育种技术，辅助常规育种方法，加快速度，选育适宜烟台地域环境的突破性优良品种，以提高农作物产量、品质及抗病性等。二是开展关键农业技术攻关。围绕农业良种、病虫害绿色防控、水土资源节约高效利用、农业废弃物收储与高值化利用等制约现代农业高质量发展的技术难题，采取“组阁揭榜”等方式，着力攻克“卡脖子”关键技术。三是深入打造现代农业创新型产业集群。进一步发挥登海种业、金海种业等粮食龙头企业的引领带动作用，突破粮食产业升级发展的重大关键技术难关。在食用油、粉丝、果品、水产和葡萄酒酿造等产业领域，规划布局一批农业特色高企群体，推动组团共同发展，促进优势互补、强强联合。

（三）推进乡村产业生态化与生态产业化

加快乡村产业生态化与生态产业化协调发展。一方面，加快农业生态化转型发展，推动农业资源减量化、环境减污化和生态减用化。[①] 在平衡各利益主体的基础上，适度降低农业绿色生产技术成本，积极创建农业绿色生产试点示范，结合各地乡村产业发展情况，加快建立健全绿色农业补贴措施，提高化肥农药减量增效模式普及率，加强喷灌、滴灌、微灌等高效节水灌溉技术的推广应用，发展生态循环农业经济，扩大绿色有机食品认证面积。另一方面，全面推动生态产业化。以政府为引领，促进企业、社会等多个主体协同作用；加强生态环境监测评估，以资源环境承载力为基础，推动烟台各市（区）有序加快生态产业化，推进省、国家级生态文明示范区建设。秉承“绿水青山就是金山银山”的理念，坚持生态系统化思维，加快推进环境治理和生态修复，推动生态农业、生态康养、生态旅游和生态种养等生态产业发展；严肃对待生态环境保护督察工作；探索科学化、系统化的生态价值核算

① 谷树忠：《产业生态化和生态产业化的理论思考》，《中国农业资源与区划》2020年第10期。

方法，实施生态产品标准化提升行动，从产权界定、市场建设和品牌赋能等多个维度，探索生态产品价值的实现路径，将生态资源优势转化为经济发展优势。

（四）多举措强化资源要素支撑

人才、土地、资金是推动乡村产业振兴的重要抓手。一是加强乡村产业发展的人才建设。继续以“聚才引才”工程为主导，让“头雁”下乡、“鸿雁”返乡；深化院校战略合作，进一步加快涉农博士后工作站和创新实践基地建设。不断提升优化人才服务，构建现代化服务平台，积极引导各级农业科研院校、农业技术推广部门专家下基层，通过实地指导、现场观摩及线上教学等形式，加快培育一批乡土人才。面向基层建立集中统一的可查询、能联系、用得好的乡村振兴人才信息库。推动乡村人才评价激励机制创新，实施好“村村都有好青年”选培计划，加快培育各类农业人才。二是以保护耕地为基础盘活土地资源。在国家总规框架下，立足烟台实际，加快顶层设计，合理优化农用地与建设用地布局。健全经营性建设用地入市政策，积极探索承包地、宅基地“三权分置”的有效实现形式，进一步盘活土地资产，吸引人才、资源、资金等要素下乡；科学制定用地标准和用地保障方式，鼓励农村土地复合利用。全力抓好耕地进出平衡，推动各地区做好其他农用地占用耕地的“进出平衡”工作，科学合理编制年度耕地进出平衡方案，在保证耕地数量不再减少的基础上，满足农业生产发展的合理用地需求。完善乡村振兴土地储备机制，可参照新旧动能转换重大项目库的土地优惠政策，每年拿出专门土地指标向乡村振兴重大项目予以倾斜。三是积极争取政策资金支持。以促进乡村产业振兴为目标，加强涉农资金整合，确保统筹资金足额用于产业振兴，按照农业农村优先发展的要求，进一步加大财政支持力度。例如，支持乡村振兴的财政资金要继续保持增长，要加强涉农资金分配的政策集成，按照工作任务、具体项目、完成绩效进行科学分配。健全乡村振兴投入保障机制，积极学习江浙地区的先进经验，合理调整完善土地出让收入使用范围，进一步明确并提高乡村发展投入比例，确保更多的土地增值收益用于高标准农田以及农村基础设施与公共服务等方面；加快创新投融资机制，积极形成政府、企业及社会组织等主体共同参与的多元化格局。

（五）建立健全乡村产业发展体制机制

推动乡村产业振兴必须建立健全相关体制机制。一是创新多元化利益联结机制。在农业发展过程中，要充分发挥新型农业经营主体的桥梁纽带作用，强化多主体协作互助，明确各自的权利与义务，创新利益分配模式，激发农民参与积极性；提高新型农业经营主体的产业带动效应，针对不同类型的农民，合理推行订单农业、农业社会化服务等，既可以推动农民进行绿色生产，也能弥补农村劳动力不足、提升标准化生产水平。二是健全农业农村生产安全、农产品质量安全监管机制。加强农产品质量监管执法队伍建设，全面深入开展涉农领域安全生产等专项整治行动，完善行业监管、行政执法、刑事司法“三位一体”的治理体制机制，以实在的整治成果增进群众福祉；同时，依托信息化技术，提升农业有害生物监测预警信息化水平，提高农业监管执法平台的便捷化、智能化水平。严格把控农产品质量安全各环节，着力健全农产品从农田到餐桌全产业链的质量安全可追溯体系，增强生产、加工、运输、销售等各环节的参与主体对追溯体系的配合意识，提高农产品二维码安全追溯标签使用率，提供全链条可视化信息，坚决守护消费者“舌尖上的安全”。三是完善农业支持保护制度。稳定实施直接补贴政策；深入推动畜禽粪污资源化利用、果菜茶有机肥替代化肥、秸秆固化利用、农膜回收行动等绿色补贴措施的实施。适度加大国家财政投入力度，鼓励社会资本积极参与，拓宽农业补贴资金来源渠道，结合各地实际情况，深入优化补贴内容、范围、方式等。提高农业风险保障能力。丰富创新农业保险险种，建立健全农业巨灾保险分担机制，加快推广指数保险，如天气指数保险、价格指数保险等，不断扩大农业保险覆盖范围；协调保险机构，把为党支部领办合作社开展保险业务作为支农重点，提供多种形式的农业保险服务，特别是完善极端灾害性气象条件下的保险理赔制度，增强抵御自然灾害的能力。

B.4 烟台推进农村集体经济的现代化之路

于 婷*

摘 要： 在乡村振兴战略背景下，烟台市积极推进农村集体经济现代化发展，走出了一条具有烟台特色的农村集体经济的现代化之路。本报告经过梳理发现，烟台市对发展农村集体经济给予了高度关注，以党建引领合作社为抓手，推进农村集体经济的发展壮大，不断地深化农村产权制度改革和经营制度创新，为农村经济高质量发展创造了条件。但同时烟台市农村集体经济现代化进程中仍存在一些问题，包括基层党组织建设有待加强，农村集体经济发展缺乏有力增长点，区域间、村镇间集体经济发展不平衡，政策、资金环境有待优化等，建议未来在持续深化党建引领的基础上，进一步优化政策和资金环境，因地制宜地发展农村集体经济，探索农民持续增收长效机制。

关键词： 农村发展 集体经济 产权制度改革 乡村振兴

全面推进和实施乡村振兴战略，需要坚实的基层组织基础和农村集体经济基础。因此，发展壮大新型农村集体经济，加快构建完善新型农村组织体系，对于全面实施乡村振兴战略和推进农业农村现代化具有重要意义。自 2016 年党中央和国务院要求加快推进农村集体产权制度改革以来，烟台市以党建为引领，以村党支部领办合作社为突破口，通过发

* 于婷，管理学博士，山东社会科学院经济研究所助理研究员，主要研究方向为农业农村现代化。

展壮大村集体经济来夯实农村基层组织基础和社会经济基础，进而全面推进乡村振兴。

一　烟台市农村集体经济发展现状

党的十九大以来，烟台市积极采取一系列推进农村集体经济现代化发展的工作举措。烟台市对发展农村集体经济给予高度关注，以党建引领合作社为抓手，推进农村集体经济发展壮大，不断深化农村产权制度改革和经营制度创新，为农村经济高质量发展创造了条件。

（一）党建引领合作社蓬勃发展

党的十九大以来，烟台市委和市政府高度重视农村集体经济现代化发展。为破解村集体经济发展水平不高、基层党组织影响力降低、群众集体意识弱化和乡村产业衰退等难题，烟台市在全国较早创立党支部领办合作社，由村党支部成员作为村集体的法人代表，注册成立农民专业合作社，村集体以集体资产、资源等入股，群众可以劳动力、土地、资金等多样化的方式入股，使得村集体和群众形成收益共享、风险共担的利益联结共同体，将党支部的政治优势、合作社的经济优势、群众的能动性等多种要素优化整合，走出了一条以组织力提升促进农村集体经济现代化发展的烟台模式。

2017 年，烟台市甄选了 11 个村进行党支部领办合作社的试点。2018 年，设立农村集体经济发展专项资金，用于扶持农村集体经济发展，并指导烟台市所属县级党委、政府制订发展村级集体经济全域提升三年行动计划，制定了目标、进度计划和考核激励方法。经过一年多的试点实践，2019 年开始在烟台全市推广党支部领办合作社这一发展模式，全市党支部领办合作社发展达到 1470 家。2019 年底，烟台模式在山东省进行全面推广，根据山东省委组织部联合相关部门发布的《关于推动村党组织领办合作社工作的指导意见》，到 2022 年底应实现全省 40%以上的行政村因地制宜地进行党支部领办合作社的实践。截至 2020 年 12 月，烟台共有 3045 个党支部领办合作社，占烟台市行政村总数的40%。

农村党建示范区建设工作进一步加强。该工作是在做好区域统筹协调、打破行政村区划边界的基础上，将周围2~3公里范围内资源、产业、文化等相近的行政村共建一个农村党建示范区，由党建示范区的党委统筹协调示范区内的各种资源，形成集中连片发展的大党建模式，统筹活动阵地建设、党员管理、产业发展、村级治理、公共服务，发挥集群效应，实现互联互促和统筹发展。烟台市的党建融合发展示范区从2017年的50个增加到2020年的300个（见图1），覆盖全市40%左右的行政村。管理规范的示范区数量达到1000个，农村社区服务站的普及率达100%。

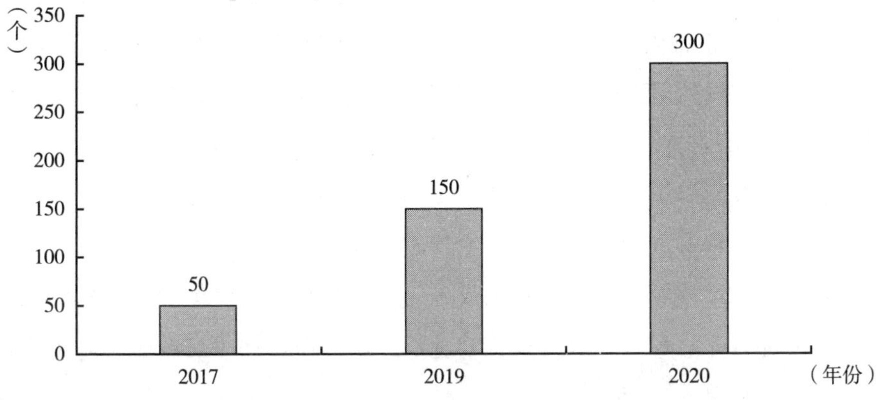

图1　烟台农村党建示范区数量变化情况

资料来源：常亮、林嘉新等编著《烟台市乡村振兴蓝皮书2021》，中国农业出版社，2021。

（二）发展壮大农村集体经济

自2016年《中共中央　国务院关于稳步推进农村集体产权制度改革的意见》发布之后，农业农村部组织开展全国范围的农村集体资产清产核资行动。截至2019年底，全国范围内拥有集体资产的乡镇有5695个，村组有298.7万个，集体所有的土地资源资产面积约为65.5亿亩，账面资产约为6.55万亿元，其中经营性资产3.1万亿元，占比达到47.3%，主要包括厂房、商铺和机械设备等固定资产和未承包到户的耕地、林地和园地等集体土地资源的租赁收入；非经营性资产约为3.4万亿元，占比达52.6%，主要集中于科技、教育、文化和卫生等公共服务领域。

《2020年中国农村政策与改革统计年报》数据显示，2020年山东省村集体经济组织数为85505个，在全国30个省、自治区、直辖市（不含西藏、广东省、深圳市和港澳台）中居首位；组集体经济组织为1582个；集体所有的农用地总面积为14101.7万亩，其中未承包到户的耕地、园地、林地、草地和养殖水面面积分别为1397.2万亩、328.3万亩、1106.5万亩、153.1万亩和272.1万亩。2017年以来，山东省发布了一系列壮大村集体经济的专项政策意见，多次召开发展村集体经济专项推进会，建立了财政补助村级组织运转经费正常增长机制，财政部门连续四年每年安排7.46亿元资金，扶持了1492个村，探索集体经济连片发展、整域提升的新模式新路径。截至2020年，山东省农村集体经济组织资产总额达6860.15亿元，基本消除集体收入3万元以下的薄弱村，10万元以上的村集体占比达到30%。

烟台市创新形成的党支部领办合作社模式，在推进乡村组织体系构建、发展新型农村集体经济和增加农民收入等方面具有独特的优势。烟台市农村集体经济实力明显提升，农村集体经济资产总额保持逐年递增的态势。2019年烟台市党建引领合作社带动新增农村集体收入3.8亿元，参加村党支部领办合作社的群众共计增加收入4.9亿元。截至2020年，党支部领办合作社带动新增农村集体收入3.91亿元，参加村党支部领办合作社的群众共计增加收入5.01亿元。2020年烟台市党建融合发展区村庄联合发展致富项目456个，带动入社群众人均增收5100元，农村集体均增收7.5万元。发挥村党组织对经济发展的引领作用，开展了“党支部+合作社”百村示范行动，在全市筛选100个村探索推行“党支部+合作社”发展村级集体经济模式，鼓励和引导农民加入合作社，把各类资源集中起来，把农民组织起来，提升村级集体经济实力，示范带动全市村级集体经济提档升级。将扶持发展集体经济列入市级涉农资金任务清单，加大政策资金支持力度。开展集体经济示范村“双百”评选，每年评选100个干事创业红旗村和100个干事创业进步村。2020 年干事创业红旗村及干事创业进步村数量共计达到 980 个，较 2017 年增长 157.89%。发挥乡镇（街道）龙头作用，科学制定镇村年度计划、增收目标和推进措施，充分调动农村党员群众积极性，“因村制宜”地发展集体经济增收项目。2020 年山东省村集体经济收入结构见图 2。

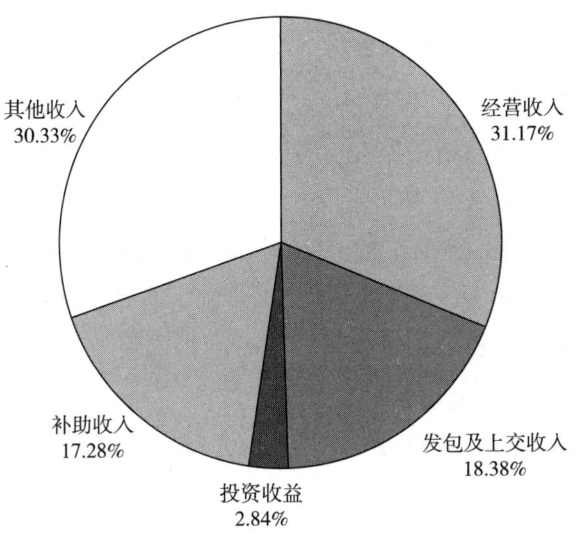

图 2　2020 年山东省村集体经济收入结构

资料来源：农业农村部政策与改革司编《2020 年中国农村政策与改革统计年报》，中国农业出版社，2021。

（三）稳步推进农村集体产权制度改革

为探索农村集体经济的有效实现形式，赋予农民更多财产权，烟台市全面深化村经济合作社股份合作制改革。2016 年以来，烟台市将工作重点放在推进经营性资产确权到户登记以及推进农村集体经济股份合作制改革等方面，全面摸清农村集体资产，全面推进农村集体经济组织成员身份确认登记工作，有序推进经营性资产股份合作制改革。2017 年烟台市起草《烟台市农村集体产权制度改革市级试点方案》，成立烟台市农村集体产权制度改革领导小组，将莱州市、龙口市作为省级农村集体产权制度改革试点县，确立了23个市级试点村，进行农村集体产权制度改革。截至2017年，全市土地承包确权颁证率和流转率分别达到95.82%和12.30%，明晰产权701.39万亩，发证率达到93.20%，清产核资农村集体资产3.10亿元，已认定的新型农村集体经济组织有31个。分别在烟台市级和蓬莱、海阳、招远等地成立了农村产权流转交易中心。2018年，烟台市成立工作专班、全力推进农村集体产权制度改革，投入农村集体产权改革专项资金7000多万元，将推动所有涉农村居开展清产核资作为年度工作重点。截至2018年11月，烟台市所有涉农村居均已完成清产核资；5612个村完成了集体成员身份确认，占烟台市辖区行政村总数的86.5%；5529个村完成股权折股量化，占烟台市辖区行政村总数的85.2%；5288个村基本完成改革，占烟台市辖区行政村总数的81.5%。2019年加快农村集体产权制度改革，持续加大工作力度，通过两次督导整改、每月调度通报，烟台市6489个行政村完成清产核资，93.4%的行政村基本完成改革任务。

2020年，全市99.95%的村完成农村集体产权制度改革任务，超省定目标1.95个百分点。完善了全市农村宅基地分配、使用、流转、违法用地查处等管理制度和标准，扎实开展摸清宅基地底数、接待信访等各项工作。完成农村集体产权制度改革的扫尾工作。2021年深入推进农村集体产权制度改革，全市成立新型农村集体经济组织6439个，其中6304个完成同步换届。在龙口、招远开展深化改革试点，招远农村产权交易中心揭牌运营。加快推动农村宅基地改革，制定农村居民住宅用地审批办事指南，127个镇街建立了一窗受理、多部门联审联办的审批管理运行机制。

二　烟台市农村集体经济发展成效

通过积极培育和发展党支部领办合作社、发展壮大农村集体经济和深化农村集体经济产权改革，烟台市农村集体经济现代化取得一定成效，土地流转速度加快、规模扩大，新型农业经营主体建设不断加强，农民收入也在不断增加。

（一）土地流转速度和规模加快

党的十九大以来，烟台市委和市政府高度重视农村承包地的全面确权登记颁证工作。2017 年，为解决“两田制”、城郊村和园区村土地确权难的问题，烟台市通过“确权确地到户”“确权确股不确地”等多种形式进行土地确权登记，已完成 5706 个村土地的确权登记颁证工作，占烟台市所属行政村数的 95.6%，有序开展“四荒地”、林地等农村土地资源的确权颁证工作。2018 年，烟台市制定下发了《完善农村土地所有权承包权经营权分置办法的实施意见》，进一步完善确权登记颁证工作，实施“一村一政策”的工作方案，已确权 5733 个村，占烟台市所属行政村数的 96.1%。2019 年土地流转工作有序推进，健全农村产权流转交易中心和土地纠纷仲裁机构，通过审查监督的流转土地共计 388 宗 6.08 万亩。2020 年加强农村承包土地管理，对第二轮土地承包到期情况逐村进行数据核实，为第二轮土地承包到期后延包 30 年夯实基础。其中，莱阳市荣获“全国农村承包地确权登记颁证工作典型县”称号。

2017~2020 年，烟台市全面完成了土地承包经营权确权登记颁证，为农村承包地“三权分置”的建设奠定了制度基础。建立健全各级综合性交易平台，完善土地流转市场管理办法，规范引导农村土地经营权的有序流转。发展多种形式的适度规模经营。引导农户采取多种方式方法流转承包地；鼓励村集体通过土地整村入股、统一经营等方式，壮大农村集体经济；支持各类社会化服务组织开展全程托管、土地托管、劳务托管和订单托管等托管服务。运用农村土地确权登记颁证成果，探索股份合作、委托流转等流转方式，提高土地适度规模经营率。整体而言，烟台市已经基本形成“权属清晰、权责明确、体系健全、流转规范”的农村土地承包经营权流转机制。

（二）新型农业经营主体建设不断加强

对新型农业经营主体的扶持和培育是建设现代农业经营体系的一项重要

工作任务和内容。在培育和扶持新型职业农民、家庭农场和农民专业合作社的过程中，农业经济不断地发展和进步。

烟台市农业产业化龙头企业由2017年的13家增加到2020年的15家，农业上市企业由2017年的15家增加到2020年的17家，综合实力雄厚、发展前景广阔、增收致富示范带动能力强的市级龙头企业由2017年的31家增加到2020年的238家。新发展的家庭农场由2017年的700家增加到2020年的810家。其中，新增省级家庭农场示范场9家，总数达到39家。

农民专业合作社是新型农业经营主体的重要组成部分之一。农民专业合作社相比于普通农户，在集中大规模种养殖和发展乡村特色产业方面有明显的联合优势。农民专业合作社充分发挥了示范带动作用，吸纳周围的普通农户、贫困户等自愿通过土地经营权入股、知识产权入股等形式加入农民专业合作社进行农业生产经营，并与小农户形成紧密的利益联结，既增强了小农户农业生产经营的抗风险能力，也使得合作社成员共享发展收益。党的十九大以来，烟台市政府高度重视农民专业合作社的质量提升工作，采取多项政策措施加强农民专业合作社的规范建设。农民合作社的数量呈不断增加趋势，农民专业合作社的质量也在不断提升，农民合作社已经从单纯的数量扩张转向量质并重发展。农民专业合作社的带动能力显著提升。烟台市依法登记的农民专业合作社数量从2017年的13822家增加到2021年的19165家，增加了5343家（见图3）。2020年推进农民合作社高质量发展，清理整顿1760家“空壳社”，申报国家级农民合作社示范社8家、省级农民合作社示范社16家，评定市级以上示范社和示范场146家。加大新型经营主体培育力度，开展市级示范社和示范场评定和监测，引导经营主体规范发展。

（三）农村居民收入水平不断提高

2017~2021年，烟台市城乡居民人均可支配收入呈现上升趋势。截至2021年，烟台市农村居民人均可支配收入24574元，较2017年增长

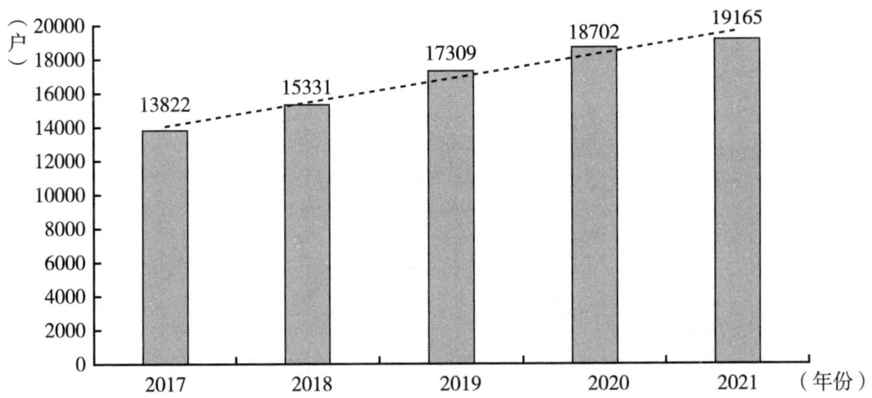

图 3　2017~2021 年烟台市农民专业合作社数量变化情况

资料来源：根据烟台市统计局历年相关数据整理所得。

36.14%，比全省农村人均可支配收入（18753 元）高 31.04%，超额完成《烟台市乡村振兴战略规划（2018—2022 年）》中 2020 年度的预定目标值（22200 元）。烟台市城镇居民人均可支配收入 53169 元，较 2017 年增长 27.09%，比全省农村人均可支配收入 43726 元高 21.60%。

烟台市农村居民人均可支配收入增速高于城镇居民人均可支配收入增速，并在 2021 年前者与后者的差距达到 2.61 个百分点。2017 年以来，农村居民人均可支配收入增幅整体比城镇居民收入增幅大（见图 4），目前城乡居民人均可支配收入比由 2017 年的 2.32 下降到 2020 年的 2.16，说明烟台市城乡居民收入差距是不断缩小的。

2020 年烟台市农村居民人均可支配收入来源结构显示，农村居民工资性收入占比最高，为 44.42%，工资性收入是农村居民收入的主要来源，增加农村居民工资性收入的重要性进一步凸显。农村居民经营净收入占比排第二，为 41.64%，经营净收入也是农村居民收入的主要来源。农村居民财产净收入中半数以上是房屋租赁收入，2020 年烟台市农村居民财产净收入占比为 4.16%。财产净收入和转移净收入在农村居民人均可支配收入中的占比较低（见图 5）。

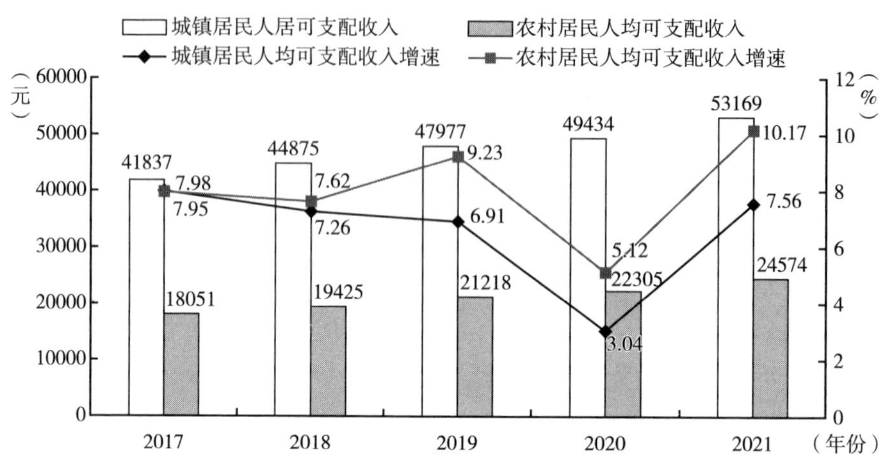

图 4　2017~2021 年烟台市城乡居民人均可支配收入及增速变化情况

资料来源：根据历年《山东统计年鉴》相关数据计算。

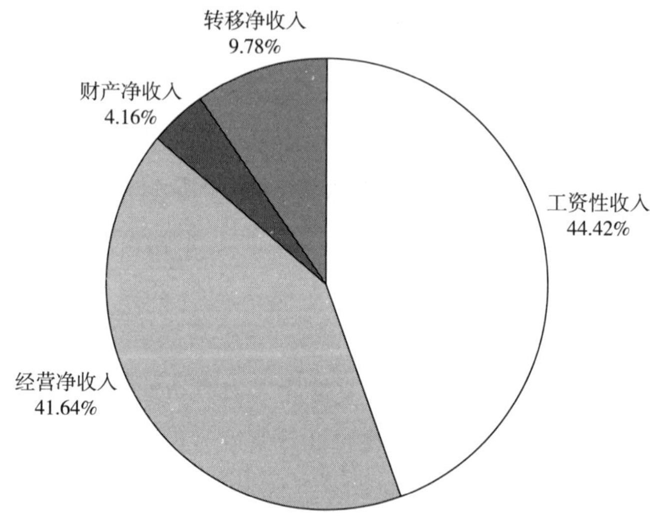

图 5　2020 年烟台市农村居民人均可支配收入来源结构

资料来源：《山东统计年鉴 2021》。

三　农村集体经济发展形势及面临的问题

农村集体经济现代化的状况，在很大程度上会影响农业农村现代化的实现以及乡村振兴战略的实施及其成效。长期以来，农村集体经济实力弱是农业农村现代化的短板之一。因此，烟台要提高农村集体经济发展水平，精准识别烟台市农村集体经济现代化进程中存在的关键问题，并采取相应的措施加以解决。

（一）基层党组织建设有待加强

烟台市党支部领办合作社突出了基层党组织的核心领导地位，为农村集体经济的现代化发展指明了政治方向，把加强党的领导贯穿领办合作社全链条、全过程，牢牢把握住生产经营权、利润分红权，确保群众利益最大化。但是应当注意的是，烟台市基层党组织的党建引领作用还需要进一步挖掘。一方面，村党支部的工作方式仍然较为传统和老套，缺乏创新性和多样性，难以适应新形势新任务的要求。党组织的创新力、凝聚力有待提升。另一方面，当前村级党组织的工作制度相对不健全，缺乏系统性，有些党组织的执行力不强，使得规章制度流于形式，有些制度相对固化，缺乏具体的操作程序，难以落到实处。

（二）农村集体经济发展缺乏有力增长点

在推进农业农村现代化发展的过程中，部分农村集体经济存在不同程度的产业同构和同质化发展的问题。一方面，农村集体经济规模相对较小，村集体资产利用率低，农业龙头企业与农户合作少，烟台市所管辖的市（区）农业产业链条相对较短，无法突出农业生产的规模经营优势，分散经营的农户较多，缺少好品牌或品牌带动力不强，各地产业发展项目同质化严重，产品、市场同质竞争等问题突出。另一方面，第一产业与第二、第三产业融合程度不深。烟台市某些乡村农业与第二、第三产业融合程度低、层次浅，农业附加值不高。各地较少在基础农业生产上发展食品加工等第二产业，全市电商产业链发展滞后，农产品销售渠道未全方面打开。三次产业融合利益联结机制有待创新。

（三）区域间、村镇间集体经济发展不平衡

烟台市农村集体经济发展存在区域间发展不平衡、村镇间发展不平衡的问题。城乡接合地带的村镇集体经济受城市的带动作用影响，土地、劳动力等资源价值相比于偏远地区的村镇往往更有优势，村民可以依靠物资、资产租赁，提供服务及劳务等经营活动实现收入增加，农村集体经济收入也普遍较高；而单纯以农业为主的农村，可通过农村集体耕地、林地、果园等资源的经营和租赁获得一定的发包及上缴收入，但要远远低于城乡接合地带的行政村。

对新型农业经营主体的培育力度也有待加大。一方面，新型农业经营主体中空壳主体较多。党的十八大以来，党和政府大力支持新型农业经营主体培育工作，新型农业主体的数量快速增长，但总体质量不高，存在相当一部分有组织、无合作的空壳农民专业合作社，这些主体在获取国家项目补助资金、贷款支持、减免税收等的优惠扶持的同时，并没有实质性的合作运营，管理难度较大。另一方面，新型农业经营主体的经营管理者文化程度普遍不高。很多家庭农场、农民专业合作社的经营管理者缺乏对经营主体未来发展目标和发展定位的认识，缺乏对农产品市场前景的把握，以及对于市场风险的预测和防控，生产方式仍为传统的家庭式经营管理模式，农产品市场供求信息获取渠道也相对单一，无法适应信息化、现代化的经营管理。这些新型农业经营主体普遍成员数量不多，土地流转面积小，经营效益偏低，缺乏可持续发展的能力。再就是经营管理水平不高。大多数新型农业经营主体缺乏完善的经营管理和利益分配制度，虽然进行了工商登记，但机构设置不清晰、财务管理不规范、民主管理体系不健全、运作管理随意性大、发展活力不强等问题普遍存在。

（四）专项资金使用落实不到位

一方面，农村集体经济现代化发展资金覆盖面相对较窄。政府优惠政策

仅能支持部分新型农村集体经济发展，新型农业经营主体之间的发展存在不平衡、不充分的问题，国家每年针对农村集体经济现代化发展的专项资金不能满足农村集体经济现代化发展资金全面覆盖的需求，政策资金集中于党支部领办合作社、党建示范区，其他非示范区内的农业经营主体获得相应的资金扶持存在一定难度。而且由于农业投入周期长、回报慢等特性，各地区的返乡创业资金可能不足以维持新型农业经营主体的后续发展。而且新型农业经营主体的融资渠道单一，银行等信贷机构的贷款门槛高、贷款手续复杂，这也会在一定程度上影响农村集体经济的持续发展。

另一方面，地方政府的政策宣传和引导力度不够，缺乏有效监管。党的十九大以来，国家出台了一系列支持新型农业经营主体的政策文件，但地方在具体执行过程中存在政策宣传不到位、认知理解存在偏差等问题，导致经营主体混淆农村集体经济概念和对相关政策不了解，削弱了经营主体的参与积极性。对于扶持的部分新型农业经营主体，部分地区也缺乏可持续的扶持机制和有效的监管机制。

四　农村集体经济发展趋势及展望

推进农村集体经济现代化是深化农村改革的重要内容之一，是实现乡村全面振兴和农业农村现代化的必然路径。烟台要以习近平新时代中国特色社会主义思想为指导，认真贯彻党的十九大及历次全会精神，在持续深化党建引领的基础上，进一步优化政策和资金环境，因地制宜地发展农村集体经济，探索农民持续增收长效机制。

（一）持续深化党建引领

烟台市在推进农村集体经济现代化发展的过程中，一个突出的特点就是始终坚持党建引领农村集体经济现代化全局，充分发挥农村基层党组织的组织引领作用。未来烟台市在继续推动农村集体经济现代化发展的过程中，应进一步发挥农村基层党组织统筹全局、协调各方的作用。要优化调整农村基层党组织的干部结构，充分培养和吸收优秀年轻的党员干部作为储备人才，创造机会让年轻的党员干部既得到充分的教育培训，又能够深入基层一线实践工作，真正打造一支有能力、有干劲的新时代基层工作队伍。

（二）因地制宜发展农村集体经济

产业发展是实现农村集体经济现代化发展的重要基石，应以差异化战略构筑村集体经济的错位竞争优势。要因地制宜，筛选甄别各村的优势资源，促进农村集体经济创新性发展，探索多种形式的合作发展模式，要不断开发各个地区的特色产业，实现农村集体经济的发展壮大，促进农村集体经济与加工、电商、文旅、康养等多行业的融合发展，如海阳市方圆街道北城阳村打造的“农业+电商+旅游”多种产业共同发展的产业形态，提升了海阳市特色农产品的线上知名度，完善了农产品营销体系，实现了产业结构的调整，同时增加了农村集体和群众的收益，促进了村民生活方式的改变，也进一步激发了专业种养大户、合作社等新型经营主体推动农业现代化、特色化发展的积极性。一方面应盘活闲置的土地资源。目前，大部分村存在一定数量的闲置土地资源，村党支部领导班子应联合乡村振兴带头人充分改造利用闲置土地，因地制宜地引进开发商和相关产业，进行统一的乡村规划和产业开发，最好形成产业集群，进而增加村级集体经济收入。另一方面要努力经营农村集体资产。根据烟台市乡村振兴规划的相关要求，应利用集体土地、资产等相关资源，通过抱团异地兴建或联村共建的方式发展项目。同时通过壮大集体资产，以农村居民稳定增收为目标，建立长效发展机制，实施老带新、强村带弱村，通过人才支持、项目扶持及经验交流等方式，带动周边村落创新集体经济发展模式，增加集体经济收入。

（三）探索农民持续增收长效机制

一是助力提升农村居民经营性收入。通过牢守耕地红线、扎实做好病害防护、开展“卡脖子”种业技术攻关、促进种植业产业结构调整、延长农业产业链、对主要农资价格进行调控等渠道促进种植业高质量发展，重点实施好粮食稳产丰产、“1+6”产业集群建设、农业产业化龙头企业“雁阵”培育和农业品牌提升4个工程。继续进行高标准农田建设。抓好烟台苹果1个千亿级国家优势特色产业集群建设。办好“烟台仙果”果业全品类整体品牌发布推介活动，深入挖掘“品道烟台仙果香”文化内涵，通过集中打造烟台苹果、莱阳梨等区域公用品牌等方式增加农村居民经营性收入。

二是探索现有农村集体资产的保值增值机制。要进一步实现农村集体资产监管制度和程序的规范化，对相关经管部门的职责进行划分和明晰，将农村集体经济的经营管理责任压实到个人，同时积极开发多种形式、多种层次的保值增值办法，充分利用信托、资产管理等专业化机构提高农村集体经济的投资收益水平。

（四）进一步优化政策和投资环境

一是不断加大对新型农业经营主体的培育支持力度。首先，要继续推进和完善农村集体产权制度改革。要继续加大对土地流转政策解读的指导和服务力度，完善土地流转合同，从而实现对土地流转的规范管理，减少土地流转经营纠纷，为新型农业经营主体发展适度规模经营创造良好的土地流转条件。其次，要注重政策倾斜，优化制度环境。以制度延续和创新为重点，探索建立现代农业经营的政策支持体系，加快完善新型农业经营主体的高质量发展评价指标体系，对新型农业经营主体的带动能力、运营管理和社会化服务等多方面的能力进行科学评判，强化系统性政策支持，探索各部门协同推进现代农业经营体系建设的有效路径。

二是继续加大涉农资金整合力度。保持财政资金投入以农业生产性基础设施建设为重点，有效整合耕地保护、高标准农田建设等涉农资金，提高资金使用的精确性和效率。构建新型农业经营主体的信用等级评价体系，对经营主体进行信用等级评定，采取多样化的抵押方式，突破新型农业经营主体融资困难的瓶颈，重点消除以土地经营权抵押贷款的制度障碍，进一步完善农村产权交易体系。探索多样化抵押办法，拓宽农业经营主体的融资渠道。

三是加快对高素质经营管理人才的培育和储备。高素质人才是农村集体经济可持续发展的重要保障。一方面要加强农村村干部队伍的优化和建设。把更多敢想敢干、懂经营管理的年轻高素质人才选拔到村集体的管理岗位，实现村干部的高素质化和年轻化。另一方面要全面培育本土人才和引进外来人才。当前农村人才“引进难、留住难”的问题突出，要想走出农村集体经济发展人才短缺的困境，关键点还是在本土人才的挖掘和培育上。因此，应加强本土人才的培训和选拔，有计划、有针对性地进行思想观念、经营管理和技能技术方面的教育和培训，通过开展基本技能培训、开展职业技能培训、组织农技专家下乡、组织对外考察交流等方式，学习江浙等发达地区的先进经验，与本土实际相结合，从而实现本土农村集体经济的快速跃升。同时应该优化农村社会经济发展环境，全方位吸引和集聚外来人才。

参考文献

陈雪原、李尧、孙梦洁：《集体经济蓝皮书：中国农村集体经济发展报告（2020）》，社会科学文献出版社，2020。

陈雪原、孙梦洁、周雨晴：《集体经济蓝皮书：中国农村集体经济发展报告（2021）》，社会科学文献出版社，2022。

陈义媛：《农村集体经济发展与村社再组织化——以烟台市“党支部领办合作社”为例》，《求实》2020 年第 6 期。

江宇、李玲、徐俊忠：《推动新时代农业合作化，需要发扬高举旗帜敢于担当的精神——烟台实践的启示》，《世界社会主义研究》2021 年第 10 期。

高海：《农村集体经济组织与农民专业合作社融合发展——以党支部领办合作社为例》，《南京农业大学学报》（社会科学版）2021 年第 5 期。

马良灿、李净净：《从利益联结到社会整合——乡村建设的烟台经验及其在地化实践》，《中国农业大学学报》（社会科学版）2022 年第 1 期。

B.5

烟台海洋牧场发展的成效及对策

操建华　王田田*

摘　要：海洋牧场是修复海洋生态环境和增殖渔业资源的重要渔业生产方式，也是我国海洋渔业发展“新六产”的综合载体，具有绿色、低碳和可持续特征。烟台海洋牧场建设具备优越的物质、技术基础和产业优势，是全国和山东省海洋牧场建设的先行先试区，已成为该市推进渔业转型升级的主引擎。近几年，烟台出台了包括海洋牧场发展规划、实施意见和措施在内的多项政策文件，构建了“4带20群”的海洋牧场格局，“4带、10点、100箱”示范工程顺利进行，海洋渔业资源有所恢复，海洋牧场向规模化、工程化和智能化方向发展，海洋牧场、海洋装备与旅游业相结合成长为新业态，推动现代渔业三产融合发展。在实践中，组建了海洋牧场产业技术创新战略联盟，创新了“政府+渔业+海工”、“陆海接力”和“大渔带小渔”三种组织模式，但由于建设时间短，尚存在基础研究不足、配套设施滞后、蓝色硅谷建设不完善等问题，产业转型面临多种不确定性因素，经济层面也有下行压力。建议加强基础研究，做强“蓝色硅谷”基地，培育壮大海洋经济体系，加强配套设施和信息化建设，以及提供更多政策支持。

关键词：海洋牧场　智慧海洋　产业融合　增殖渔业　休闲渔业

---

* 操建华，管理学博士，中国社会科学院农村发展研究所副研究员，主要研究方向为渔业生态经济和生态系统服务价值研究；王田田，烟台市海洋经济研究院高级工程师，主要研究方向为海洋经济。

一　烟台海洋牧场发展的宏观背景

为缓解资源衰退和海洋生境修复压力，推进渔业转型升级，贯彻习近平总书记视察山东时有关海洋牧场建设的重要指示精神，以及执行山东省海洋牧场建设规划，烟台最近几年正大力推进海洋牧场建设。

（一）背景和意义

由于捕捞过度、栖息地被破坏、环境污染和全球气候变化等，海洋生物资源日趋衰退，影响了海洋渔业的可持续发展，沿海国家大多通过海洋牧场的建设来减轻这种影响。海洋牧场是“在一定海域内，基于生态学原理营造多营养层级的海洋生态环境，充分利用自然生产力，开展生物资源养护和海水增养殖生产的渔场，是将产业发展和生态环境保护有机结合，构建起的科学、生态、高效的渔业发展新模式”，具有绿色、低碳和可持续特征。①

从 20 世纪 70 年代末开始，中国就以投放人工鱼礁和水生生物资源增殖放流两种方式开展海洋牧场建设。2006 年以来，随着《中国水生生物资源养护行动纲要》等政策文件的颁布实施，这些活动的投入力度进一步加大，首批国家级海洋牧场示范区建设于 2015 年启动。据统计，“十三五”期间，农业农村部共投入建设人工鱼礁项目 113 个，累计超过 5000 万空立方米；全国累计放流各类水生生物苗种 1900 多亿单位。到 2021 年底，累计有 153 个国家级海洋牧场示范区建设获批。杨红生等认为，中国海洋牧场建设已走过“1.0”和“2.0”两个阶段，前者“以农牧化和工程化驱动的人工鱼礁投放、资源增殖放流为特征”，后者“以生态化和信息化驱动的规模化建设为特征”。当前，在践行“绿水青山就是金山银山”理念和推动“双碳”目标实现的过程中，“以数字化和体系化为特征”的“全域型海洋牧场建设

① 魏伟：《山东：逐梦“深蓝”》，《走向世界》2021 年第 1 期。

3.0”时代即将到来。[①]

作为国家海洋牧场建设的综合试点省份，山东省于2017年制定《山东省海洋牧场建设规划（2017—2020年）》，提出建设的总体思路和“一体、两带、三区、四园、多点”的空间布局，明确加强海洋牧场的整合，增加科技投入，确定综合型和可持续的发展方向。2018年，习近平总书记视察山东时指出“海洋牧场是发展趋势，山东可以搞试点”。[②] 为贯彻落实这一指示精神，2019年山东省人民政府印发《山东省现代化海洋牧场建设综合试点方案》，2020年印发《关于支持海洋牧场健康发展的若干措施》，从而推动山东众多海洋牧场的兴起。到2020年11月底，山东省国家级海洋牧场示范区（项目）达44处，占全国总量的40%。同时取得了“更深、更远、更绿色”的新成就：沿海-5米以下的传统养殖区域被拓展到-15米以下的近远海区域；海洋生态牧场被拓展至离岸更远的海域；利用海洋自然营养开展养殖生产，产出了更为绿色环保的水产品。[③]

烟台是山东省海洋牧场先行先试区，2019年烟台市经济工作会议提出要加快建设海洋经济大市。烟台发展海洋牧场，一方面是响应国家重大发展战略的体现，要为山东省在中国北方建设海洋牧场示范点探索典型经验，同时有推动烟台渔业高质量、绿色发展和成为海洋渔业“新六产”综合载体的内在要求；另一方面，也有来自本地海洋渔业转型升级的内在压力：传统捕捞业仍需压减产能，近海养殖空间正被不断挤压。

（二）基本条件和相关支持政策进展

烟台是环渤海地区的重要港口城市，海洋牧场和现代渔业建设具备优越的物质基础、技术基础和产业优势。从地理区位看，烟台地处胶东半岛东

① 杨红生、丁德文：《海洋牧场3.0：历程、现状与展望》，《中国科学院院刊》2022年第6期。

② 《山东省十部门联合出台支持海洋牧场发展的若干措施》，农业农村部网站，2020年11月11日，http://www.moa.gov.cn/xw/bmdt/202011/t20201111_6356120.htm。

③ 《权威发布丨稳居全国首位！山东省国家级海洋牧场44处，占全国40%》，齐鲁网，2020年11月30日，http://news.iqilu.com/shandong/yaowen/2020/1130/4712160.shtml。

部，北临渤海和黄海，海岸线长 1071.19 千米，沿岸分布有较大海湾 7 处、各类渔港 96 处。在 1.23 万平方千米管辖海域面积中，近 1/10 的海域适宜建设优质海洋牧场。从资源条件看，近海 200 多种渔业物种中，100 多种有捕捞价值；海参、鲍鱼、扇贝、对虾、名优海水鱼类、海带等主要养殖品种，是全国优势水产品主产区。从产业基础看，有渔村 225 个，渔船 1 万艘，渔业从业人员 48.6 万人，水产品加工企业 387 家，年加工能力达 186.2 万吨，形成了贯通水产品养殖、捕捞、加工和流通的完整产业链。从科技能力看，域内有多个省级以上国家工程技术研究中心、省院士工作站和众多渔业科技推广机构，还有多个在研的国家和省级海洋渔业领域科技项目。同时，海洋基础设施、海洋灾害监测预警体系日趋完善，防灾减灾和海洋综合管理能力持续增强，建设“海上粮仓”具备良好条件。① 秉持陆海统筹理念，烟台出台了《关于促进现代渔业持续健康发展的意见》《烟台市现代渔业发展规划（2014—2020）》《关于推进“海上粮仓”建设的实施意见》等。2019 年，烟台在政府工作报告中提出组建海洋牧场发展联盟，统筹建设四十里湾、庙岛群岛、莱州湾东部、烟台南部等 4 处海洋牧场示范区，启动 10 个海洋牧场示范项目。后期相继出台了《烟台市海洋牧场发展规划（2019—2025 年）》《关于加快海洋牧场建设的实施意见》《现代化海洋牧场建设实施方案》《关于支持海洋牧场健康发展的若干措施》《烟台市海洋牧场“百箱计划”项目三年行动方案》《烟台市海洋牧场管理条例》。这些文件为烟台的国家级海洋牧场示范城市建设、海洋牧场科学有序发展以及海洋新业态、新产业的培育提供了具体的指导意见、支持措施和政策保障，与《烟台市加快推进水产养殖业绿色发展实施方案》《烟台市养殖水域滩涂规划（2018—2030 年）》等烟台海洋渔业发展基础性制度一起，构建了烟台海洋牧场建设的制度性框架，对于建设海洋经济大市、改善区域海洋生态环境、促进烟台市海洋渔业产业转型升级意义重大，有助于推动烟台海洋牧场

① 山东省发展和改革委员会、山东省海洋与渔业厅：《山东省海洋牧场建设规划（2017-2020 年）》，http://fgw.shandong.gov.cn/art/2017/7/26/art_91082_7278508.html。

对其现有的分散粗放的海洋牧场发展模式进行整合优化，发展可持续的现代海洋牧场。

二　烟台海洋牧场的做法与成效

烟台市以建设海洋经济大市为主线，高标准制定了海洋牧场发展规划和一系列相关政策文件，建设了科技含量较高的国内一流海洋牧场示范区，不断探索有效的管理体制机制和现代海洋渔业绿色发展的新路径。

（一）科学布局海洋牧场

烟台海洋牧场建设注重加强顶层设计、规划引领和措施保障。通过一系列规划、意见和实施方案，对该市海洋牧场的建设思路、指导原则、建设目标、主要内容，以及支撑政策和措施进行指导和规范。

1. 确立建设目标、发展思路和总体布局

首先确立了未来五年的建设目标。《烟台市海洋牧场发展规划（2019—2025 年）》从建设面积、海域生态修复、示范区生物资源量、主要经济物种产量等角度，提出了烟台海洋牧场建设的定性、定量目标，要求从信息化、智能化管理，科技支撑体系，物联网平台，生产转型和全产业链海洋牧场建设模式等多方面将烟台建设成为省内领先、国内一流的现代海洋牧场示范区，并初步形成现代渔业生产态势。同时，确定了 2019～2022 年的近期目标和 2023～2025 年的中期目标。围绕“海上粮仓”建设和烟台市“海洋强市”建设的总体目标，提出从近海向深远海发展、从“渔猎型”向“农牧型”转变的总体思路，并进一步提出五大海洋牧场建设工程，即海洋牧场种业支撑、海洋牧场分类建设、海洋牧场装备与信息化、海洋牧场“新六产”、海洋牧场管理提升等。按照“带为线、群为珠、线串珠”的思路，提出了在烟台海域设立 4 个海洋牧场带、20 个海洋牧场群的总体布局。

2. 明确海洋建设的主要内容

为实现总体布局，《烟台市海洋牧场发展规划（2019—2025 年）》为各带群海洋牧场发展明确了具体规划内容和近期重点建设项目。《关于加快海洋牧场建设的实施意见》对工程建设进行了细化，并落实了责任单位。《烟台市现代化海洋牧场试点建设实施方案》从提升海洋牧场绿色发展水平、探索深远海养殖方式、推动信息化智能化发展、促进产业多元化融合和完善现代建管机制等五个方面进一步明确主攻方向和主要任务，并落实责任单位。提出积极探索“政府+水产养殖企业+海工装备企业”的联动模式，强调以海洋工程装备为主导，以信息化物联网等智能设备为支撑，以科技创新应用为手段，以系统科学管理为保障，推进现代化海洋牧场建设综合试点工作，提出在四大海洋牧场带建设50个示范项目。

3. 构建支撑和保障体系

为落实各项政策文件，烟台提出构建8个支撑体系，即渔业资源与环境调查评估体系、增殖放流技术与保障体系、海洋牧场构建技术及海工装备研发体系、海洋牧场岸基配套建设体系、现代化海洋牧场经营体系、海洋牧场水产品质量保障体系、海洋环境监测预报及防灾减灾体系和海洋牧场效果评价体系。同时提出加强组织协调、完善制度建设、推动海洋牧场“新六产”融合发展、增加政策资金投入和拓展融资、加强科技支撑和科企对接、强化宣传与交流等6项保障措施。为保障项目顺利进行，烟台还根据工作需求及时出台相关协调意见和措施。如为2019年实施的10个重点示范项目制定了《烟台市现代化海洋牧场示范区项目建设总体实施方案》，印发了《关于开展全市海洋牧场示范项目定期调度工作的通知》，对这些重点项目进行半月督察，加强项目调度。为规范海洋牧场建设，烟台市还联合制定了《海洋牧场建设技术指南》国家标准，开展了《烟台市海洋牧场管理条例》地方立法协同并经山东省人大审查批准实施。

（二）采取适当推进方式

自2018年以来，烟台稳步推进“4带、10点、100箱”海洋牧场示范工程和示范区各重点项目建设，推动山东海洋牧场综合试点烟台先行先试区发展，经山东省农业农村厅批复开展深远海养殖试点，持续推进海洋牧场向规模化、装备化、智能化、工程化和绿色化方向发展，促进了近海渔业资源恢复和现代渔业转型升级绿色发展。

1. “4带、10点、100箱”示范工程顺利实施

“十三五”以来，烟台加快打造山东海洋牧场综合试点烟台先行先试区，“4 带、10 点、100 箱”示范工程建设取得明显进展。

一是形成“4 带”海洋牧场分类建设格局。在规划的 4 处海域，设置建造了投礁型、底播型、装备型、游钓型、田园型等五大类特色海洋牧场。截至 2022 年，烟台建成省级以上海洋牧场 43 处，其中国家级 18 处，占全国总数的 1/9，海洋牧场总面积大于 137 万亩。[①] 2021 年渔业经济总产值 1112 亿元，渔民人均纯收入 3.4 万元。

二是建成“10 点”重点示范项目。10 个海洋牧场“1 号”重点示范项目全部高标准建成运营，其中由烟台企业自主研发的国内首座深远海智能化网箱“长鲸 1 号”投入使用，是我国海洋牧场平台建设技术的创新。开创海水养殖和海洋旅游发展新模式，通过以点带面，逐渐形成具有典型示范作用的三产融合试点牧场。

三是“100 箱”顺利启动。2020 年，由中集集团与烟台市共建的烟台经海海洋渔业有限公司成立，“百箱计划”开始实施，当年首批 4 座已交付使用。2021 年，全国最大量产型深海智能网箱“经海”系列网箱下水，助力烟台打造深远海产业链。

2. 海洋牧场规模化、装备化、智能化，产业不断融合发展

产业发展规模化，养殖工程化、智能化和绿色化，以及渔业与海工、文旅行业融合发展，是烟台海洋牧场发展的重要特征。

一是海洋牧场规模不断壮大，全产业链初步形成。2018 年，烟台海洋牧场建设规模已经在全国领先，“烟台模式”在全国推广。到 2020 年底，海洋牧场相关产业链条上的 55 家大型骨干龙头企业被纳入雁阵型产

---

① 《经略海洋　向海图强丨海洋牧场“百箱计划”给出烟台方案》，齐鲁网，2022 年 7 月 28 日，http://news.iqilu.com/shandong/shandonggedi/20220728/5193182.shtml。

业集群。[①] 该集群促进了水产养殖、水产品精深加工与文旅等产业间的融合不断深化，并形成示范引领效应。

二是将海工制造业技术与海洋渔业相结合，提高海洋牧场装备化和智能化水平。目前，烟台已建成海洋牧场平台 18 座、大型深远海养殖设施 17 座，其中规模最大的蓝钻 1 号管桩大围网养殖水体 16 万立方米。这些大型现代化海洋牧场综合体示范工程体现了烟台在海工装备制造业方面的突出优势，有力推动了海洋渔业走向深远海。例如，"国鲍 1 号"实现了海珍品深远海"类野生"养殖，可年产海珍品 70~120 吨；"耕海 1 号"集渔业养殖、智慧渔业、休闲渔业、科研和科普教育等多功能于一体，实现一、三产业融合发展；[②]"长渔 1 号"率先搭载了 5G 通信基站；"经海"系列智能网箱平台，可实现投喂、水下监测、水下洗网等水产养殖工作的自动化和智能化。

三是"海洋牧场+海洋装备+旅游"等休闲渔业发展模式成长为新模式、新产业、新业态，推动现代渔业三产融合发展。通过积极争取燃油补贴等财政资金，先后创建省级休闲海钓钓场 18 处、市级休闲渔业基地 16 处、全国休闲渔业示范基地 4 处；通过与烟台最大网络媒体"胶东在线"合作，向 56 家旅行社、景区、酒店推出 6 处"休闲海钓一日游"旅游路线，将 4 处海钓基地列入烟台市自驾游地图，并成功举办 10 多次省级以上"渔夫垂钓"系列赛和全国海钓邀请赛等，推动基于海洋牧场的休闲海钓产业蓬勃发展，使之成为滨海旅游业的新亮点。

3. 近海生态环境和资源恢复

为了构建"海上绿水青山"，烟台近年来开展海水养殖污染控制方案编制和实施工作，对传统渔业养殖做"减法"，对生态修复做"加法"，推动生态修复和渔业绿色发展。"减法"表现在污染防控措施上，一是压减近海养殖，累计腾退、拆除近岸筏式养殖区 20 余万亩；二是科学推进海水养殖升级改造，主要包括海水池塘升级改造、工厂化海水养殖升级改造和海上养殖环保浮球

① 《2025 年省级以上海洋牧场达 60 处》，《齐鲁晚报》（电子版），2020 年 12 月 11 日，https://sjb.qlwb.com.cn/qlwb/content/20201211/ArticelJ01002FM.htm。

② 王金虎：《耕牧"蓝色粮仓"》，《经济日报》2022 年 5 月 23 日。

升级改造。“加法”表现在生态修复措施上，将人工鱼礁投放、增殖放流和渔业生产相结合，推进资源养护型渔业发展。烟台海洋牧场示范区的人工鱼礁投放量已经超过 350 万空立方米，全年放流各类苗种已经超过 16 亿单位。这些做法已经产生了明显的海洋生态保护效果：2019 年，烟台 94%的海域水质达到一、二类标准；投礁区基础生产力提升了 64%，生物量增长了 5.3 倍；生态渔业养殖面积达到 60 万亩，产值 100 亿元以上。①②

同时，加大渔业资源修复宣传力度。2019 年以来，烟台市海洋发展和渔业局先后成功举办四届海洋放鱼节公益活动，并于 2021 年和 2022 年在开发区成功举办中韩联合增殖放流活动，增强了市民的海洋生态保护意识。

4. 水产种业“蓝色硅谷”建设起步

2018 年以来，烟台推进了八角湾蓝色种业硅谷建设。该科创小镇有 5 家国家级水产原良种场，占全市的 5/6，目前已初具规模。一是围绕鱼、虾、贝、参、藻等五大类海洋渔业经济品种，形成水产苗种繁育技术体系，成果初显。如“扇贝分子育种创造与新品种培育项目”获国家技术发明奖二等奖，“海大金贝”“蓬莱红 2 号”等品种已产生明显的经济效益。③ 二是开展现代海洋牧场种业基地和生物种质库建设。2020 年，烟台共有 8 处国家级水产种质资源保护区，总面积达 25643 公顷；有 21 个省级以上水产原良种场（国家级 7 个）；每年可培育 3500 亿单位的各类水产苗种，产值 26 亿元。④ 三是通过“引进中转+陆海接力”模式，解决海洋种质资源在引进、繁育和出口过程中遇到的产业技术问题。例如，成功引进了 25 万粒大西洋鲑发眼卵，实现了 4000 尾大规格苗种的跨省转运。⑤ 四是成立了中国第一家海洋知识产

---

① 《2025 年省级以上海洋牧场达 60 处》，《齐鲁晚报》（电子版），2020 年 12 月 11 日，https：//sjb. qlwb. com. cn/qlwb/content/20201211/ArticelJ01002FM. htm。

② 黄钰峰、葛蔚：《“一加一减”捍卫海上“绿水青山”》，《烟台日报》2021 年 4 月 19 日。

③ 《烟台开发区八角湾蓝色种业硅谷 “种”出海洋产业“生态圈”》，大众网，2019 年 4 月 25 日，http：//www. dzwww. com/shandong/sdnews/201904/t20190425_ 18656219. htm。

④ 《2025 年省级以上海洋牧场达 60 处》，《齐鲁晚报》（电子版），2020 年 12 月 11 日，https：//sjb. qlwb. com. cn/qlwb/content/20201211/ArticelJ01002FM. htm。

⑤ 《烟台丨高标准打造“自贸海洋”蓝色标识》，山东省人民政府网站，2021 年 9 月 7 日，http：//www. shandong. gov. cn/art/2021/9/7/art_ 97344_ 429682. html。

权中心，并针对海参苗种繁育，推出全国首个“链上合格证”管理云，对海参实行“一证一码”，“产购销”各环节可全程溯源，助力烟台海参品牌市场地位的提升。[1]

5. 品牌建设与电子商务稳步推进

烟台积极培育名优水产品牌，海参、大菱鲆、三文鱼等多个特色水产品生产区被纳入省级特色水产品优势区创建名录，“烟台海参”“烟台鲍鱼”等被成功注册为地理标志商标。同时，多渠道开展“烟台海参”品牌宣传展示活动，成功举办“2018 中国（烟台）国际名优海参博览会暨海洋食材采购大会”、2020 年和 2022 年“世界海参（烟台）产业博览会暨海洋食材展”，成功举办“‘烟台海参’健康中国行——百城传递寻找百岁老人暨‘烟台海参’品牌宣传推介”活动。同时充分利用新媒体开展网络宣传。2019 年，组织“媒眼看烟台·聚焦海洋经济大市建设”全国网络采风活动，上线“走向深蓝”专栏，与“胶东在线”等融媒体合作，设立“烟台海洋”微信公众号，以及开展“烟台海参·美味厨房”系列短视频活动，等等。电子商务方面，组织海中宝、海参大厦等市场商户加强水产品电子商务建设，顺丰、圆通等快递公司在市场内设立电商代办点，实现了网上订购、线下快速配送。

（三）推动组织制度创新

1. 设立海洋牧场产业基金，组建海洋牧场产业技术创新战略联盟

2019 年，烟台设立了海洋牧场产业基金，组建了海洋牧场产业技术创新战略联盟。该联盟包括 70 余家理事长及理事单位，下设水产种业、渔业增养殖、海工装备、海洋生物医药等 7 个关键技术委员会。该联盟将海洋牧场产业链条上的各个行业资源进行了整合，在科研院所和企业等相关单位之间搭建桥梁，推动海洋牧场相关资源和信息共享，促进了企业合作和产业融合。[2]

---

① 《烟台丨高标准打造“自贸海洋”蓝色标识》，山东省人民政府网站，2021 年 9 月 7 日，http：//www. shandong. gov. cn/art/2021/9/7/art_ 97344_ 429682. html。

② 高晓霞：《烟台打造海洋牧场示范之城》，《海洋与渔业》2019 年第 2 期。

2. 多元联动，创新多种海上生态养殖模式

烟台海洋牧场建设在实践中探索出三大模式。一是“政府+渔业+海工”多元联动模式。将海工装备企业纳入海洋牧场建设，提高了牧场装备化智能化管理水平。截至 2022 年，烟台全市投入运营的多功能管理平台已达 18 个。二是“陆海接力”的“明波”模式。通过陆基工厂化循环水养殖与深水网箱融合的方式，解决了诸如斑石鲷等名贵品种的北方越冬问题，实现了“南鱼北育、南鱼北养”。三是“大渔带小渔”的共享模式。通过龙头企业与周边的散户渔民的整合和组建合作社，引导个体渔民规范参与海洋牧场建设。[①] 如山东蓝色海洋科技股份有限公司通过“泽潭渔民专业合作社”整合流转海域 16 万亩；“经海 001 号”通过“大渔带小渔”合作养殖协议，每年可收购合作社渔民 60 多万斤鱼苗。目前，烟台渔民合作社总数超过 300 家，带动 2 万多户渔民增产增收。[②]

3. 科企对接，构建研究和科创平台

通过科企对接，推动海洋牧场示范区建设单位渔业龙头企业同高等院校和科研院所达成合作，加速成果转化。烟台市积极构建海洋科技创新平台、海洋牧场观测网、海洋生态研究中心和水产原良种场等，提高海洋牧场建设的科技含量。至 2019 年中，建成科创平台 81 个，稳定运行海洋牧场观测站 5 个，在莱州、长岛成立 2 处山东省生态型人工鱼礁实验中心，建成 16 处国家级和省级水产原良种场，成功培育十余个国家级水产新品种，数量居全国地级市首位。[③]

4. 完善社会服务保障体系

一是打造一体化“政策包”，实现一次性办好海洋牧场相关审批服务事项。二是建设“智慧牧场”。在生态礁、海上水下观测网、深水智能网箱和海上多功能平台等设施上，有序推进信息化、装备化建设。三是出台增殖放流指导目录，构建苗种繁育、野生驯化、资源修复和长效监督评价等“四

① 王田田、柯可：《山东烟台海洋牧场建设之路》，《中国水产》2019 年第 5 期。

② 王金虎：《耕牧“蓝色粮仓”》，《经济日报》2022 年 5 月 23 日。

③ 王田田、柯可：《山东烟台海洋牧场建设之路》，《中国水产》2019 年第 5 期。

大体系”，助力资源恢复和“蓝色粮仓”建设。四是打造“平安牧场”。将海洋牧场企业纳入信用体系建设，加强海洋牧场在平台、基地、船等关键节点上的执法监管。五是完善水产品市场准入、产地准出和质量追溯等制度，将130余家重点渔业企业纳入市级水产品质量追溯平台，生产企业、产品、物流、食用方法等信息“一码可知”，并组织开展海参苗种、海参和鱼类产品质量安全等专项整治行动。

三　烟台海洋牧场建设的主要问题

烟台海洋牧场建设正在转型升级，面临的主要问题包括以下几个方面。

（一）基础研究仍较薄弱

从科研队伍看，相关研究机构主要分布在中央和省级地区，地方科研机构较少，建设单位直接获得的科技支撑不足。从理论与技术研究上来看，一是宏观布局与科学管理缺乏理论基础。比如，海洋牧场生态承载力还不够明确，建设布局和建设规模尚处于摸索阶段，个别海洋牧场盲目投放大量礁体导致增殖生物缺氧，造成一定的经济损失；海洋牧场主管行政部门和海洋牧场建设单位管理方式较为单一，行政部门的管理以项目督导调度为主，建设单位仍按传统养殖粗放的方式管理，缺乏专业运营团队和专业人才。二是生境营造能力明显不足。比如，人工鱼礁构建投放缺乏理论支撑，由于构建类型和构建投放间隔对水动力及渔业生境的作用机理不明，设施与生物、环境之间的耦合机制不清，投放凭经验，而且缺乏后期维护及监管。三是资源养护缺乏效果评价机制。比如，海洋牧场资源养护措施中的渔业资源增殖放流，其投放效果、增殖效果仅有少数科研单位在局部开展，对重要经济物种的行为特征、主要增殖品种的适应性和功能群构建等的认知还欠缺理论支撑，缺乏科学标准对重要经济生物进行精准采捕。四是风险防控管理仍较为薄弱。在越来越重视发展离岸养殖的今天，海洋牧场风险防控管理越发重要，2022年台风“暹芭”重创阳江网箱养殖业，这说明除了在线监控技术，对灾害预警、风险防控综合管理系统或平台的研究及构建仍任重道远。

（二）装备化、信息化水平仍有待提升

大型装备和现代信息技术是开展离岸深远海养殖的重要支撑，但是，在目前中国的智慧海洋建设中，装备化、数字化、智能化等现代物联网技术应用率还不高。究其原因，一是相关装备和设备需要面对海水腐蚀、抗风浪等技术难题，攻克难度大。二是离岸大型设备制造成本高、投资风险大。如建造一座 625 平方米的平台大约需要投资 1000 万元。制造成本高和一些不可预测的风险是许多大型海上装备无法建设的重要原因。三是对海洋牧场大数据的研究和投入相对不足。①

（三）配套设施建设滞后，技术支撑不足

部分烟台市海洋牧场运营实践显示，受制于海上无专项规划旅游线路、陆域缺乏专业游客码头配套服务，个别海洋牧场运营不畅。从“百箱计划”建设来看，一是在建设海域要素上，由于建设规模较大且未超前规划海区，深水网箱未来可投放海域要素不足；二是在养殖苗种供应上，仅以许氏平鲉等为主，缺少长期稳定的适养苗种供应，试养品种、防控疫病、适配饵料等均需技术攻关；三是在养殖环境制约因素上，受北方冬季天气影响，海上养殖缺乏配套转运停靠码头、陆域室内暂养池、冷库及包装车间等；四是在市场销售上，未来大量养殖成鱼上市，本地单一市场将难以消化，亟须建立稳定的营销渠道和配套加工冷链物流等。

（四）产业转型升级影响因素多

通过海洋牧场推动海洋渔业转型升级没有成功经验可以复制，且面临许多不确定性因素。首先，产业链较短。当前 80% 的海洋牧场仅出售初级产

---

① 王田田、柯可：《山东烟台海洋牧场建设之路》，《中国水产》2019 年第 5 期。

品，产品附加值不高。深远海养殖刚起步，对养殖品种、模式、技术和配套设施的研究还不够深入。其次，产业融合度不够。海洋牧场的旅游、体育等功能未能被充分发掘，其与旅游、体育和文化等产业的结合不够紧密。由于对休闲垂钓船只认证、安全管理、船舶检验的监管较严，相关行业准入门槛高，安全生产责任大，客观上制约了休闲海钓业的快速发展。再次，渔业品牌推介力度仍不足，部分企业品牌意识不强。烟台长岛、崆峒岛出产的海参虽然品质优良、价格实惠，但全国知名度和市场占有率却不高，诸如“烟台海参”等渔业品牌的价值仅为“大连海参”的1/5左右，宣传推介效果还有很大提升空间。烟台在市（区）层面基本没有此项经费预算，较少开展品牌宣传工作，对已开展的推介工作也未积极组织企业参与。同时部分企业对塑造地域品牌、企业品牌的意识不强、热情不高。最后，海水渔业较易受到自然灾害的侵袭，社会保障机制还有待完善，抵御自然灾害的能力较弱。

（五）“蓝色硅谷”建设有待加强

一是对水产种质资源的收集及保存力度还不足。虽开展了一次水产养殖种质资源基本情况普查，但种质资源全面收集及精准鉴定仍未开展，尚无较为成熟的种质资源库。二是水产育种创新能力还不强。水产育种仍以群体选育、杂交育种为主要技术，育种骨干企业占比不高，且大多苗种繁育仍为模仿育种，缺乏现代化、综合性的水产分子育种技术平台，育种科学化、精准化、效率化的水平有待提高，突破性新品种不多。南美白对虾、三倍体虹鳟等品种依赖进口。三是水产种业产业化程度不高。受政策保障不够、资金投入不足、自主研发能力不强、品牌影响力不大等因素影响，尚未建立类似于南方罗非鱼、罗氏沼虾等较为成熟的“育—繁—推”商业化体系。四是深远海养殖适养品种较少。深水网箱养殖品种以许氏平鲉等为主，适养品种数量满足不了烟台海洋牧场装备化的快速发展需要。

（六）渔业经济面临下行压力

一是随着沿海港口、临海工业、滨海旅游等产业用海不断增加，渔业发展空间不断受到挤压。近年来，烟台陆域工厂化养殖（育苗）水体减少约80万立方米，浅海养殖面积减少约60万亩。二是环境保护要求越来越严格，大部分烟台渔业企业为中小型渔业企业或个体户，渔业经营以家庭承包经营为主，缺乏长远规划和高效管理，“小陋简”“脏乱差”问题比较突出，许多不符合环保要求的渔业企业（个体户）停产或被清理。三是传统捕捞渔业压减产能，逐步向资源养护型渔业发展。虽然烟台市海洋牧场发展形势较好，但深远海养殖仍处于起步阶段，受渔船数量和政策影响，远洋渔业与威海、舟山等市相差较大。产业融合仍不够深入，虽然三次产业结构逐年改善，但第二、三产业占比仍较低，受制于职能管理部门不明确，水产加工业缺乏长远规划，水产加工还停留在传统的“腌晒冻煮”初加工阶段，产品附加值不高，尚无自己的大品牌。用工成本高、融资难和新产品开发营销不足也制约了水产加工业的长足发展。休闲渔业虽发展较快，但产业基础及配套设施仍较为薄弱，与省内威海、日照等地相比也有一定差距。

四 促进烟台海洋牧场发展的建议

根据渔业绿色、高质量发展要求，应确保海洋渔业资源养护和水产品安全有效供给。强化海洋牧场基础理论和关键技术研究，加强配套设施建设和“蓝色硅谷”建设。基于现有示范项目、新技术和新模式，发挥海洋牧场产业技术创新战略联盟的纽带作用，进一步完善政策支持体系，提升装备化、信息化、智能化、规模化、品牌化水平，持续提高海洋渔业综合生产能力和市场竞争力，加快现代渔业发展。

（一）加强基础研究，协同攻克关键技术

深入开展典型海洋牧场生态承载力研究，优化近海大型海洋牧场布局。探索开展海洋牧场生境营造装备、生境修复技术研究，查明海域初级生产力，科学开展资源修复。解析不同类型海洋牧场的关键生态过程和主要增殖种类的适应性响应机制，评估其资源环境效应。发挥各类工程技术研究中

心、重点实验室等创新平台，以及海洋牧场产业技术创新战略联盟的作用，重点突破渔业资源调查与监测、人工鱼礁生态模拟试验、现代渔业装备与工程、深海及海底渔业开发、水产品健康养殖与质量安全保障等关键技术。建立海洋牧场风险防控综合管理平台，为提升海洋牧场生态风险防控能力与综合效益提供决策依据，并推动相关应用型科技成果转化。

（二）打造中国水产种业北方繁育基地

以《烟台市现代水产种业发展规划》和《关于加快现代水产种业发展的意见》为指导，立足烟台实际，统筹水产种业发展的科学布局，发挥现代农业激励政策、水产种业提升项目等的引导作用，坚持自主创新，打造中国水产种业北方繁育基地。依托国家级水产种质资源保护区，打造中国北方水产种质资源保护基地，夯实水产养殖物种重要遗传物质的供应保障；依托省级以上水产原良种场，打造国家级水产原良种繁育基地，完善水产原良种保障体系；依托开发区资源禀赋、科创能力和自贸区政策优势，打造中国北方水产种业科创基地和全球水产种质资源引进中转基地，重点攻关水产种业“卡脖子”技术，积极参与全球水产种业交流与合作。引导龙头企业和科研院所、高校强强联合，培育“育—繁—推”一体化的渔业种业龙头企业，推进海洋种业产业化。

（三）培育壮大现代海洋经济体系

依托海洋牧场，培植壮大现代海洋经济体系。开展高价值经济鱼类增殖放流，养护近海鱼类资源。基于“经海”系列、“耕海 1 号”等大型智能平台和网箱，建设近海现代海洋牧场，基于生态承载力，探索以大型养殖工船为基站的离岸深水工业化养殖模式。创新海水养殖动物营养健康饲料和病害生态防控技术、鱼类免疫疫苗和应用技术、陆海统筹的精准养殖模式与尾水综合利用技术，制定并完善海水绿色养殖技术标准和规范，促进深远海养殖绿色健康发展。发挥国家级水产品加工园区的示范作用。以莱州金城现代渔业产业示范园建设为引导，推进陆域渔业企业（个体户）集中入园，建设集中连片、综合立体、管理规范、模式先进、特色突出、环境友好、智慧融合的现代渔业园区，促进渔业高质量发展。建立海洋渔业物流大通道，探索海洋牧场与“养捕加”一体化模式。因地制宜地配建陆基或船基旅游设施，发展游钓、潜水观光等休闲渔业。推进海阳市、莱州市海洋牧场与海上风电融合发展，实现健康海产品和清洁能源的渔电融合发展。

（四）加强配套设施和信息化建设

加强产业配套设施建设。完善海洋牧场多功能平台、观测监控预警和岸基服务等配套设施建设。完善公益性基础设施和旅游休闲配套设施建设。加快标准化渔港建设，完善渔港布局。健全渔需物资供应、船舶维修、海产品加工和市场经营性服务设施，鼓励将中心渔港和一级渔港建设成集渔船停泊与补给、水产品加工与集散、休闲渔业和城镇化于一体的综合性渔港经济区。以中心渔港和一级渔港为龙头，以二、三级渔港和渔业港湾为辅助构建渔港防灾减灾体系。在信息化建设方面。依托“海上山东”等网络平台，推进数据和信息整合共享，逐步完善山东省海洋渔业综合管理信息系统。推广渔业物联网技术，实现渔业信息安全可靠传输、养殖过程智能化、水产品生产全程安全可溯。

（五）培育新的渔业经营模式

培育新型经营主体，以渔业龙头企业、渔民专业合作社、家庭渔场、专业大户等为重点，构建以家庭经营为基础、以合作与联合为纽带、以社会化服务为支撑的现代渔业经营体系，积极推进“龙头企业+科研院所+合作社+基地”模式，提高渔业组织化、集约化水平。鼓励支持各类经营主体开展水产电子商务。以“推动行业发展、促进经贸合作”为宗旨，打造国内外知名的集品牌展示、经贸洽谈、投资合作、产销对接、专业研讨、技术交流于一体的大型海参行业商贸平台。加强渔业品牌资源整合，通过品牌授权、特许经营等方式，提升烟台渔业品牌的集中度和认知度。

（六）加强政策支持，提升海洋综合管理能力

加强水产种质资源保护区及自然保护区建设，创新增殖渔业投入机制，建立制度化、科学化、常态化的公益性放流制度。推进各方资源整合，围绕海洋牧场发展关键环节，切实为企业提供财政补助补贴、税收减免、贴息贷款等政策资金扶持，保障与海洋牧场融合发展重点项目的用海需求。加强对海洋工作的综合协调和督导考核，提升海洋治理规范化和法治化水平。严格落实安全生产责任制，加强渔船信息动态管理和电子标识系统建设，配备新型船用通信导航、安全救助和定位避碰等设备，提高渔船安全生产保障能力。开展海参等大宗主导养殖品种的追踪溯源，引导鼓励开展“三品一标”和 ISO、HACCP 等国际质量体系认证。

乡村建设篇

Rural Construction

B.6 烟台市乡村治理体系与治理能力现代化的对策

岳　会*

摘　要： 乡村治理既是国家治理体系的重要组成部分，也是实现乡村振兴的坚实基础。烟台是全国社会综合治理“七连冠”城市，创新开展“法德共进”、四德工程等一系列农村基层治理基础工程建设。烟台市乡村治理体系形成了一套标准，主要包括基层组织建设体系、村民自治管理体系、乡村公共保障体系、崇德向善民风体系、信法守法行为体系以及乡村产业发展体系。烟台市乡村振兴对烟台市乡村治理体系和治理能力现代化提出更高要求，要实现乡村治理体系和治理能力现代化可以从党建引领、区域融合、“四治结合”、管理服务力量下沉、基层服务能力具体化等方面落实。

* 岳会，管理学博士，山东管理学院新兴业态发展研究所副教授，主要研究方向为农业经济理论与政策、农产品要素生产率。

关键词： 乡村治理体系　治理能力现代化　乡村振兴

国家治理体系包括经济、政治、文化、社会、生态文明和党的建设等方面的治理。烟台市乡村治理体系是山东省基层治理的重要组成部分。烟台市乡村治理有了一定的成果，形成了一套标准，主要包括基层组织建设体系、村民自治管理体系、乡村公共保障体系、崇德向善民风体系、信法守法行为体系以及乡村产业发展体系。

烟台市深入贯彻落实中央的决策部署和省委省政府、市委市政府的工作要求，面对农村社会结构深刻变动、农村利益格局深刻调整和农民思想观念深刻变化，坚持党的领导、深化四治结合，持之以恒强核心、活机制、树新风、优服务，乡村治理在党建引领中筑牢根基，在和谐善治中凝聚合力，努力实现治理体系、治理能力的现代化，为高水平推进区域治理现代化夯实基础、提供智慧。

一　烟台市推动乡村治理取得的成效

烟台乡村治理体系包括治理有效与治理效果两个维度。一是治理有效，通过农村社区党群服务站普及率、农村社区服务站普及率、农村党建融合发展示范区数量、管理规范示范村数量等指标反映；二是治理效果，通过干事创业红旗村、干事创业进步村数量、“雪亮工程”入户数量、村级综治中心建设达标率、村级网格化服务管理覆盖率等指标反映。

（一）组织引领成绩斐然

烟台在全国较早创立党支部领办合作社，全面推广党支部领办合作社模式，把党支部的政治优势同合作社的经济优势有机结合，使群众和集体成为抱团发展的“共同体”。加强农村示范区建设，突出区域化统筹，建强示范区党组织核心，实现互联互促、统筹发展、一体提升。

1. 党建引领成效显著

2021 年，全市已有 3421 个村党支部领办合作社，占行政村总数的 54%，带动新增集体收入 3.93 亿元，带动群众增收 5.32 亿元。烟台市的经验做法获评“中国三农创新十大榜样”。2020 年，烟台市党建融合发展示范区达到 300 个，覆盖全市 40%左右的村庄。其中，党建融合发展区村庄联合发展致富项目 456 个，带动入社群众人均增收 5100 元，村均增收 7.5 万元。

2. 农村示范区建设工作进一步加强

突出区域化统筹，按照“地域相邻、产业相近、治理相融、人缘相亲”的原则，取消以行政村为单位的地域束缚，按照辐射 2~3 千米半径的区域定位创建农村党建示范区，通过示范区党委（党总支）统筹整合区域内人才、产业、项目、设施等资源，形成连片发展、连片过硬的大党建工作格局。建立“一核心五统筹”工作机制，建强示范区党组织核心，由传统的“村居建党”向“区块建党”转变，统筹活动阵地建设、党员管理、产业发展、村级治理、公共服务，发挥集群效应，实现互联互促、统筹发展、一体提升。到 2020 年底，烟台市建成党建融合发展示范区 300 个，管理规范示范区数量达到 1000 个，农村社区服务站普及率达到 100%。2020 年，烟台市加强新时代文明实践中心建设，建成县级实践中

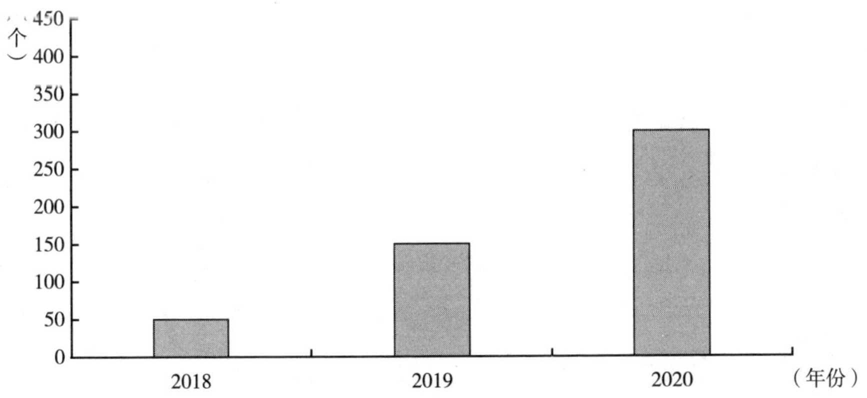

图 1　2018~2020 年烟台农村党建融合发展示范区数量

资料来源：烟台市统计局。

心 15 个，镇（街）实践所 164 个（见图 2），实现市域全覆盖；村（居）实践站 5842 个（见图 3），市域覆盖率超过 85%，文明达标村市域覆盖率达到 89.35%。县级以上文明实践队伍达到 1805 支，文明实践志愿者超过 70 万人，开展文明实践活动 10 万余场次，文明新风滋养乡情；乡村文化队伍重点基层文艺骨干超过 1 万人，秧歌队、舞蹈队等业余文艺团队总数超过 3900 支，每年文化下乡演出超过 6000 场次，形式多样的基层文化活动浸润乡土。

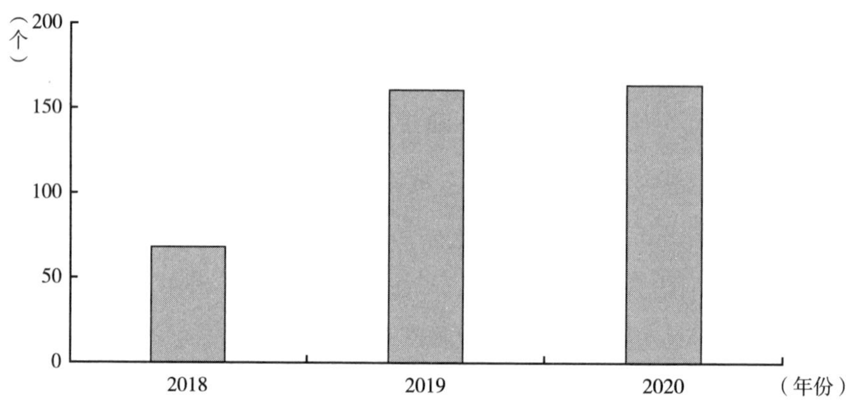

图 2　2018~2020 年新时代文明镇（街）实践所数量

资料来源：烟台市统计局。

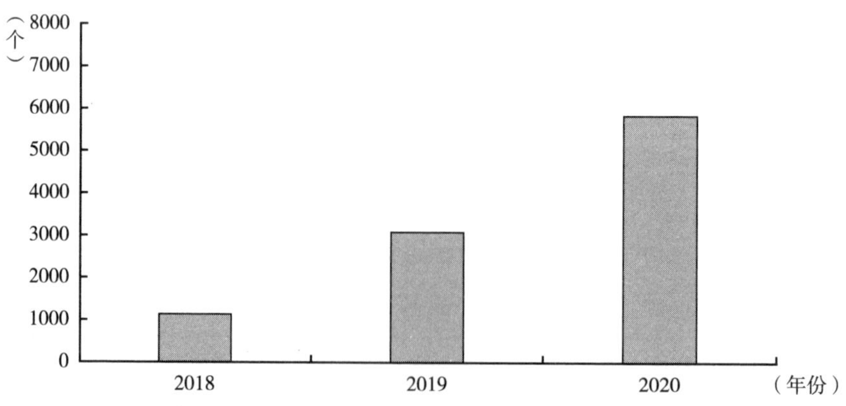

图 3　2018~2020 年新时代文明村（居）实践站数量

资料来源：烟台市统计局。

（二）治理有效初步显现

通过创业红旗村、“雪亮工程”入户、村级综治中心建设、村级网格化服务管理等有效措施，持续推进村庄综治中心标准化建设，提升了村集体的经济实力，治理成效明显。

1. 综治中心标准化建设持续推进

按照国家、山东省的标准，建立“9+N”模式的镇街综治中心机构。组建综治干部队伍、综治中心队伍、网格员队伍和村居专业综治力量等“四支队伍”。积极推进镇村两级综治中心实体化建设、规范化运作，实行办公场所、设备设施、标志标识、规章制度、机制流程、档案台账“六统一”建设模式。建立相关信息汇总、治安分析研判、问题责任分解、督查督导落实的“四步闭环”工作机制。截至 2020 年，烟台市镇村两级综治中心建成率分别达到 100%和 95%，村级网格化服务管理覆盖率达到 100%，均实现全市乡村振兴战略规划的既定目标。

2. 村集体经济实力明显提升

发挥村党组织对发展经济的引领作用，开展“党支部+合作社”百村示范行动，在烟台市筛选 100 个村探索推行“党支部+合作社”发展村级集体经济模式，鼓励和引导农民加入合作社，把各类资源集中起来，把农民组织起来，提升村级集体经济实力，示范带动全市村级集体经济提档升级。将扶持发展集体经济列入市级涉农资金任务清单，加大政策资金支持力度。设立村级集体经济发展专项资金，用于扶持集体经济发展。开展集体经济示范村“双百”评选，每年评选干事创业红旗村、干事创业进步村各 100 个。2020 年干事创业红旗村及干事创业进步村数量达到 980 个（见表 1），较 2017 年增长 157.89%。发挥乡镇（街道）龙头作用，科学制定镇村年度计划、增收目标和推进措施，充分调动农村党员群众积极性，“因村制宜”发展集体经济增收项目。2019 年基本消除集体经济“空壳村”，2020 年底基本消除集体收入 3 万元以下村。

表1　2020年烟台市乡村治理主要指标情况

一级指标	二级指标	数值	一级指标	二级指标	数值
组织引领	农村社区党群服务站普及率(%)*	100	治理效果	干事创业红旗村、干事创业进步村数量(个)	980
	农村社区服务站普及率(%)	100		“雪亮工程”入户数量(万户)*	30
	农村党建融合发展示范区数量(个)	300		村级综治中心建设达标率(%)*	95
	管理规范示范村数量(个)	1000		村级网格化服务管理覆盖率(%)	100

*《山东省乡村振兴战略规划（2018—2023年）》中提出的指标。

资料来源：根据《山东省乡村振兴战略规划（2018—2022年）》《烟台市乡村振兴战略规划（2018—2022年）》整理。

二　烟台市推进乡村治理体系与治理能力现代化的重要内容

烟台市乡村治理体系更加完善，治理能力有所提升，烟台市为推进治理体系与治理能力现代化进行了多方面工作，其中党建示范引领、治理机制长效化、乡村环境宜居化等是其中的重要内容。

（一）高效推进示范引领

示范引领、强规划、树典型需要治理体系、治理能力现代化进一步推进。各级各部门都要注意挖掘提炼、宣传推广成功经验、成熟做法，做到“干有样板、学有标杆”。要做好村庄规划编制。目前，多数村庄建设处于自发和无序状态，已编制的村庄规划也不同程度存在与村庄实际情况不符、落不了地等问题，这些会限制治理体系与治理能力现代化的发展。烟台市村庄规划编制目标任务明确，有需要的村庄应编尽编，烟台市自然资源和规划局列出单子，明确需要进行规划编制的村庄数量和名单，细化量化工作进度和目标任务，按照实用管用、可操作的原则，抓紧落实规划编制工作。深入推进美丽乡村示范创建。抓好省级美丽村居建设，打造乡村振兴“十百千”示范镇、示范村以及省级美丽乡村示范村。特别是要高质量开展美丽乡村样板示范项目创建，重点打造14个交通便捷、主题突出、特色鲜明的美丽乡村样板示范片，培育105个凸显“五个振兴”、代表烟台美丽乡村建设水平的样板村庄。

（二）建立治理长效机制

乡村治理在“治”，更在“管”，不能搞“一阵风”、抓“一阵子”，必须建立长效机制，常抓不懈、久久为功。要建立运行管护机制。要探索推行多元化建管模式，健全财政补贴和农户付费合理分担机制，建立完善有制度、有标准、有队伍、有经费、有督查的“五有”管护长效机制，进一步巩固提升工作成果。要建立群众参与机制。农民群众是农村治理的主体，推进乡村治理的过程就是一场发动群众广泛参与的过程，需要打一场乡村治理人人参与的“人民战争”。提高村民的“主人翁”意识，不断增强村民参与乡村治理的自觉性和主动性，要建立督查评估机制。

（三）乡村环境生态宜居化

要实现乡村治理体系与治理能力现代化，烟台市要继续在村容村貌保持、污水治理、垃圾治理可持续等方面下功夫，以实现乡村环境宜居化。

1. 提升村容村貌

当前，要结合新冠肺炎疫情防控，以“干干净净迎小康”为主题，采取更加有力有效的治理措施，迅速掀起新一轮农村人居环境整治高潮。一是引导农民群众自觉打扫房前屋后、屋内屋外，不乱倒生活垃圾和污水，不乱堆柴草农具，不乱丢用过的口罩，做好环境卫生“门前三包”。二是结合“美丽庭院”创建，从调动农村妇女的积极性入手，减少病毒细菌滋生的环境，这既有助于新冠肺炎疫情防控，也能美化庭院环境。三是组织开展散落遗弃农业生产废弃物集中清理活动，清理重点是村庄内外、果园地头的地膜、反光膜、苹果套袋、农药瓶、包装物。要指导农民群众加强畜禽养殖管理，及时清扫畜禽粪污，减少人畜共患病的传播风险。要加快推进农业生产废弃物资源化利用，提高畜禽养殖粪污和农作物秸秆综合利用率；推行"谁生产、谁回收"生产责任延伸制，健全废旧农膜、农业包装物回收利用体系。四是针对"四大堆"、杂草丛生、残垣断壁、乱贴乱画、乱堆乱放、私搭乱建和电线杂乱等老大难问题，迅速开展村容村貌提升攻坚行动。把清洁村庄建设和村容村貌整治结合起来，通过村容村貌治理创建清洁村庄，利用清洁村庄建设巩固村容村貌治理成果。

2. 污水有效治理

农村生活污水治理的现代化，既是农村人居环境整治工作的重点所在，也是难点所在。对这项工作，一定要超前谋划，在保证质量的基础上，抓紧时间往前推进，避免前松后紧、等待观望。烟台市按照全市农村生活污水治理行动方案要求，结合农村地理位置、地形条件、污水规模等要素，科学合理地选择适宜的处理模式和工艺，合理确定污水处理设施及配套管网建设布局。做好与改厕的有机结合，逐步向一体化模式过渡，切实做到互促共进。在做好农村生活污水治理的同时，以村庄周边、河塘沟渠、排水沟等为重点，采取综合措施恢复水生态，彻底消除各类黑臭水体。

3. 开展垃圾专项治理

目前来看，烟台市大部分村庄的"有人扫"已经不是大问题了，但与"扫干净""保持住"还有很大差距。特别是一些死角盲区，经常出现反弹，垃圾清运不及时、随意乱扔乱倒的现象未得到根本有效的治理。针对这些问题，在下一步要着重抓好三点。一要集中开展专项治理。组织开展工业固废、生活垃圾、河湖水面漂浮垃圾、农业生产废弃物等非正规垃圾堆放点再排查、再整治行动，杜绝垃圾围村、垃圾围坝、工业垃圾"上山下乡"等问题，实现村庄清洁。二要完善生活垃圾收运处置体系。进一步夯实"户集、村收、镇运、县处理"体系，坚持"一把扫帚扫到底"，统筹城乡生活垃圾收运处理设施布局，提升垃圾收运能力，细化工作标准，提高保洁成效和管理水平，鼓励有条件的地方采取市场化、社会化运行模式。三要积极推动农村垃圾分类，通过专项治理能力现代化实现垃圾有效治理。

三 实现烟台市乡村治理体系与治理能力现代化的对策

烟台市要实现乡村治理体系和治理能力现代化，就要通过坚持党建引领乡村治理，提升党的领导水平，推进“四治结合”，全面推广乡村治理，全面下沉管理服务力量，提升基层服务能力，统筹推进乡村治理。

（一）加强党建引领乡村治理，突出服务功能现代化

烟台应坚持党建引领，强化党对农村工作的全面领导，以推行村党支部领办合作社、党建引领乡村振兴融合发展区为重点，提升基层党组织的组织力，为乡村振兴提供坚强组织保证。

1. 坚持党建引领，把加强党的全面领导作为乡村治理的出发点和落脚点

《中国共产党农村基层组织工作条例》明确指出基层党组织是党的“末梢神经”，全面调控乡镇和村的各种工作和各类组织。烟台应以打造过硬农村基层党组织为抓手，着眼村（社区）“两委”换届，指导县乡持续走村入户开展村情摸排研判，逐村形成年度分析报告。从实抓人才引育，公开遴选村党组织书记，招引返乡创业人员，储备村（社区）“两委”换届合适人选。严格落实村级事务决策“四议三审两公开”、财务收支每月逐项逐笔明细公开制度，着力提高村级组织规范化水平。在全市开展“遏制农村揭干信访”集中攻坚行动，有效化解揭干信访的问题。县乡领导班子成员“一村一策”包干整顿，整顿转化软弱涣散村。

农村基层党组织担负思想政治宣传职责。领导广大村民有序开展村民自治活动，实现村民当家做主，守护村民利益，代表广大村民，与村民自治目标一致。继续全面落实《中国共产党农村基层组织工作条例》，增强政治功能、提升组织力，把全面加强组织建设贯穿乡村振兴全过程。

2. 实体化运行党委，推动组织融合，整合区域各类资源，凝聚乡村治理动能

推行党建融合发展区，以组织融合带动发展融合、服务融合、民心融

合，进而为行政融合打下坚实基础，彰显融合发展理念。组织融合可打破村庄各行其是的格局，建立共商共谋合作机制；发展融合将村庄握指成拳，建立乡村发展利益共同体；服务融合打通治理堵点，强化群众对区域融合的心理认同。按照“地域相邻、产业相近、人文相通、治理相融”的原则，创建党建引领乡村振兴融合发展区，统筹解决村庄社会治理合力不足等难题，实现农村基层党建、公共服务、集体经济、社会治理同频共振、联动发展。建立党建融合发展区，扩大覆盖村庄的面积，提升覆盖率。打破就农村抓农村、就党建抓党建的路径依赖，跳出以行政村为单位的党组织设置模式，从组织设置入手，建立全面进步、全面过硬的“大党建”格局。

3.经济规模化发展，推动产业集聚

推动土地、人力、项目等各类资源优化整合，实现规模化发展。党建融合发展区促进产业集聚发展，带动村民增收。以产业集聚形式由村党支部领办合作社扩面提质增效，吸收群众入股，实现多元化增收，实现群众就地富裕。继续流转土地，新增集体用地，全部作为集体股入股分红，实现强村富民共赢。针对资金不足、人才短缺等问题，举办村党支部领办合作社，引导资本参与乡村振兴；筛选农业专家组建顾问团，精准对接服务，解决实际问题，强化人才支撑；积极承接省“强村贷”政策，为需要资金的村庄发放贷款，有效解决融资难题。同时，出台高质量发展意见，建立起“六统一”机制，全链条式强化审核把关。在全省加强基层党建推进农村改革攻坚中，创新实体化运行“四化四融合”工作思路，制定标准，从组织设置、运行机制、公共服务等方面明确具体要求。继续推进党建融合发展示范区，覆盖全部村庄，推动实现村庄联动发展、一体提升。固化农村“一村一警务助理”社区警务模式，行政村配备符合需求的警务助理，打造平安乡村。

（二）探索“四治结合”，促进乡村治理体系与治理能力现代化

烟台市要继续围绕乡村振兴战略要求，推动自治、共治、法治、德治

“四治融合”，以“三治”加党的引导形成“四治”合力，促进治理能力现代化。

自治、法治、德治在乡村治理体系的构建中产生了很多积极影响，发挥了独特作用。一要加快构建自治、法治、德治相结合的现代乡村治理体制机制。制定村民自治章程、村规民约，支持村委会在党组织领导下依据自治章程、村规民约开展群众自治工作，广泛开展“传家训、立家规、扬家风”活动，培育形成爱国爱家、相亲相爱、向上向善、共建共享的家庭新风尚，撑起农村社会的好风气。二要层层推进善治示范创建。创建全国乡村治理示范乡镇、示范村，建设省级美丽乡村示范村、全国民主法治示范村（社区）。推动自治、法治、德治融合，编制农村小微权力清单和村级权力运行流程图，倒逼农村干部依法用权，刊发推广创新工作做法，开展农村干部“干事创业”活动。三要持续激活自治内生力。推动村民自治不断深化，全面推广，通过参与式、互动式自治全面激发群众主人翁意识和乡村治理活力。四要继续提升法治稳定力。烟台是全国社会治安综合治理“七连冠”城市，创新开展“法德共进”，扎实做好地方立法工作，完善依法决策程序，落实专业学法考法要求，强化行政执法监督，提升行政复议工作水平，规范行政应诉工作机制。

（三）激发治理主体新动能，建设责权明晰的社会治理共同体

推进治理力量向基层下沉，明晰责任，加强基层能力建设，把问题解决在萌芽之时。基层是社会治理的第一线，社会治理重心向基层下沉，把更多资源、服务、管理放到基层，补足短板、深挖优势，能更好地助推治理体系和治理能力现代化。

1. 基于“三抓”提升基层服务水平

通过明确基层“三抓”（抓网络、抓队伍、抓服务）任务，形成组织网络化、管理制度化、服务多样化的格局。基层政府以“最多跑一次”改革全面向农村覆盖为引领，推动服务力量向乡村倾斜、服务体系向农村延伸，服务能力具体，初步构建条块结合、多渠道、多层次的矛盾纠纷源头化解体

系，基本实现矛盾纠纷源头预防、源头发现、源头治理，提高服务效能。

2. 优质农村公共服务持续供给

助力乡村振兴活动，着力破解基层反映的乡村振兴难点堵点问题，农民、企业获得感、幸福感、安全感有效提升。合理布局乡村中小学校，完成农村义务教育控辍保学“清零”任务。加强农村医疗卫生服务体系建设，持续推进挂职卫生院“业务院长”帮扶工作，带动基层医疗服务水平提升。

3. 创新乡村治理体系

设定试验区，围绕“治理有效”，完善乡村治理体系。开展软弱涣散村整顿“回头看”，建立党支部书记档案目录库，实行村级组织班子适应性调整，力争 100%的村储备人选换届实现书记“一肩挑”。开展“一家人 · 党群心连心”新时代服务群众活动，在职党员干部全员走访群众，接收问题反馈并按期答复。开展“宪法进乡村”集中宣传活动，保障社会和谐稳定，继续创新乡村治理体系，形成长效治理机制，为乡村振兴提供制度基础。

（四）运用现代化治理手段，不断提升乡村治理水平

统筹推进乡村建设行动，扎实推进农业绿色发展，规范发展新型经营主体，积极培育高素质农民，加强农村集体“三资”监管，深化农村土地制度改革，建立可持续的多层次乡村治理体系，为实现乡村振兴保驾护航。

一要扎实推进农业绿色发展。抓好农业面源污染综合防治，推进水肥一体化技术示范项目、绿色种养循环试点项目和秸秆综合利用项目实施，坚持不懈推动农业绿色发展。二要规范发展新型经营主体。培育壮大龙头企业、农民专业合作社等增收带动主体，推进党支部领办合作社建设，提升全区村党支部领办合作社领办率。三要积极培育高素质农民。培育农业领军人才、农业经理人等高素质农民，为乡村振兴提供更多的人才支撑。四要加强农村集体“三资”监管。结合软弱涣散基层党组织整治，抓好农村集体“三资”专项整治。不断完善农村集体“三资”财务审批系统、“银农直连”业务支付平台建设，实现区镇两级全方位在线监管、村级村民可以随时查看本村公开的三资相关信息，实现农村财务核算、监督、查询、公开、资金资产资源

管理等全过程管理手段的先进化与现代化。五要深化农村土地制度改革。继续推进农村土地流转服务工作，引导农户自愿有序退出宅基地，探索农村闲置宅基地盘活利用，变闲置资源为资产，大力发展乡村旅游、特色民宿，提高农村闲置宅基地的盘活利用率。六要推进农村产权交易市场建设。探索建设“共建、共用、共享、共管”的农村产权交易市场体系。积极对接山东农村产权交易中心，以“优势互补、平等互利、地方自治、共谋发展”为原则，按照统一交易规则、系统、信息、资金、服务标准、交易监管的“六统一”管理模式，利用山东农村产权交易中心统筹全省农村产权交易平台的定位优势，推动农村产权流转交易公开、公正、规范运行。

（五）创新农业农村经济治理新动能和推进农民增收机制

在产业振兴的进程中，以争创省级现代农业产业园为契机，高标准打造现代产业园，开展“生产+加工+科技+营销”全产业链开发，促进绿色发展和产业链延伸的深度融合，提出“产业+园区+示范区+‘一村一品’”的农业产业发展新模式，由大到小、由面到点，分类指导、精准施策，做大做强特色农产品主导产业，发展现代农业产业园，打造乡村振兴示范区，培育“一村一品”，充分激发农业农村发展新动能，全面实施“互联网+”战略。

积极培育多类型、多功能的电子商务经营主体，建设以第三方平台为依托，以电商园区为载体，以龙头企业为骨干，以农村和农产品电商为主体，以行业门户网站为补充，线上线下相结合，市镇村三级服务体系相配套的电子商务发展格局。立足于现代农业产业园和农业科技园国家级园区，整合聚集优势资源要素，培育农村发展新动能，加快推进农业农村现代化。建设农产品标准化种植园、精品产品展示园、农产品加工物流园及农旅结合文化创意园区。产业园设定了“大生态、大健康、大智慧”的创建目标，确定“政府引导是关键，企业运营机制好；组织领办合作社，二次分红来养老；农民主体不能变，新型职业领风骚；三产融合兴乡村，共享经济看今朝”的方针，创新“双重推进、利益联结、土地流转、智慧管理”四大机制，坚持“良田、良种、良法、良品”的“四良”原则。

（六）构建新型乡村文化体系

建立县级新时代文明实践中心、镇街实践所、村居实践站，提升覆盖率，开展文明实践活动。深化文明村镇创建，根据《山东省文明村镇考核标准》出台《全市深化文明村镇创建实施意见》，加强文明村镇评选和动态管理。实施“百镇千村”建设示范工程，连片打造乡村文明行动示范片区。在下辖市（区）每年打造一定数量的特色示范片区，通过片区特色示范，力求实现所有村镇达到县级及以上文明村镇标准的目标。深化拓展新时代文明实践中心建设，增加县级实践中心数量，促进镇（街）实践所实现市域全覆盖，提高市域村（居）实践站覆盖率，提高文明达标村市域覆盖率，构建新型乡村文化体系。

参考文献

郑诗琳、黄焕、张晓梦等：《全球地方化背景下乡村旅游地治理模式转变与发展要素互动——以四川省成都崇州市竹艺村为例》，《地理科学》2022 年第 8 期。

马利邦、李梓妍、王录仓等：《乡村政治能人治理能力与产业融合发展的耦合关系及作用机制》，《地理学报》2022 年第 8 期。

郑永兰、周其鑫：《数字乡村治理共同体：理论图景、实践探索与推进策略》，《湖南社会科学》2022 年第 4 期。

蒋国河、刘莉：《从脱贫攻坚到乡村振兴：乡村治理的经验传承与衔接转变》，《福建师范大学学报》（哲学社会科学版）2022 年第 4 期。

冯献、李瑾：《乡村治理现代化水平评价》，《华南农业大学学报》（社会科学版）2022 年第 3 期。

丁亮、蔡婧：《乡村治理现代化：目标定位、发展困境与推进策略——第四届中国县域治理高层论坛会议综述》，《社会主义研究》2020 年第 2 期。

朱雅妮、高萌：《乡村治理现代化：治理模式、关键问题与实现路径——第四届中国县域治理高层论坛会议综述》，《华中师范大学学报》（人文社会科学版）2020 年第 2 期。

马桂萍、赵晶晶：《习近平关于乡村治理论述的科学内涵》，《科学社会主义》2020 年第 1 期。

秦中春：《乡村振兴背景下乡村治理的目标与实现途径》，《管理世界》2020 年第 2 期。

徐志刚、章珂熔、彭澎：《乡村公共空间治理：江苏实践与理论诠释》，https：//kns-cnki-net-s. ra. cass. cn：8118/kcms/detail/detail. aspx？dbcode = CAPJ&dbname = CAPJLAST&filename = NJWT20220901000&uniplatform = NZKPT&v = aUxaU39VepZ0Qu4Y2bT9fRqDtRuK1oNOaGNcb7i-EF5ZXwJHz8KCsO-Y96bd-Fic。

B.7

烟台市农村人居环境整治提升思路与对策

包晓斌　刘 淼*

摘　要： 新时代烟台市农村人居环境质量提升是实施乡村建设行动的重点任务，也是建设农村生态文明的关键路径。烟台市在推进卫生厕所改建、生活垃圾处理、污水处理、集中供水、村容村貌治理等农村人居环境整治方面富有成效，农民生产和生活条件明显改善，乡风文明水平显著提升。本报告通过分析烟台市农村人居环境整治效果，发现烟台市农村人居环境整治过程中存在公共服务不完善、尚未纳入乡村总体建设规划、部门之间不协调、监管手段不力、整治投入不足等问题。同时，确定新时代以农村“厕所革命”、生活垃圾处理、生活污水治理、农村饮用水安全保障、乡村布局建设、村容村貌美化和乡村文化建设为烟台农村人居环境整治提升的重点任务。从完善农村公共卫生安全体系、健全农村人居环境管护机制、增加人居环境整治多元化投入、鼓励村民参与人居环境整治、加强农村人居环境协同治理等方面提出推进烟台市农村人居环境整治提升的对策建议。

关键词： 人居环境　乡村建设　环境整治　公共服务

* 包晓斌，博士，中国社会科学院农村发展研究所研究员，主要研究方向为生态经济、资源与环境经济；刘淼，山东财经大学公共管理学院在读硕士研究生，主要研究方向为环境规制、政府监管。

农村人居环境是农村居民生产生活的重要空间场所，推进农村人居环境建设是乡村建设的重点任务，也是开展农村生态文明建设的主要路径。烟台市自 2018 年实施《农村人居环境整治三年行动方案》以来，村庄环境和村民家庭环境发生根本性转变，为实现“产业兴旺、生态宜居、乡风文明、治理有效、生活富裕”提供了有力支撑。新时代烟台市实施农村人居环境整治提升五年行动，以农村厕所革命、生活垃圾和污水治理、村容村貌美化为重点，全面提升农村人居环境质量，为进一步改善农村人居环境、建设生态宜居美丽乡村指明方向。

一 农村人居环境整治取得成效

烟台市扎实推动农村人居环境专项整治活动，全市农村人居环境水平明显提高，成为乡村振兴战略实施过程中的重要阶段性成果，农民的环保意识显著增强，健康水平显著提升，获得感、幸福感和满意度显著提高，烟台市良好的农村人居环境成为乡村振兴齐鲁样板的底色。

（一）总体情况

烟台市农村基础设施水平显著提高，农村基本公共服务质量进一步提升，推动水、电、路等基础设施和公共服务向村庄延伸，在卫生厕所改建、生活垃圾治理、污水治理、集中供水、村容村貌整治等方面取得成效。农民生产和生活条件明显改善，乡风文明水平显著提升。

1. 推进农村“厕所革命”

烟台市农村“厕所革命”快速推进。截至 2021 年，全市 125 个镇街共计 5692 个行政村实施农村厕所改造，拥有卫生厕所农户 74.88 万户，农村卫生厕所普及率达到 94.4%。以乡村便民服务中心公共厕所和家庭厕所改建为重点，全面推行农村“厕所革命”，建立公共卫生厕所、户厕改造的标准。

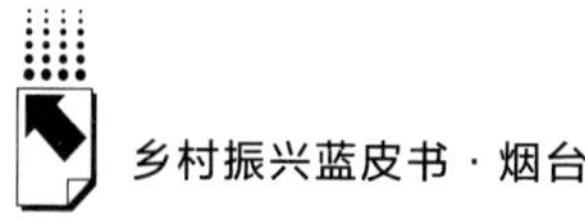

2. 全面治理农村生活垃圾

烟台市实行城乡环卫一体化，统筹推进生活垃圾分类处理，构建“村收集、镇转运、县处理”的农村生活垃圾治理体系。全市农村城乡环卫一体化服务 134 个镇街 6088 个行政村，农村生活垃圾无害化处理率达到 95%以上，基本形成基层垃圾收运网络。

3. 有序推进农村生活污水治理

烟台市农村生活污水治理有序进行，截至 2021 年，全市农村生活污水治理验收 857 个行政村，占全部行政村的 14.06%。其中，纳管 233 个行政村，集中拉运 373 个行政村，建站 251 个行政村。将城镇周边村庄污水接入市政污水管网，纳入污水厂统一处理，初步形成区域连片治理的污水治理模式。

4. 推动农村供水工程建设

截至 2021 年，烟台市农村供水服务 134 个镇街 6096 个行政村，覆盖 428.32 万人，均采取集中供水工程保障农村人口生活和公共用水。集中供水工程包括规模化供水工程（包括联村自来水供水）、单村自来水供水工程和其他集中供水工程。在自来水供水工程中，规模化供水工程保障 210.92 万人，占农村总人口数的 49.24%；单村供水工程保障 165.52 万人，占农村总人口数的 38.64%。

5. 全面改善村容村貌

烟台市推进“四好农村路”建设，实现穿村公路和村内主干道路硬化全覆盖，满足村民日常出行需要。烟台市实施农村饮水安全巩固提升工程，开展以水库为水源的联片集中供水工程建设，推行城镇供水向农村延伸，提高对农村供水工程的供水保证率和水质合格率。整治农村公共空间和庭院环境，开展乡村残垣断壁、乱搭乱建清理，推行美丽庭院创建活动。增加农村公共场地照明设施，普及了乡村学校、主要道路、村民活动中心等重要场所的照明设施。

（二）主要做法

烟台市严格落实农村人居环境整治提升的各项任务，编制村庄规划，以生活垃圾和污水治理、卫生厕所改建和村容村貌提升等为重点，着力补齐短板，强化美丽乡村建设，发扬乡村优秀传统文化，推进农村人居环境综合整治。

1. 推行农村生活垃圾分类减量和资源化利用

提升农村生活垃圾的科学管理水平，提高农村生活垃圾终端处理设施的建设管理水平，加大对非正规垃圾堆放点的整治力度，推进农村垃圾综合治理。改造环卫基础设施，提高垃圾收运能力，淘汰露天生活垃圾池，推行密闭、洁净的生活垃圾收运方式。推行农村垃圾源头减量化，优先选择具备条件的乡村，开展农村生活垃圾分类先行先试。在实现城乡环卫一体化全覆盖的基础上，探索建立农村保洁市场化运行模式。严格执行非正规垃圾堆放点排查制度，全面开展公铁路边、河边、乡村路旁以及村庄内积存的生活垃圾治理。

2. 注重农村卫生厕所改建质量安全管理

根据各村庄自然条件、农户生活方式和选择意愿，推进农村卫生厕所改建。落实安全责任制，确保改厕质量。以乡镇为单位，对改造后的农户厕所进行检查维修，推进农村公共厕所建设，完成农村无害化卫生厕所建设改造。重点排查整改底数不清、质量不高、防冻措施差、验收监管不到位等问题，建立集维修服务、清运服务、利用处理于一体的制度体系，确保厕具坏了有人修、粪液满了有人清、清走之后有效用，强化改厕规范升级和后续管护。

3. 优化配置污水处理设施及配套管网建设

统筹城乡生活污水处理和农村改水改厕，以市（区）为单位编制县域村镇生活污水治理专项规划。推广“单户厕改+污水收集管网+污水站处理达标排放”和“单户厕改+单户就地污水处理设备+污水收集管网排放”两种模式，以结合农村地理位置、地形条件、污水规模等要素，科学合理地选择适宜的处理模式和工艺。针对“南水北调”工程胶东输水干线沿线、集中式饮用水水源地、自然保护区等环境敏感区域的村庄，优先开展污水治理。引导城市污水管网向农村延伸覆盖，将城市建成区周边的村庄接入城镇污水管网。对于位置偏远、达到一定规模的村庄，鼓励采用生态处理工艺，积极推行维护简单、使用成本低的污水处理方式，优化配置污水处理设施。同时，以村庄周边、房前屋后、河塘沟渠等为重点，实施清淤疏浚，防止水体污染。

4. 深入开展美丽乡村建设

落实村庄规划编制，开展美丽乡村样板示范项目创建，重点打造交通便捷、主题突出、特色鲜明的美丽乡村样板示范片，培育美丽乡村样板村庄。组织开展田园建筑示范，加强农房乡村特色设计，形成具有胶东特色的传统民居，建设具有乡村气息的田园建筑。加强传统村落和历史文化名村保护，重视对古街、古井、古树、古桥、匾额等历史文化要素的保护。开展乡村风貌提升行动，保护山水田园景观，整治美化公共空间。引导农民群众自觉打扫房前屋后、屋内屋外，不乱倒生活垃圾污水，不乱堆柴草农具，做好环境卫生“门前三包”。结合“美丽庭院”创建，调动农村妇女的积极性，动员家家户户美化庭院环境。针对杂草丛生、残垣断壁、乱堆乱放、私搭乱建等问题，开展村容村貌提升和农房排查整治行动，创建清洁村庄。

二　农村人居环境整治存在的主要问题

烟台市在农村人居环境治理方面取得了阶段性成效，但是在治理过程中，仍然在总体规划、公共服务、统筹协调、治理投入、监管手段和长效管护等方面存在一定的问题，烟台市农村人居环境治理水平有待进一步提升。

（一）农村公共服务不到位

在农村人居环境的综合治理过程中，治理主体的关注点聚焦于环境方面，忽视了农村人居环境整治的系统性，从而导致整治效果碎片化，没有找到产生农村人居环境问题的内在根源。乡村人居环境治理水平落后于城镇化发展水平，农村污水处理率低于城市，部分村庄道路面破损失修，闲置宅基地、荒芜空闲地、老旧房屋没有得到有效利用。许多农村基础设施不足且老化失修，难以开展村庄污水和粪便处理系统的配套建设。部分乡村环卫及相关配套设施不完善，没有建成密封式的垃圾箱，所建垃圾池是开放式的。虽然专用的垃圾清理车已经在村庄中普及，但是垃圾处理设施缺乏长期的管理和保护，很多保洁设备没有得到定期维护和清理，导致不能及时运送垃圾，部分乡村卫生配套设施形同虚设。农村地区保洁体系不健全，合适的保洁人员较少，大部分保洁人员工资偏低。

（二）人居环境整治未纳入乡村总体建设规划

一些市（区）的乡村总体建设规划不合理，缺乏整体空间布局，公共用地被违规占用，农房建造无序。农村人居环境整治过程中，部分村庄的人居环境整治脱离总体建设规划目标，村庄人居环境建设规划与总体建设规划不能实现一体化推进。没有综合考虑水源供给、污水排放、生活垃圾处理、厕所改建、植被绿化等所需的资源配置，导致后续工程项目建设无序，农村道路修建、污水管道铺设、房屋修建等施工进度缓慢。生活垃圾集中投放站点并没有在村庄完全普及，部分生活垃圾无法按时运出。一些村庄不重视区域特色景观保护，古树、古房屋以及古建筑等遭到破坏，严重影响农村人居环境建设的文化价值。

（三）农村部门之间未形成协调机制

农村人居环境治理是一项大工程，多个部门在治理过程中承担着不同的职责，各部门在农村人居环境治理过程中依靠的是专项资金，执行的是上级部门制定的规划，只负责各自领域的治理项目和任务，未能形成整治合力。烟台农村人居环境整治涉及不同的职能部门，住房与城乡建设部门、环境保护部门涉及农村生活污水、生活垃圾和卫生厕所等内容。农业农村部门牵头开展美丽乡村建设，涉及村容村貌改善等内容。水利部门和林业部门分别涉及农村生活污水治理和达标排放、区域湿地保护等内容。这些部门各自开展工程建设，部分项目内容交叠，彼此缺乏沟通和协调，极易出现错漏和重复建设。从以往的农村人居环境治理实践中可以看出，部分改建厕所的村庄未开展生活污水和垃圾处理，部分开展生活污水处理的村庄未推行厕所改建，难以集中反映整体环境整治效果。属地和部门衔接不畅通，属地难以及时有效地处置问题。因具体点位上责任难以区分，容易出现环境整治盲区。

（四）农村人居环境监管不足

农村人居环境整治工程的长效管护制度不健全，不能形成市（区）、乡（镇）、村三级联动管理体系。农村人居环境整治中所涉及的基础设施建设完成后，许多设施的运行缺乏后续相应的维护，影响工程持续发挥效益。许多村庄没有成立专门的保洁队伍，仅有的几个保洁员大多是赋闲在家的中老年人，他们既没有受到相关的岗位培训，也不明白具体的保洁标准，导致农村保洁质量难以提升。农村人居环境治理监督主体队伍不稳定，监督人员多为临时抽调，监督能力有限，监督内容比较片面，惩戒措施不力，落实难度大。目前虽然生活垃圾处理、生活污水处理和农村厕所改革已经取得较大进展，但是由于在这些方面的监管力量薄弱，部分地区仍然存在污水乱排放、生活垃圾随意丢弃和厕所改革不彻底等问题，影响农村人居环境的改善。

（五）农村人居环境整治投入不足

农村人居环境整治资金主要依赖政府财政投入，农村集体组织投入较少，整治资金渠道来源单一，专项资金缺口较大。农村人居环境整治的主体缺乏多元性，农民及其他主体参与程度偏低。一些市（区）的农村生活垃圾清运及其资源化利用、农村厕所改建运维和污水处理项目都缺乏运行资金，导致项目时断时续，无法稳定运行。部分农村无力承担环境整治的费用，农村居民也不愿意承担污水处理费和垃圾处理费，致使部分地区的设备运行等难以真正得到保障。

三　新时代农村人居环境整治提升的重点任务

新时代烟台市实施农村人居环境整治提升五年行动，是在乡村振兴战略和农业农村现代化视角下，旨在完成农村人居环境整治目标的关键行动，具体内容包括优化农村生活垃圾治理体系，强化垃圾收运、分类管理和资源化处理与利用；强化农村饮水安全，统筹农村改厕和污水治理，加强污水处理设施建设；开展美丽村庄和庭院示范创建活动，改善村容村貌，推进乡村布局建设和乡村文化建设等。

（一）农村生活垃圾治理

妥善处理农村生活垃圾是优化农村人居环境的重要一环，加强生活垃圾收运、垃圾分类管理等能够显著提高农村人居环境水平。实现农村生活垃圾的无害化处理，需要以市（区）为单元统筹安排垃圾转运和处理工作。针对交通运输不便利的地区，采取小型化、分散化的垃圾处理模式。对生活垃圾收集、处置等设施和车辆进行统一安排，统筹市（区）、乡（镇）、村三级农村生活垃圾管理工作，降低生活垃圾收集、转运和处理的成本，提高相关人员的工作效率。推进农村生活垃圾在源头上分类分拣，减少垃圾出村量，倡导对垃圾进行资源化利用，减少有害垃圾产生量，针对有毒有害垃圾设置专门垃圾桶，进行单独储存、管理和处理。加大对野外地区垃圾的处理力度，定期对道路两旁、河边等区域进行垃圾清理，健全村庄保洁管理体系，合理设置垃圾中转站、收集点。农户设置垃圾箱、村民小组设置垃圾池、村庄设置垃圾场，实现定点存放、日产日清，保证村庄保洁管理队伍设备齐全、人员队伍稳定、工作监管完善和工资补贴及时到位等。对交通便利地区乡村生活垃圾实行农户分类，村庄负责收集，乡镇负责转运，市（区）设立垃圾处理机构进行专业处理；对偏远或交通不便利的地区实行就近分散处理；对有毒有害垃圾进行集中转运和处理。同时安排对农村生活垃圾的检查和排查工作，对河道、公路和铁路进行定期巡视，并进行环境卫生宣传和排查整治，严禁在野外丢弃和存放垃圾。坚持村庄日常保洁和生活垃圾收集相结合，提高乡村生活垃圾处理能力和环境保持能力。完善生活垃圾分类回收设施，推进垃圾资源化利用，加快乡村生活垃圾综合利用循环经济园区建设。

（二）农村饮水安全保障

保障农村饮水安全是农村人居环境提升的重点，需要通过科学检测、合理划定农村生活饮用水水源保护区，按照生活饮用水卫生标准严格要求，对乡村水源保护区环境进行保护，严防饮用水水源受到污染。对村庄水源周围30米范围内进行有毒有害物质和垃圾排查，并在水源地种植绿化植物，保证水源地的良好卫生条件，对地下水资源进行定期卫生检测，时刻关注地下水水质情况。对村庄供水管网进行更新，确保不会出现因管网漏水而造成地下水资源的浪费，提倡节约用水，定期对自来水进行水质检测。在村庄供水管网进行安装时，需选用符合国家标准和要求的设备，安排专人对阀门、泄水口等进行定期检查和维护，饮水消毒设备需定期进行养护，从源头上确保村庄居民饮用水的安全。

（三）农村生活污水治理

推动污水管网进入农村，将生活污水对环境的破坏降到最低。各地区根据实际情况，梯次推进农村生活污水治理，将城镇污水管网向外延伸，与周围乡村污水管网相连接，对污水进行统一收集和处理；在偏远、交通不便利且人口聚集的地区，设立专门的污水处理设施，对生活污水进行集中统一管理；对偏远但是人口密度较小的地区，设置简易的污水处理设备，达到一定量后用污水车转运到污水处理厂进行集中统一处理，同时可根据农户情况，推广终端污水处理设施。合理布置污水管道，充分利用地形地势条件，实行短线顺势排水，减少管道迂回，保证良好的水力条件，降低污水治理成本。对乡村河道、池塘和沟渠进行全面的整治，推进地表水资源综合治理，实施黑臭水沟综合治理行动，减轻污水和黑臭水对农村人居环境的破坏，对房前屋后、村内河塘沟渠进行清淤疏浚和全面清理行动，实施乡村河流生态修复工程，在合适的地方推行人工湿地建设和氧化塘等生态处理模式，确保绿水青山和农村生活环境相匹配。对生活污水进行综合治理，减少污水源头产生量，推广污水再利用，将生活污水进行净化，达到标准后可用来灌溉农田，实现村庄废水的循环再利用。

（四）农村卫生厕所建设

针对不同地区不同情况，梯次推进卫生厕所建造和粪污治理，完成农村“厕所革命”。加大财政对农村厕所改革的支持力度，严格执行财政奖补政策，针对不同地区不同的资源条件，推广不同类型的乡村卫生厕所，不必照搬城市模式，宜水则水、宜旱则旱，节水型、少水型水冲设施应根据当地情况和村民意愿进行推广，在保证质量的前提下尽量降低建设成本，减少地方政府和村民经济负担，减少污水排放，通过宣传和补贴加强农户对厕所粪污无害化处理和资源化利用。注重环境综合治理，将乡村卫生厕所改造和生活污水处理管网建设相衔接，推广双瓮化粪池和三瓮化粪池，对粪便进行干湿分离，鼓励将厕所粪便和畜禽粪便进行集中统一处理，并进行资源化利用。在进行卫生厕所改造时，需要严格执行国家制定的标准，确保施工质量，做到后期维护和服务及时跟进。因地制宜、因时制宜推广厕所改建，尊重农民对厕所改建的意愿，根据实际情况和农户要求选择卫生厕所的建造技术和模式，积极宣传和引导农户将厕所安装在院室，方便农户使用和维护，避免出现户外厕所长期闲置不用的局面。在建设完成后需要定期对卫生厕所进行管护，对损坏的设备及时进行维修，避免前期投入巨大的卫生厕所因设备故障而无法使用，给村民生活造成不便。对厕所粪污进行严格管理，减轻对环境的破坏，严禁将厕所和禽畜粪污进行直接排放，严禁露天排放粪污，严禁将未处理、未达到标准的粪污还田。在城市近郊区等具备条件的地区，加快推进无害化卫生厕所的全覆盖，加快乡村户用卫生厕所的建设和改造，同时建设粪污管网，实行厕所粪污处理或资源化利用。对于乡村新建住房、保障性住房、卫生所和学校等，要配套建造无害化卫生厕所。全面推进乡村中小学、卫生院、社区综合服务站、集贸市场、旅游景区、公路沿线等区域的无害化卫生公厕建设。

（五）乡村布局建设

乡村整体布局要因地制宜、依据乡村实际状况进行建设，在对村庄现有布局进行科学分析的基础上，确定未来的乡村建设规划和土地利用规划，并对现有农户的搬迁意愿进行跟踪调查，确定是否需要整体搬迁，抑或是选择撤并集中和保留村庄。根据现有建设情况，优化土地利用结构，合理布局乡村生产和生活区域，在满足村民生活需求的同时，建设一批村民活动中心和体育锻炼设施。明确乡村布置整治目标，选择试点村进行推广，提高土地利用效率，进行乡村土地整治，对集体土地进行集约使用，统筹利用闲置土地，改造、建设村庄公共活动场所。合理规划使用农村宅基地，推动农房集中连片治理，对农村危旧房进行改造和升级，确保农村居民住房安全。实施统一规划农村住房改造工程，实现节约土地资源以及满足农民的居住习惯和居住意愿的目标，实现乡村发展科学布局，建设乡村幸福家园。加强乡村互联互通和基础设施建设，公路、供水、电网等基础设施建设和公共服务设施要满足乡村发展和居民生活的需要，同时推进通村通组道路、入户道路建设，铺设水泥路，修建路边沟渠，满足村民外出和生产生活需求。积极鼓励和推广节电设备，村民可以结合实际情况进行屋顶改造，鼓励村民自愿在屋顶安装太阳能热水器，以满足日常生活需要并减少电力消耗。建设乡村晾晒场、农机棚等设施，优化乡村布局，满足村民生产生活需要，提高公共服务水平。

（六）村容村貌美化

美化村容村貌，对乡村现有空间进行合理规划，开展建设用地综合管理，优化空间配置，加强新建农房规划管控，建设有农村气息的房屋，同时推进“空心村”改造，进行集体搬迁或者和其他乡村合并，以减少“空心村”的出现。实施“五化”（硬化、亮化、绿化、净化、美化）工程，对乡村现有环境进行改造并集中开展村庄清洁行动。对村庄基础设施进行全面的整理和摸查，实现美化村容村貌的目标。清除道路上的垃圾和堆放的障碍物，拆除村庄各种违章建筑物和标志物，禁止焚烧垃圾和农作物秸秆。对村内废弃的房屋和场所进行集中统一整治，生态环境良好的村庄可优先建设乡村田野公园和广场，满足村民娱乐需要。保障村庄电线和网线安全，严禁供电、网络等线路的私拉乱接，及时拆解不使用的供电线，避免危及村民生命安全。对村民院内院外、房前屋后的卫生实行农户庭院自清，落实村民在环境卫生上的主体责任，确保院内院外、房前屋后的干净整洁。注重对传统村落的保护，积极开发传统村落的旅游资源，培养村民的认同感和参与村容村貌建设的积极性，对乡村特色风貌、历史文化名村、传统村落以及少数民族特色村寨、民居等进行重点保护，不得拆建具有历史和人文价值的古村落建筑，并及时进行维护保养，保护乡村田园风貌，保留具有浓郁地方特色和乡土风情的人文景观。

（七）农村文化建设

发掘乡村优秀传统文化是建设农村人居环境的重要一环，建设生态宜居乡村，就需要发掘乡村文化底蕴，通过建设有特色的乡村文化，增强村民对乡村的认同感和归属感。因此，在进行农村人居环境整治时，不能忽略乡村的文化特色，需同步进行乡村文化建设。建立乡村文化大院和乡村文化大舞台，发掘、传承和弘扬优秀传统文化。振兴乡村文化需要依据当地特色资源和生态条件，在自然资源禀赋较优越的乡村，可以优先建立乡村植物园、绿地公园、自然保护区等，将优秀传统文化和历史文化以实物或文字的形式在乡村植物园、绿地公园、自然保护区进行宣传。充分利用乡村的山林、河流、湖泊、湿地等自然资源和乡村文化资源，开展各种户外竞赛活动和休闲娱乐活动，用来宣传和发扬优秀传统文化和历史文化。通过发掘历史文化和优秀传统文化，开发乡村文化创意产品和土特名优产品，构建乡村文化产业链条，通过文创产品和土特产宣传乡村特色和文化，提升乡村知名度和文化价值。在有条件的地区建立特色文化旅游度假村，吸引外地游客前来观光游玩，不仅能够进一步宣传乡村文化，还能给村民带来经济效益。特色文化旅游度假村可以乡村生态旅游为主线，将农业园区体验活动与传统民俗、民间艺术相结合，让游客在休闲娱乐时能够体验乡村文化产业项目带来的历史气韵，通过向游客提供特色文化服务，吸引更多的游客来到乡村，体验乡村生活和文化，推动乡村旅游的发展和乡村文化的传播。

四 推进农村人居环境整治提升的对策建议

为完成新时代烟台市农村人居环境整治提升的重点任务，烟台市要加强农村基础配套服务设施建设，避免农村人居环境整治的碎片化倾向，明晰责任和权利，促进各主体配合，完善部门协同机制，构建合作网络，形成农村人居环境整治的共治格局，激发农村人居环境治理的内生动力，提升农村人居环境整治的综合效能。

（一）完善农村公共卫生安全体系

加强农村公共卫生服务建设，对生活垃圾、生活污水、卫生厕所进行综合治理。推动农村生活垃圾就地分类和源头减量，推进农村生活污水综合治理，完成农村卫生厕所无害化建设，使农村人居环境整治符合新冠肺炎疫情防控的要求。以自然村落为基础，建立农村公共环卫体系，集中整治私搭乱建和违法建筑，尽快拆除废弃的厂房、屋棚等，组织人员集中清理杂物。推行适合农村分散起居的厨卫系统，支持使用清洁能源和可再生能源。禁止随意排放生活污水，杜绝上游排放污水而下游使用污水的情况，合理铺设排水管道，增加污水处理设施。采用垃圾统一收集、集中运输、定点倾倒、定时清运的模式，及时清扫收运村庄公共区域的垃圾，合理安排生活垃圾定点堆放，对农村生活垃圾及时运出，做到日产日清，无法及时处理的需进行封闭管理。配备足够的垃圾箱、保洁车、垃圾转运车等，建立垃圾中转站、垃圾池等，确保垃圾不落地。垃圾箱、垃圾车、垃圾转运车等需要及时进行消毒处理，保证卫生安全。保持农村公厕干净整洁，增加清洁和消毒频次。切实加强对农村厕所粪污的处理管控，减少粪口传播疫病的隐患。

（二）健全农村人居环境长效管护机制

随着城镇化进程的加快，乡村人口持续减少，需要实行村庄整合，持续推进乡村人居环境卫生建设，注重与当地自然条件和农村经济社会发展水平相适应，坚持建管并重、系统治理，突出农村人居环境整治实效。农村人居环境整治规划要与土地利用规划、产业发展规划及生态环境保护规划等多个规划有机衔接，农村人居环境整治可以与农村建房专项整治、农村宅基地改革等制度相结合，落实农村人居环境相关设施建设的优惠政策。鼓励采用市场化手段，支持环保设备生产企业、第三方环保服务公司、旅游开发公司等市场主体，通过“认养、托管、建养一体”等模式开展后期管护。优化政府财政补贴和农户付费分担机制，探索推行多元化监管模式。建立农村基础设施建设运行模式，以市（区）为单位划分片区，项目统一打包，吸引社会资本参与。鼓励有条件的地区推行城乡垃圾污水处理统一规划、建设、运行和管理。提倡相邻村庄联合建设基础设施，实现区域统筹、共建共享，对生活污水、生活垃圾和农村厕所进行统一化管理、一体化运营和集中管护。建立健全农村人居环境长效管护机制，制定并严格执行村庄保洁制度，明确管护主体和责任，提升农村人居环境管护水平，确保管护机制稳定长效运行。

（三）拓宽农村人居环境整治多元化投入渠道

各级政府需要为农村人居环境整治建立稳定长效的资金来源机制，及时安排财政划拨和专项补贴，做好相关配套服务，实现稳定和长效的乡村公共服务供给。鼓励吸收社会资本参与农村人居环境综合治理，拓宽融资渠道，形成农村人居环境整治合力。推进政府与社会资本合作，引导金融资本和工商资本加入农村人居环境整治。地方政府发挥模范带头作用，鼓励企业参与农村人居环境整治，对企业开放垃圾处理、污水处理和农村厕所建设等项目，支持社会资本参与重点领域建设。

地方政府统筹关于房屋改造、饮水安全、生活污水和垃圾处理、卫生厕所改建、环境综合整治等相关领域的项目资金，合理做预算、合理投入。降低农村人居环境整治项目成本，提高工程建设效率，鼓励乡村专业施工队伍承接村庄环境整治、卫生厕所改建等工程项目。市（区）、镇两级财政要把农村人居环境整治项目纳入本级财政预算，设立专款专用账户支付相关经费。通过发展特色农业、乡村旅游，扩大村委会收入来源，推进“农村人居环境整治+产业”的发展模式，增加村集体收入，保障更多资金投入人居环境整治。

（四）鼓励村民参与农村人居环境整治

村民作为农村人居环境改善的受益者，必须承担相应的责任，激发村民参与意识，真正发挥村民在人居环境整治中的主体作用。应鼓励村民积极参与农村人居环境规划、建设、运行、管理的全过程，支持村民参与人居环境的常态化管护，明确其维护村庄公共环境的责任，增强其环境卫生意识，倡导绿色生活方式。完善新型乡村社区建设，村委会组织开展村庄公共环境整治活动，保护传统村落、乡村田园风貌和具有地方特色的人文景观，鼓励村民积极投工投劳。加强农户庭院绿化美化，改善室内生活环境，建设美丽宜居乡村。开展星级文明农户、美丽庭院示范创建等评选活动。引导村民生活方式和价值观念的转变，提升思想道德水平。鼓励村民进行绿色消费，培养绿色行为，培育健康环保的生活习惯，形成节约、适度、健康的绿色生活方式。

（五）加强农村人居环境整治监管

强化农村人居环境协同治理，明确牵头单位和责任单位的权利和义务，全面压实行业主管部门和市场主体责任，牵头部门要切实履行总领作用，加强与市（区）相关责任部门的业务对接，统筹协调城管、环保、卫健、自然资源、交通等主要责任部门，切实履职尽责。成立农村人居环境监管小组，对农村生活污水处理、垃圾收集和清运、卫生厕所建造、道路清洁、家庭卫生、庭院美化等方面进行监督，针对村庄人居环境问题，提出具体的改进措施。推动智慧服务平台建设，开发农村人居环境整治信息系统，做到实时在线监测，通过数字化技术赋能农村人居环境治理，加强对多元主体的人居环境状况的精准分析和分层管理，实现农村人居环境全面监管，提高农村人居环境整治水平。

参考文献

包晓斌：《生态宜居乡村建设的策略研究》，《中南林业科技大学学报》（社会科学版）2021 年第 3 期。

曹海晶、杜娟：《农村人居环境治理数字化平台建设的三个维度》，《理论探索》2022 年第 2 期。

冷波：《农村人居环境治理过密化及其解释》，《内蒙古社会科学》2022 年第 3 期。

李小凤、肖帅、刘希艳等：《我国农村人居环境标准体系现状》，《中国标准化》2022 年第 5 期。

刘晓春、陈兴发：《乡村振兴语境下农村人居环境治理问题研究》，《陕西行政学院学报》2022 年第 2 期。

刘晓茹：《关于农村人居环境治理路径思考》，《农业经济》2022 年第 3 期。

刘燕舞：《生活治理：分析农村人居环境整治的一个视角》，《求索》2022 年第 3 期。

陶钰、何得桂：《史密斯过程模型视角下农村人居环境政策执行困境的破解之道》，《商业经济》2022 年第 7 期。

吴柳芬：《农村人居环境治理的演进脉络与实践约制》，《学习与探索》2022 年第 6 期。

于法稳：《新发展阶段农村人居环境提升：困境及对策》，《乡村论丛》2021 年第 1 期。

于法稳：《新农村乡风文明的时代特征及建设路径》，《人民论坛》2022 年第 5 期。

张诚、刘旭：《农村人居环境整治的碎片化困境与整体性治理》，《农村经济》2022 年第 2 期。

B.8
烟台市推进城乡基本公共服务均等化的路径及对策

代明慧*

摘　要：　推进城乡基本公共服务均等化是实现共同富裕的重要抓手。本报告通过梳理近年来烟台市推进城乡基本公共服务均等化的相关举措及取得的主要成效，明确烟台市城乡基本公共服务非均等化存在的主要问题，以及这些问题产生的原因，在此基础上提出实现烟台市城乡基本公共服务均等化的路径及对策建议：制定城乡基本公共服务一体化规划；转变政府职能，建立科学有效的管理机制；深化财政体制改革，完善公共财政制度；创新多元化农村基本公共服务供给模式等。烟台市力求缩小城乡差距，实现基本公共服务保障与社会经济发展“同频共振”，奋力谱写新时代乡村振兴齐鲁样板烟台篇章。

关键词：　基本公共服务　社会保障　乡村振兴

基本公共服务的普惠性对保障民生、增强人的发展能力具有重要意义。“基本公共服务是由政府主导、保障全体公民生存和发展基本需要、与经济社会发展水平相适应的公共服务”，“基本公共服务均等化是指全体公民都

* 代明慧，管理学博士，菏泽学院讲师，中国社会科学院农村发展研究所访问学者，主要研究方向为生态经济学。

能公平可及地获得大致均等的基本公共服务”。[①] 城乡基本公共服务均等化是确保城乡居民在基本公共服务的获取上享有均等的机会，而非简单地使数量平均。推进城乡基本公共服务均等化既是党坚持底线思维解决民生问题，处理好发展不平衡不充分问题的重要举措，也是党实施乡村振兴战略、实现共同富裕的重要抓手。

党的十九届四中全会强调，必须健全幼有所育、学有所教、劳有所得、病有所医、老有所养、住有所居、弱有所扶的国家基本公共服务制度体系，注重加强普惠性、基础性、兜底性的民生建设，保障群众基本生活。《中华人民共和国国民经济和社会发展第十四个五年规划和2035年远景目标纲要》明确将基本公共服务均等化水平作为“十四五”时期衡量经济社会发展的主要指标之一。为响应国家总体战略部署，烟台市政府经过多年的努力，统筹推进城乡基本公共服务均等化的工作安排，完善“硬设施”与优化“软服务”相辅相成，促进经济社会协调发展，奋力谱写新时代乡村振兴齐鲁样板烟台篇章。

一 烟台市城乡经济发展现状

改革开放以来，烟台市城乡居民收入实现了持续快速增长。与此同时，市场化改革与结构转型过程中依然受传统城乡二元分割体制的束缚，城乡居民收入差距在改革开放后的较长时期内不断扩大。进入21世纪之后，刘易斯转折点的到来使得城乡劳动力市场供求形势发生了深刻变化，加之国家一系列支农惠农政策，特别是乡村振兴战略的实施，农村居民收入在近年来呈现向好趋势，但与城市居民收入相比依然存在较大差距。

① 《国家发展改革委等部门联合印发〈“十四五”公共服务规划〉》，中国政府网，2022年1月10日，http://www.gov.cn/xinwen/2022-01/10/content_5667490.htm。

（一）地域及城乡人口概况

烟台市，山东省辖地级市，国务院批复确定的中国山东半岛的中心城市，环渤海地区重要的港口城市和国家历史文化名城。烟台市辖 5 个区、6 个县级市和国家级经济技术开发区、高新技术产业开发区、招远经济技术开发区、综合保税区、昆嵛山自然保护区，以及长岛海洋生态文明综合试验区，82 个镇、6 个乡、65 个街道办事处，612 个城市社区，6122 个建制村。

截至 2020 年，烟台市有城市社区 530 个，农村社区 1143 个。烟台市常住人口为 710.37 万人，相比于上年增加 2.47 万人。其中，城镇人口 478.02 万人，相比于上年增加 8.86 万人；乡村人口 232.35 万人，相比于上年减少 6.39 万人；烟台市城镇化率达到 67.31%。近年来农村人口呈现下降趋势（见表 1）。

表 1　2016~2020 年烟台市城乡人口情况

年份	常住人口（万人）	户籍人口（万人）	总户数（万户）	城镇人口（万人）	乡村人口（万人）	城镇化率（%）
2016	702.90	655.42	237.27	440.65	262.25	62.69
2017	704.40	654.23	236.51	455.64	248.76	64.68
2018	706.80	653.87	236.96	464.58	242.22	65.73
2019	707.90	653.45	237.83	469.16	238.74	66.27
2020	710.37	651.86	238.16	478.02	232.35	67.31

资料来源：《烟台统计年鉴 2021》。

（二）财政收支与民生保障支出概况

2021 年，烟台市一般公共预算收入 646.64 亿元，同比增长 5.99%。其中税收收入 481.28 亿元，占比为 74.43%，同比增长 14.17%。一般公共预算支出 802.93 亿元，下降 5.02%。其中，民生（教育、社会保障和就业、医疗卫生、城乡社区事务）支出 444.80 亿元，下降 4.33%。

2016~2021 年，烟台市一般公共预算收入呈现波动上升趋势，由 2016 年的 577.11 亿元增长到 2021 年的 646.64 亿元。截至 2021 年，烟台市民生保障支出约占一般公共预算支出的 55%（见表 2）。这反映了烟台市民生保障建设力度逐渐加大，政府也更加重视民生保障问题。

表 2　2016~2021 年烟台市财政收支与民生保障支出情况

单位：亿元，%

年份	一般公共预算收入	一般公共预算支出	教育支出		社会保障和就业支出		医疗卫生支出		城乡社区事务支出	
			金额	占比	金额	占比	金额	占比	金额	占比
2016	577.11	679.26	131.34	19.34	80.91	11.90	54.84	8.07	89.01	13.10
2017	600.32	708.07	115.66	16.33	99.13	14.00	56.88	8.03	106.21	15.00
2018	636.62	755.99	122.91	16.26	118.84	15.72	63.80	8.44	101.45	13.42
2019	595.42	774.54	128.61	16.60	122.98	15.88	61.66	7.96	99.65	12.87
2020	610.07	845.38	134.94	15.96	146.46	17.33	72.83	8.62	110.71	13.10
2021	646.64	802.93	136.80	17.04	154.03	19.18	78.32	9.75	75.65	9.42

资料来源：《烟台统计年鉴 2021》和《2021 年烟台市国民经济和社会发展统计公报》。

（三）城乡居民收入概况

近年来，烟台市社会经济发展突飞猛进，城乡居民人均可支配收入大幅增长。2021 年，烟台市城镇居民人均可支配收入达到 53169 元，同比增长 7.56%；农村居民人均可支配收入 24574 元，同比增长 10.17%，城乡居民人均收入水平均有显著提升。即使面对新冠肺炎疫情冲击，城乡居民收入仍保持平稳上升趋势，表明烟台市具有良好的基本公共服务供给基础。2016~2021 年，烟台市城乡居民人均可支配收入差距呈现扩大趋势，表明烟台市存在城乡发展失衡的问题。不过值得欣慰的是，烟台市城乡居民收入比连续降低（见表 3），意味着烟台市城乡发展失衡局面有所改善，城乡要素加速融合，城乡融合发展的新格局正逐步形成。

表 3　2016~2021 年烟台市城乡居民人均可支配收入情况

单位：元

年份	城镇居民人均可支配收入	农村居民人均可支配收入	城乡居民人均可支配收入差	城乡居民收入比
2016	38744	16721	22023	2.32
2017	41837	18051	23786	2.32
2018	44875	19425	25450	2.31
2019	47977	21218	26759	2.26
2020	49434	22305	27129	2.22
2021	53169	24574	28595	2.16

资料来源：《烟台统计年鉴 2021》和《2021 年烟台市国民经济和社会发展统计公报》。

二　烟台市推进城乡基本公共服务均等化的主要做法及成效

使人人享有机会均等的基本公共服务是中国式公共服务体系建设的基本内容，也是政府的重要职责。近年来，烟台市政府坚持以促进机会均等为核心，在统筹城乡基本公共服务均等化方面做了大量工作，并取得了显著成效，城乡基本公共服务均等化水平不断提高。

（一）烟台市推进城乡基本公共服务均等化的主要做法

实施乡村振兴战略是为了平衡城乡关系，而推进城乡基本公共服务均等化则是为了解决怎么分“蛋糕”的问题。对于人民群众来讲，能否公平地分享“蛋糕”是他们更关注的事，是缩小城乡差距的重要内容，也是维护农村社会稳定、促进农村社会发展的重要因素。烟台市政府通过持续增加财政支出、健全基本公共服务制度、补齐农村基本公共服务短板等，统筹推进城乡基本公共服务均等化工作。

1. 持续增加财政支出，逐步缩小城乡基本公共服务差距

烟台市政府为缩小城乡基本公共服务差距，构建了多层次、多样化的基

本公共服务体系，合理均衡配置公共服务资源，健全公共财政保障机制，丰富城乡基本生活服务供给，推动实现城乡基本公共服务均等化。一是将财政转移支付向农村地区倾斜，加大公共财政支出向农村倾斜的力度，优先考虑农村地区新增预算内固定资产投资项目。二是鼓励并引导优质公共服务资源向农村延伸，健全城乡基本公共服务合作机制，充分利用现代科技与流动服务，推动优质服务资源实现城乡共享。统筹便利共享的城乡基本公共服务制度安排。三是完善公共财政保障机制，稳定农村公共财政投入，为农村基本公共服务供给保驾护航。2016~2020 年，烟台市在基本公共服务方面的财政支出一直保持增长趋势，2021 年稍有回落。其中，教育、社会保障和就业、城乡社区事务及医疗卫生支出等民生保障支出占有绝对优势，为农村基本公共服务的持续供给奠定了财政基础。

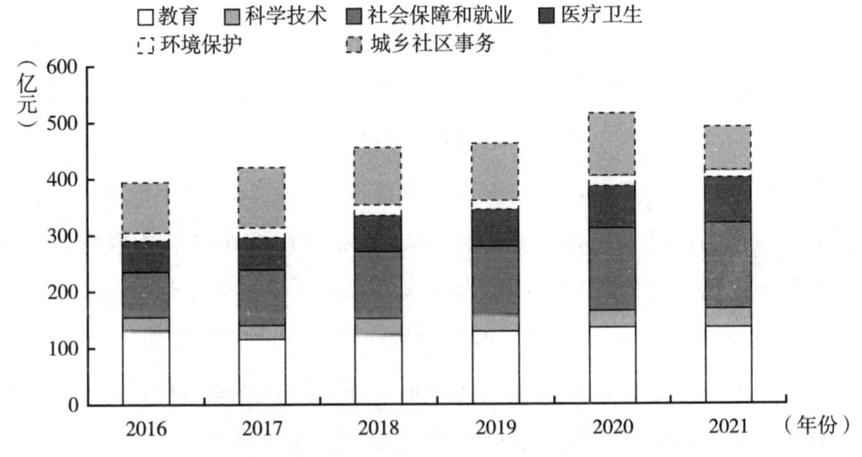

图 1　2016~2021 年烟台市一般公共预算支出情况

资料来源：《烟台统计年鉴 2021》和《2021 年烟台市国民经济和社会发展统计公报》。

2. 加快统筹城乡基本公共服务制度

打造乡村振兴齐鲁样板烟台篇章，开展美丽乡村建设，推进城乡基本公共服务一体化，增加农村教育、医疗、养老、文化等服务供给。以制度一体化为切入点，循序渐进实现城乡基本公共服务均等化。一是积极开展统筹城乡基本公共服务制度的改革试点，将新型农村养老保险制度与城镇居民养老保险制度合并，统筹居民养老保险制度。二是健全城乡基本公共服务均等化管理体制：一方面结合户籍管理制度改革，健全以居民身份证号码为标识、与居住年限相挂钩的非户籍人口基本公共服务供给机制，稳步实现覆盖全部常住人口的基本公共服务均等化；另一方面落实对农业转移人口市民化的财政支持政策，实现异地结算、钱随人走，保障基本公共服务全员覆盖。

3. 补齐农村基本公共服务短板

第一，加快农村基础设施建设提档升级，推动城乡基础设施互联互通。持续提升“五改五通”和供水“一体化”水平。实施农村公路提质增效工程，持续推进“四好农村路”建设，巩固提升村内道路“户户通”成果，加强对农村资源路、产业路、旅游路、消防通道的建设改造。深化农村公路管理与养护，全面实施县乡村三级路长制。持续推进城乡客运一体化。实施农村饮水安全巩固提升工程，按照“同源、同质”标准，基本实现农村规模化供水全覆盖。加快农村电网工程升级改造，实现农村电气化，统筹城乡电网一体化发展，提高电能在农村能源消费中的占比。实施农村清洁能源建设工程，在有条件的农村发展生物质能源。深入推进农村清洁取暖。

第二，踏实推进农村基础教育事业。制定烟台市农村义务教育发展规划，规范新建居住区的教育设施配套建设，提高基本办学条件，落实收费减免制度。2020 年，烟台市新建、改扩建学校 50 所，校舍总建设面积达 53 万平方米。进一步落实乡村教师支持计划，补充完善乡村学校紧缺的学科教师，对村小学、教学点，按照班师比确定编制标准。从 2023 年秋季学期开始实施教师轮岗制度，实现城乡优秀教师资源共享，促进城乡师资力量均等化。进一步提高乡村教师工资待遇及各项补贴，提高乡村教师工作积极性。加快乡村教师职称评聘制度改革，提高中、高级职称教师占比。鼓励有条件的市（区）提高乡村教师补助标准，做好乡村教育经费保障工作。落实乡村义务教育学费减免工作，充分发挥烟台市希望工程公益平台的助学助教作用，帮助乡村弱势青少年和留守儿童健康成长。

第三，推进健康乡村建设。完善烟台市基层医疗服务体系，进行乡镇医院和村卫生室的标准化改造。鼓励和引导优质医疗资源向农村延伸，加强基层医疗队伍人才工程建设。实施基层中医药服务能力提升工程，强化中医药适宜技术的推广应用，加强中医药服务区的内涵建设，提升中医药服务能力。大力开展农村爱国卫生运动，普及防病知识，提高健康素养，推进卫生乡镇创建活动，确保国家级、省级卫生乡镇分别达到 10 个和 60 个以上。倡导优生优育，推进出生缺陷综合防治工作，提高出生人口素质。加强对农村严重精神障碍等重大疾病患者的诊疗管理与服务。推进城乡医疗卫生一体化建设，逐步实现乡村医生向执业（助理）医师转变，进一步落实城市向农村的医疗帮扶政策。推动中医药优质资源下乡，争取到 2025 年，85%以上的村卫生室提供中医药服务。加强妇幼、老年人、残疾人等重点人群健康服务。加强城乡公共卫生风险防控体系建设，完善重大疫情预警、救治和应急处置机制。

第四，统筹推进城乡社会保障制度。加快居民基本养老保险制度改革进度，逐步实现城乡居民基本养老待遇均等化，妥善处理被征地农户将来的养老问题，提高农村地区养老服务水平。建立健全农村养老机构，例如莱山区社区日间照料中心（农村幸福院），鼓励社会力量兴办社区助老大食堂，通过村级（社区）主导、政府补助、企业参与、社会捐助等方式，构建多层次多形式的农村居家式共享型养老服务模式。完善城乡社会救助体系，落实农村最低生活保障及社会救助工作，积极探索农村特困人员的社会化供养方式。2022 年烟台市农村失能半失能特困人员集中供养率争取达到 50%。同时，做好农村突发性、紧迫性、临时性医疗救助工作，提高医疗救助水平。积极推进农村地区特困人员供养机构社会化改革，健全农村综合性社会福利供养机构的管理制度，提高农村托底保障能力。推动老年人社会福利保障政策普惠化发展，推行邻里互助、结对帮扶、志愿服务、购买服务等方式，改善贫困老年人生活状况，创新多元化、多层次的农村新型养老模式。对农村特殊群体加大扶持力度，如对残疾儿童、建档立卡贫困残疾人、因病返贫人群，优先提供康复服务，给予必要的最低生活保障，向该类人群免费或优惠开放农村基本公共设施。

（二）烟台市城乡基本公共服务均等化取得的主要成就

在乡村振兴战略一系列支农惠农扶持政策的加持下，烟台市推进城乡基本公共服务均等化的步伐逐渐加快，特别是“城市偏向”政策导向因素积淀导致的基本公共服务不均衡问题得到缓解，“基本、普适的基本公共服务”在农村不再是奢侈品，农村基本公共服务水平得到全面提升。

1. 农村基础设施建设逐步完善

一是农村道路建设情况。从统计数据看，全市县路约 2579 千米，其中，沥青路面约 1587 千米，水泥路面约 979 千米，其他路面约 13 千米。乡路约 2083 千米，其中，沥青路面约 655 千米，水泥路面约 1356 千米，其他路面约 72 千米。村路约 12340 千米，其中，沥青路面约 1783 千米，水泥路面约 10002 千米，其他路面约 555 千米。村内“户户通”占比为 100%，其中，硬化路占比为 67.98%，砂石路占比为 26.65%，废渣路占比为 5.37%。县乡村需新建或维修道路约 1361 千米，其中，县路约 483 千米，乡路约 159 千米，村路约 719 千米。

二是人居环境整治情况。农村城乡环卫一体化服务 134 个镇街共计 6088 个行政村。其中，莱山区、开发区、高新区的 8 个行政村由城市环卫负责，不在统计范围内。从统计数据看，全市专职保洁员应配备 1.65 万名，实际配备约 1.83 万名。各种型号垃圾箱应配备 10.34 万个，现有符合要求的垃圾箱数量约 10.91 万个，2022 年已新增或更换约 0.62 万个。

三是电网改造情况。2021 年总投资 4.25 亿元，年人均费用 102.60 元，月人均费用 8.55 元。全市农村电网服务 134 个镇街共计 6096 个行政村。从统计数据看，全市农村用电约 283.78 万户，低压线路总长度（回长）36306.21 千米。全市配电台区总数量 23356 个，台区总容量 6445358 千伏安，户均配电容量 2.27 千伏安。

四是天然气通气情况。全市农村通天然气服务 131 个镇街共计 6030 个行政村。福山区、开发区的 3 个街道共计 66 个行政村由城市天然气保障服务，不在本次统计范围内。从统计数据看，全市农村已通天然气 99 个镇街共计 1124 个村，镇街通天然气占比为 75.57%，村通天然气占比为 18.64%。全市燃气管道约为 3699.36 千米，到村供气量合计 3888.62 万标准立方米每年，已具备通天然气条件的农户约 25.60 万户，使用天然气的农户共 10.48 万户。

五是供水情况。全市农村供水服务 134 个镇街，覆盖 6096 个行政村共计 428.32 万人，均采取集中供水工程保障农村人口生活和公共用水。集中供水工程包括规模化供水工程（包括联村自来水供水）、单村自来水供水工程和其他集中供水工程。从调度统计数据看，全市农村自来水供水覆盖 376.44 万人，占比为 87.89%，约 51.88 万人采取其他集中供水工程保障供水，占比为 12.11%。在自来水供水工程中，规模化供水工程保障约 210.92 万人，占农村总人口数的 49.24%；单村供水工程保障约 165.52 万人，占农村总人口数的 38.65%。在自来水供水工程中，实现 24 小时供水的约 314.62 万人，占农村总人口数的 73.45%；实现定时供水的约 61.81 万人，占农村总人口数的 14.43%。

六是厕所改造情况。全市实施农村改厕的有 125 个镇街共计 5692 个行政村。福山区、莱山区、牟平区、莱阳市、莱州市、高新区、长岛综合试验区的 9 个街道共计 404 个行政村无改厕任务。从调度统计数据看，全市农村改厕基数约 79.36 万户，截至 2021 年拥有卫生厕所的农户约 74.88 万户（不含未完成整改的问题厕所户数），占比为 94.36%。全市 2022 年计划改厕约 0.3 万户，2023~2025 年计划改厕 0.72 万户。

七是取暖情况。全市计划实施清洁取暖 126 个镇街共计 5784 个行政村。福山区、莱山区、牟平区、昆嵛山保护区、高新区的 8 个镇街共计 312 个行政村无清洁取暖任务。从调度统计数据看，全市已改造清洁取暖户数约为 32.12 万户，无须改造户数约为 42.85 万户，放弃改造户数约为 8.04 万户，剩余可改造户数约为 34.12 万户，合计 117.13 万户。全市已实现清洁取暖的 32.12 万户中，采用气代煤方式的有 10.84 万户，电代煤方式的有 17.70 万户，生物质方式的有 0.69 万户，其他方式的有 2.89 万户。

八是污水处理情况。全市农村污水治理任务涉及 134 个镇街共计 6096

个行政村。从调度统计数据看，截至2021年，全市农村生活污水治理验收857个行政村，占比为14.06%。其中，纳管233个行政村，集中拉运373个行政村，建站251个行政村。2022年，全市计划治理1171个行政村，计划投资186895万元。

九是网络覆盖情况。全市农村有线电视及网络覆盖134个镇街共计6096个行政村。从统计数据（按分公司营业部服务范围统计）看，农村有线电视覆盖率达100%，其中，光纤到户（Fiber To The Home，FTTH）方式覆盖6018个行政村，以太网（Ethernet Over Cable，EOC）方式覆盖78个行政村。农村互联网覆盖率达100%，其中，EOC方式覆盖89个行政村，光纤接入（Fiber To The X，FTTX）方式覆盖6007个行政村。①

2. 农村基础教育水平不断提升

一是深入实施教育强镇筑基行动和强校扩优行动，持续提高乡村学校办学质量。首先，实施教育强镇筑基行动。根据2021年3月《山东省教育强镇筑基行动实施方案》要求，全面落实烟台市强镇筑基行动，以提高乡镇驻地学校教育质量为重点，辐射带动乡村教育水平整体提升，缩小城乡教育发展差距，缓解城区就学压力，强化乡镇教育服务的引领、吸附作用，推进城乡公共教育资源均等化，推动乡村振兴人才队伍建设。4个乡镇入选全省第二批强镇筑基计划，确定5个第二批市级试点乡镇，对省市级试点乡镇安排专项资金，按照省级20万元、市级40万元的标准进行补助，持续改善办学条件，提升教育教学质量。其次，推进强校扩优，以名校、强校带动薄弱学校发展，推进城乡义务教育一体化发展。进一步发展壮大教育集团和发展共同体，2022年新挂牌成立6个教育集团。教育集团和发展共同体以“同课异构、送课下乡、专题研讨、赛课竞赛”等方式推动“联合式”教研，促进教育教学共同发展。2022年5月，召开六区基础教育优质均衡高质量座谈会，对推进全市教育集团化办学、加强校长教师队伍交流轮岗、引进优质教育资源等进行交流研究。

① 资料来源于烟台市乡村振兴局脱贫攻坚数据。

二是全面实施农村普惠性学前教育。2022 年，全市计划通过新建、改扩建、回购、回租等方式新增乡镇公办幼儿园 9 处，截至 2022 年 6 月，已全部开工，其中主体完工 5 处。通过推广实施镇村一体化办园模式，全面扩充农村公益普惠学前教育资源，目前全市农村基本实现普惠性幼儿园全覆盖。

三是选派教师到基层服务，引导各类人才向基层农村聚集。根据山东省教育厅《关于做好 2021 年重点扶持区域人才支持计划教师专项计划有关工作的通知》的要求，全市已选派 27 名骨干教师赴长岛、海阳、莱阳、栖霞开展支教工作，受援学校教师与支教教师结对跟学，形成教学团队，推动受援学校全面提高学校教育教学水平和管理能力。

3. 农村医疗卫生条件持续改善

一是完善城乡居民医疗保险制度，合理调整政府补助及个人缴费标准，加大力度健全重大疾病医疗保险及救助制度。另外，为切实改善农民看病难、看病贵的问题，政府着重促进农村公共卫生服务均等化，加大对乡镇卫生院及村卫生室的兴建力度。2021 年医疗保险参保人数为 642.20 万人，医院、卫生院、妇幼保健院 308 个，病床位 43218 张。农村居民新型农村合作医疗参合率高达 99%，新型农村合作医疗体系在一定程度上缓解了农民看病难、看病贵的困扰。

二是实施乡镇卫生院、村卫生室提档升级工程。乡镇卫生院全部达到国家基本标准，市级以上示范标准村卫生室达到 240 家。

三是加快推动乡村医生向执业（助理）医师转变，村卫生室医生执业医师化率达到 50%。

四是推进医疗卫生城乡一体化建设，推动县域医共体、医疗集团、专科联盟等医联体建设，落实双向转诊，推广远程医疗。切实落实城市医疗对口支援农村的帮扶政策，建成农村地区 15 分钟健康服务圈。

4. 城乡社会保障制度“渐进式”整合

在过去城乡“剪刀差”政策的影响下，基本公共服务供给存在一定的不均衡问题。一方面，农村社会保障覆盖面小于城市，诸多农村居民无法享受社会保障服务；另一方面，农村社会保障水平远低于城市，保障项目不全，农村居民的社保服务标准与城市居民存在很大的差距。

为解决以上问题，烟台市顺应城乡发展、农村劳动力流动趋势，加快推进城乡基本公共服务一体化建设。制定各类公共服务规划，贯彻落实“区域覆盖、制度统筹”的原则，以服务半径和服务人口为突破城乡界限、协调空间布局的基本依据，着力制定实施城乡统一的基本公共服务设施配置和建设标准。以养老保险为例，烟台市政府将新型农村社会养老保险与城镇居民社会养老保险进行整合，建立了统一的城乡居民基本养老保险制度，由个人缴费、集体补助及政府补贴三个部分构成养老保险基金。2021 年全市居民基本养老保险参保人数达 316.87 万人，其中城镇职工社会基本养老保险参保人数为 198.94 万人，农村养老保险参保人数为 117.93 万人。城乡衔接的社会保障制度建设正稳步推进，实现覆盖全域、统筹城乡的社会保障体系指日可待。

三　烟台市推进城乡基本公共服务非均等化过程中存在的问题

近年来，烟台市不断加强城乡基本公共服务供给，并取得显著效果，但城乡差距依然较大，基本公共服务非均等化问题较为突出。必须清醒认识到，当前烟台市最大的发展不平衡是城乡发展不平衡，最大的发展不充分是农村发展不充分，基本公共服务仍然是农村发展的短板。烟台市基本公共服务均等化水平不断提高，群众满意度进一步提升，但城乡基本公共服务失衡现象尚未根本消失，城乡差距在短时间内还难以消除，主要表现在城乡基本公共服务设施供需失衡、教育资源分配失衡、医疗卫生资源配置失衡以及社会保障体系非均等化等方面。

（一）城乡基本公共服务设施供需失衡

2021 年，烟台市政府出台的《烟台市新型城镇化与城乡融合发展规划

（2021—2035）》提出，到2025年，烟台城区人口年均增长3万~4万人，常住人口城镇化率达到70%以上，将烟台打造成为山东省城镇村协调发展标杆地、城乡融合发展样板区。新型城镇化的扩张，伴随着城市边缘扩大、乡镇并撤、乡村改社区等问题，复杂的人口结构衍生出需求的差异化。而现行基本公共服务设施的配置强调空间布局的均衡性，倾向于数量多、规模小的大众化标准配置，难以满足个性化要求。在多种因素作用下，烟台市城乡基本公共服务设施供给忽视了公平性与差异性，致使城乡基本公共服务设施在一定程度上供需失衡。因城乡设施水平和规模差距大，需求空间分布迥异，标准化配置下公共服务设施供需没有得到有效地匹配，存在需求不足与供给过剩并存的现象。例如，部分农村人口老龄化，青壮年劳动力大量流失，村庄出现老年化、“空心化”等问题，到农村书屋借书、看书的人极少，标准配置的农村书屋利用率普遍很低，导致公共服务设施资源浪费。

（二）城乡教育资源分配失衡

近几年，烟台市委、市政府投入大量资金改善农村教学设施和教学条件，城乡义务教育硬件设施趋于均等，但软实力差距依然存在，出现了农村学校越来越漂亮，但农村学生越来越少、农村教师流失的现象。为全面推进乡村振兴战略的实施，2021年烟台市印发了《烟台市教育强镇筑基行动实施方案》，以提升乡镇驻地学校办学水平，辐射带动乡村教育质量整体提高，缩小城乡教育发展差距。烟台市政府加大对乡村基础教育的财政支持力度，为省市级试点乡镇安排专项资金，农村校舍旧貌换新颜，电脑室、阅览室、图书室等应有尽有，然而日趋完善的校舍并未留住农村学生，农村在校学生数量持续下降。随着新型城镇化的不断深入，大量农村人口涌入城镇，留守儿童随父母外迁到城镇学校就读的现象较为普遍。在师资力量上，乡村教学能力稍强的教师基于环境、个人发展等因素的考量，往往会选择任教几年后通过招考调离乡村，进入镇或市级学校，造成农村优秀教师资源流失。此外，相较于城镇学校教师，乡村教师获得继续教育和培训的机会较少。不断拉大的城乡教育差距导致乡村振兴的人才建设缺乏源头活水。

（三）城乡医疗卫生资源配置失衡

近年来，烟台市不断完善医疗卫生服务体系，医疗卫生事业取得了长足发展，部分医院的医疗技术和医疗服务水平在全省乃至全国名列前茅，但城乡医疗资源发展不平衡的矛盾依然存在。破解城乡医疗卫生资源配置失衡，逐步缩小城乡基本健康服务和健康水平的差异，是烟台市政府不可回避的问题之一。从烟台市医疗资源配置看，名医、专家、“高精新”的设备和医疗技术基本集中在市（区）级以上医院，农村基层医疗卫生机构发展缓慢甚至萎缩，难以满足农村居民就医需求。农村卫生“网底”基础不牢，人才短缺现象十分突出，农村地区卫生室普遍存在医务人员学历低、职称低、技术低等“三低”现象。截至2020年，全市各级各类医疗卫生机构总数达5954个，其中医院186个，基层医疗卫生机构5652个，专业公共卫生机构98个。全市各级各类医疗卫生机构卫生人员总数达68010人，其中卫生技术人员53896人，乡村医生和卫生员3781人，其他技术人员3365人，管理人员2416人，工勤技能人员4552人。卫生技术人员中，执业（助理）医师21640人，注册护士22364人。全市各级各类医疗卫生机构床位数达43218张，其中医院33471张，基层医疗卫生机构7485张。[①] 这些调查数据进一步证实了农村医疗卫生条件和服务质量与城市相比还存在巨大差距，农村地区现有医疗条件难以满足广大农村患者的需求，出现了“小病不需看、大病城里看”的现象。

（四）城乡社会保障体系非均等化

目前，烟台市城镇社会保障体系主要包括养老、医疗（包含生育）、失业、工伤等内容，历经数次改革，日趋完善。从养老保障看，烟台市合并新型农村养老保险制度与城镇居民养老保险制度，统称城乡居民社会养老保险

① 资料来源于烟台市卫生健康委员会网站。

制度，这意味着养老保险不再有城市、农村之分，但是农村与城镇居民收入差距依然存在。城镇企业职工可以享受职工养老保险，公务员和事业单位退休职工有退休金，但农民只能缴纳城乡居民养老保险，对于农民的保障力度很微弱。2021 年，全市参加职工基本养老保险人数为 214.33 万人（不含离退休），参加居民基本养老保险人数为 318.36 万人。政府发放的居民基础养老金最低标准由每人每月 142 元提高到 150 元。调研中发现，农村居民多选择最低档，因此，农村养老依然以家庭养老为主。从最低生活保障方面来看，农村最低生活保障依然低于城市：城市低保标准为每人每月 866 元，人均月补助 661.45 元；农村低保标准为每人每月 667 元，人均月补助 468.81 元。从医疗保障方面看，新型农村合作医疗的推行在解决农民看病难、看病贵方面发挥了一定的积极作用。2021 年，全市参加基本医疗保险人数为 647.3 万人，其中参加职工基本医疗保险人数为 261.1 万人，参加居民基本医疗保险人数为 386.2 万人。但新农合保障能力有限，农村居民看病难、看病贵的问题依然不同程度存在。此外，部分进城务工的农民工没有完善的福利保障制度，他们无法与城市居民共同享受工伤保险、失业保险、住房保障等社会福利。

四　烟台市城乡基本公共服务均等化的实现路径与对策建议

实现城乡基本公共服务均等化发展，优化资源配置，既是助推乡村振兴的重要抓手，也是实现共同富裕的必然选择。烟台市各级政府需切实担起实现城乡基本公共服务均等化的责任，将理想目标转化为社会现实，从制度层面进行顶层设计和系统改革，统筹推进全市城乡基本公共服务均等化工作。

（一）制定城乡一体化发展的基本公共服务规划体系

由于城乡二元结构及历史欠账问题，农村基本公共服务供给一直落后于城市。随着乡村振兴战略的实施及新型城镇化的不断深入，为适应烟台市城乡融合发展要求，市委、市政府应制定适合烟台市的城乡一体化基本公共服务规划体系，切实解决城乡基本公共服务非均等化问题。烟台市政府应统筹城乡空间资源，合理架构区域空间布局和功能分区，优先考虑城乡基本公共服务设施布局和供给规模，符合人口集聚状态及其吸纳能力，提高城乡基本公共服务资源利用效率，避免资源配置非均等化。结合烟台实地发展现状，合理编制符合本市发展特征的“十四五”城乡基本公共服务均等化战略规划。在充分考虑城市居民、农村居民及农民工群体实际需要的基础上，制定合乎实际的基本公共服务内容，逐步实现城乡基本公共服务一体化发展。通过详细规划城乡基本公共服务一体化的实施路径和阶段性任务，明确城乡基本公共服务标准以及服务质量，稳步推进城乡基本公共服务均等化。同时，在推进城乡基本公共服务一体化工作的过程中，既要注重公平又要兼顾效率，加快推进城市优质公共服务资源向农村延伸，借助现代化信息技术，实现优质基本公共服务资源城乡共享。市委、市政府要加大对农村的支持力度，实现农村基本公共服务配置数量与质量同步提升。

（二）转变政府职能，建立科学有效的管理机制

为了进一步完善城乡基本公共服务均等化体系建设，烟台市需转变政府职能，深刻认识到城乡基本公共服务均等化体系建设对维护公平正义、促进经济发展和维持社会稳定的重要意义。一是完善城乡基本公共服务的职能体系。市县乡各级政府在明确财权与事权的基础上，厘清权利与义务，增加公共财政对农村义务教育、医疗卫生、社会保障、公共基础设施等方面的投入。二是制定科学有效的城乡基本公共服务管理机制。根据烟台市各地区城乡经济社会发展差异和居民实际需求，切实提高农村公共服务供给水平，兼顾基本公共服务供给数量与质量、供给能力与供给效率，实现城乡基本公共服务均等化。三是各市（区）依据本辖区内居民实际需求，建立健全多元化的城乡基本公共服务供给模式。扩大农村基本公共服务供给的覆盖面，农

村义务教育、医疗卫生、社会保障、基础设施等方面以社会性公共服务支出为主，同时积极增加供给主体，引入多元化的供给竞争机制，既能增加供给数量又能提高服务质量。

此外，在政府基本公共服务供给行为中，绩效评估可以起到激励和约束的作用。科学有效的绩效评估和管理体系可提升政府监管效率和服务能力，稳步提升城乡基本公共服务均等化水平。一是健全烟台市各级政府的城乡基本公共服务绩效管理与评估体系，明确各级政府的服务责任，适当提高基本公共服务供给能力考核在干部政绩考核体系中的占比。二是建立健全城乡基本公共服务管理机制，以均等化为目标导向，强化市政府的监管效能，加强对县乡基层政府执行能力的考评，提升各级政府对基本公共服务工作的重视程度。三是不断提升政府基本公共服务信息的公开性和透明度，保障居民知情权，充分发挥全体居民和新闻媒体对基本公共服务信息的监督权，以提升烟台市各级政府基本公共服务的供给效率。

（三）深化财政体制改革，完善公共财政制度

完善的公共财政制度是实现城乡基本公共服务均等化的重要保障。城乡基本公共服务均等化的实质是公共财政的公平性，而非问题本身。烟台市政府需要高度重视公共财政在城乡的合理分配，将完善城乡公共财政制度作为大事来抓。农业税的取消，客观上导致县乡财政收入减少，易形成“少收钱，也少提供公共服务”的思想，与城乡基本公共服务均等化背道而驰。市委、市政府应重视公共财政的公共事业导向性，进一步深化公共财政制度改革，优化城乡公共财政支出分配结构，确保支农惠农财政资金的稳定增长，形成公共财政“农村倾向”，解决过去公共财政“城市倾向”导致的城乡基本公共服务非均等化问题。建立健全全市统一的公共财政账户管理体系，将历史遗留的乡镇政府预算外资金、自筹资金和统筹资金纳入公共财政账户，提升乡镇政府公共财政资金保障水平。此外，市政府通过深化公共财政改革，适当提升县乡基层政府公共财政占比，以达到财权与事权的平衡。健全市县乡政府财政转移支付制度，明确各级政府的公共财政资源配置权力

和职责，公共财政资金重点向农村倾斜，形成合理有效、责任清晰的公共财政运作机制，逐步实现城乡基本公共服务均等化。还可借助农村金融体系，通过获得广覆盖、可持续的金融支持，为农村基本公共服务持续供给争取稳定的资金来源。

（四）创新多元化的农村基本公共服务供给模式

实现农村基本公共服务供给主体多元化，能够加强公共服务供给资金保障。烟台市城乡差异显著，城乡居民对基本公共服务的需求具有异质性，为满足异质性群体对基本公共服务的多元化需求，烟台市政府应创新基本公共服务供给模式。农村地区仅仅依靠政府公共财政支持难以满足广大居民的基本公共服务需求，因此，烟台市政府应团结一切可以团结的力量，形成政府主导、多元参与的城乡基本公共服务均等化供给格局。

一是增加烟台市城乡基本公共服务供给主体。当前基本公共服务责任主要由政府公共财政负担，但基本公共服务并非只限定政府供给，其他社会组织和团体也可参与其中。第七次人口普查数据显示，烟台市常住人口为7102116人，居住在城镇的人口为4780207人，占67.31%；居住在乡村的人口为2321909人，占32.69%。与2010年第六次全国人口普查相比，城镇人口增加928782人，乡村人口减少794868人，城镇人口占比上升12.04个百分点。虽然农村人口少于城镇人口，但农村人口的分散性增加了基本公共服务供给的难度和成本。加之乡镇政府财权与事权不匹配，仅靠公共财政难以满足广大农村居民对基本公共服务的需求。因此，应建立以政府供给为主，市场、社会力量共同参与的供给机制，最大限度争取社会资金对农村基本公共服务的支持，并妥善处理各供给主体之间的关系。同时，构建多层次基本公共服务供给结构，各供给主体之间形成竞争关系，借助社会力量的参与促使农村基本公共服务市场化、社会化运作，降低供给成本，提高服务效率。

二是构建农民参与机制。居民满意度是评价基本公共服务供给水平的核心指标，各供给主体应以满足农村居民需求作为基本公共服务供给的第一要务。烟台市委、市政府应建立健全农村居民对基本公共服务的利益表达机制，充分发挥其积极性、主动性，使农村基本公共服务真正为民所用，让农村居民成为基本公共服务的参与者、受益者和监督者。

参考文献

唐斌、席振华、曾镇坚：《农村基本公共服务均等化政策的演进逻辑及其实践工具——基于“中央一号文件”的质性分析》，《甘肃行政学院学报》2021 年第 3 期。

袁威：《基本公共服务均等化的政策逻辑与深化：共同富裕视角》，《中共中央党校（国家行政学院）学报》2022 年第 4 期。

张启春、胡继亮、李淑芳：《区域基本公共服务均等化：政府财政平衡机制与政策研究》，科学出版社，2016。

赵建国、廖藏宜：《我国地区间基本公共服务供给均等化问题分析——基于中央财政转移支付的视角》，《宏观经济研究》2015 年第 8 期。

朱云飞、赵宁：《城乡基本公共服务均等化的省域布局及财政对策》，《税收经济研究》2020 年第 1 期。

左晓斯、吴开泽：《城乡基本公共服务：从服务均等化到制度一体化——基于广东省调查数据的分析》，《广东社会科学》2016 年第 6 期。

农民生活篇

Peasant Life

B.9 烟台市增加农村居民收入的路径与对策

杨 穗*

摘 要： 农民增收是共同富裕的重要维度。在国际形势复杂、改革发展稳定任务艰巨和新冠肺炎疫情的背景下，烟台市农民增收迈上新台阶，但也面临诸多挑战。适应新的形势以促进农民收入持续增长，是新时代烟台市农业农村工作面临的重要任务。要坚持新发展理念，以实施乡村振兴战略、打造乡村振兴齐鲁样板示范市为总抓手，深化农业供给侧结构性改革，加快城乡融合发展，高质量发展农牧渔业，打造特色富民产业，促进转移就业，推进农村产权制度改革，提高农村公共服务质量，着力构建农民持续稳定增收的长效机制，进一步拓宽农民增收渠道，让农村居民共享国家发展成果、走向共同富裕。

关键词： 农民增收 转移就业 产权改革 农村经济

* 杨穗，经济学博士，中国社会科学院农村发展研究所副研究员，主要研究方向为收入分配、社会保障与劳动力流动。

促进农民收入增长是“三农”工作的中心任务，是巩固拓展脱贫攻坚成果同乡村振兴有效衔接的重要目标，是实现农民农村共同富裕的关键所在。在 2021 年中央财经委员会第十次会议上，习近平总书记提出“促进农民农村共同富裕”的任务要求，这表明烟台一方面要继续缩小城乡居民收入差距，让城乡居民共同富裕，另一方面则要进一步缩小农村居民内部的收入差距，让全体农民共享国家发展成果。新发展阶段，烟台市要坚持新发展理念，以实施乡村振兴战略、打造乡村振兴齐鲁样板示范市为总抓手，立足烟台区位优势和资源禀赋，立足胶东特色和农业农村发展基础，做好“三农”工作，加快农业农村现代化，巩固拓展脱贫攻坚成果，促进农民收入持续较快增长，坚决守住不发生规模性返贫的底线，让农村居民共享发展成果、走向富裕富足。

一　烟台市农村居民收入增长现状

2016 年以来，烟台市农村居民收入水平持续提高，高于全国和全省农村平均水平，城乡居民收入差距进一步缩小。2016 年颁布的《烟台市“十三五”农业和农村经济发展规划》提出，要千方百计增加农民收入、完善农民收入增长支持政策；2018 年发布的《烟台市乡村振兴战略规划（2018—2022 年）》对推进体制机制创新、促进农民生活富裕进行详细部署；2021 年出台的《烟台市国民经济和社会发展第十四个五年规划和 2035 年远景目标纲要》（以下简称《纲要》）提出，要促进农民收入多元化，推动农村一二三产业融合发展，落实农民就业创业政策，拓宽农民增收渠道。在“十三五”期间，随着精准脱贫攻坚战的全面打响以及农业供给侧结构性改革和乡村振兴战略的推进，烟台市农民收入持续提高，城乡收入差距日益缩小，为新发展阶段促进农民农村共同富裕奠定了坚实的基础。

（一）烟台市农村居民可支配收入水平高于全省和全国农村平均水平

“十三五”期间，烟台市农村居民人均可支配收入水平稳步提高，从

2016 年的 16721 元提高到 2021 年的 24574 元，增长了 47%。烟台市农村居民人均可支配收入水平显著高于山东省和全国农村平均水平，但收入增幅略小于山东省和全国农村居民的收入增幅。2021 年，烟台市农村居民人均可支配收入是山东省农村居民人均可支配收入的 1.18 倍，是全国农村居民人均可支配收入的 1.30 倍。2016~2021 年，烟台市农村居民人均可支配收入的名义增速为 7.9%，低于山东省农村居民人均可支配收入的名义增速（8.2%），也低于全国农村居民人均可支配收入的名义增速（9.2%）。这意味着，在新发展阶段，烟台市农村居民增收面临一定的挑战。

表 1　2016~2021 年全国、山东和烟台农村居民人均可支配收入情况

年份	人均可支配收入(元)			名义增速(%)			可支配收入比	
	烟台	山东	全国	烟台	山东	全国	烟台市/山东省	烟台市/全国
2016	16721	13954	12363	7.6	7.9	10.9	1.20	1.35
2017	18051	15118	13432	8.0	8.3	8.6	1.19	1.34
2018	19425	16297	14617	7.6	7.8	8.8	1.19	1.33
2019	21218	17775	16021	9.2	9.1	9.6	1.19	1.32
2020	22305	18753	17131	5.1	5.5	6.9	1.19	1.30
2021	24574	20794	18931	10.2	10.9	10.5	1.18	1.30
2016~2021 年平均	—	—	—	7.9	8.2	9.2	—	—

资料来源：根据烟台市统计局相关数据整理计算。

（二）烟台市农村居民收入地区差异明显

烟台市农村居民的收入水平及增长具有明显的地区差距。从农村居民人均可支配收入来看，2020 年莱山区最高，为 25689 元；其次分别是长岛综合试验区、龙口市、高新区、福山区、招远市、蓬莱区[①]、莱州市和牟平

① 2020 年 6 月，国务院批复撤销蓬莱市、长岛县，设立蓬莱区，以原蓬莱市、长岛县的行政区域为蓬莱区行政区域；2020 年 9 月 1 日，蓬莱区正式挂牌，长岛按照省级海洋生态文明建设功能区体制独立运转。本报告均以新行政区划名称表述，此后不赘。

区；海阳市、昆嵛山保护区和莱阳市相对较低；栖霞市最低，为 18087 元（见表 2）。从农村居民人均可支配收入名义增速来看，2016～2020 年，长岛综合试验区最高，为 8.3%；其次是昆嵛山保护区，为 8.2%；莱山区和招远市均为 7.7%；福山区、龙口市、蓬莱区、栖霞市和海阳市均为 7.6%；牟平区和高新区与烟台市平均水平相同，为 7.5%；而莱阳市和莱州市最低，均为 7.4%，低于烟台市平均水平（见表 3）。

表 2　2016～2020 年烟台各市（区）农村居民人均可支配收入

单位：元

市(区)	2016 年	2017 年	2018 年	2019 年	2020 年
福山区	18805	20292	21855	23956	25208
牟平区	17272	18657	20023	21872	23081
莱山区	19113	20625	22296	24488	25689
蓬莱区	18273	19756	21282	23312	24481
高新区	19050	20557	22181	24216	25435
长岛综合试验区	18502	20455	22117	24269	25585
昆嵛山保护区	15511	16870	18246	19947	21177
龙口市	19049	20554	22034	24134	25477
莱阳市	14319	15471	16498	18107	18963
莱州市	18135	19557	20906	22828	24021
招远市	18257	19755	21359	23349	24591
栖霞市	13529	14590	15676	17155	18087
海阳市	16215	17529	18809	20663	21664
全市	16721	18051	19425	21218	22305

资料来源：根据烟台市统计局相关数据整理计算。

表 3　2016～2020 年烟台各市（区）农村居民人均可支配收入名义增速

单位：%

市(区)	2016 年	2017 年	2018 年	2019 年	2020 年	年均
福山区	7.8	7.9	7.7	9.6	5.2	7.6
牟平区	7.5	8.0	7.3	9.2	5.5	7.5
莱山区	7.8	7.9	8.1	9.8	4.9	7.7

续表

市(区)	2016 年	2017 年	2018 年	2019 年	2020 年	年均
蓬莱区	7.8	8.1	7.7	9.5	5.0	7.6
高新区	7.5	7.9	7.9	9.2	5.0	7.5
长岛综合试验区	7.5	10.6	8.1	9.7	5.4	8.3
昆嵛山保护区	8.5	8.8	8.2	9.3	6.2	8.2
龙口市	7.6	7.9	7.2	9.5	5.6	7.6
莱阳市	7.9	8.0	6.6	9.8	4.7	7.4
莱州市	7.6	7.8	6.9	9.2	5.2	7.4
招远市	7.7	8.2	8.1	9.3	5.3	7.7
栖霞市	7.6	7.8	7.4	9.4	5.4	7.6
海阳市	8.0	8.1	7.3	9.9	4.8	7.6
全市	7.6	8.0	7.6	9.2	5.1	7.5

资料来源：根据烟台市统计局相关数据整理计算。

从收入差距来看，2016~2020 年，烟台各市（区）农村居民收入的变异系数有所提高，从 2016 年的 10.90 上升为 2019 年的 11.13，2020 年略降为 11.10（见表 4），表明烟台各市（区）农村居民收入差距的扩大趋势有所缓和。各市（区）农村居民收入比也有所变化，莱山区与长岛综合试验区农村居民相对收入差距在不断缩小，且缩小幅度最大，收入比从 2016 年的 1.03 缩小到 2020 年的 1.00；莱山区与招远市农村居民相对收入差距整体呈缩小态势，从 2016 年的 1.05 缩小到 2020 年的 1.04；莱山区与昆嵛山保护区农村居民收入差距虽然相对较大，但总体有缩小的趋势，收入比从 2016 年的 1.23 缩小到 2020 年的 1.21；莱山区与福山区农村居民收入差距较为稳定，2016 年以来收入比一直保持为 1.02。2016~2020 年，莱山区与高新区、龙口市、莱州市、海阳市、莱阳市和栖霞市农村居民收入差距有所扩大。其中，莱山区与栖霞市农村居民收入差距相对最大，收入比从 2016 年的 1.41 扩大到 2020 年的 1.42（见表 5）。

表 4　2016~2020 年烟台各市（区）农村居民收入差距

	2016 年	2017 年	2018 年	2019 年	2020 年
变异系数	10.90	10.96	11.13	11.13	11.10

资料来源：根据烟台市统计局相关数据整理计算。

表 5　2016~2020 年莱山区与烟台各市（区）农村居民收入比

市(区)	2016 年	2017 年	2018 年	2019 年	2020 年
莱山区/栖霞市	1.41	1.41	1.42	1.43	1.42
莱山区/莱阳市	1.33	1.33	1.35	1.35	1.35
莱山区/昆嵛山保护区	1.23	1.22	1.22	1.23	1.21
莱山区/海阳市	1.18	1.18	1.19	1.19	1.19
莱山区/牟平区	1.11	1.11	1.11	1.12	1.11
莱山区/莱州市	1.05	1.05	1.07	1.07	1.07
莱山区/蓬莱区	1.05	1.04	1.05	1.05	1.05
莱山区/招远市	1.05	1.04	1.04	1.05	1.04
莱山区/福山区	1.02	1.02	1.02	1.02	1.02
莱山区/长岛综合试验区	1.03	1.01	1.01	1.01	1.00
莱山区/龙口市	1.00	1.00	1.01	1.01	1.01
莱山区/高新区	1.00	1.00	1.01	1.01	1.01

资料来源：根据烟台市统计局相关数据整理计算。

作为烟台市扶贫工作重点县，海阳、莱阳、栖霞 3 个县级市的农村居民收入水平有所提高，但与全市平均水平的相对差距无明显变化。海阳市农村居民人均可支配收入从 2016 年的 16215 元提高到 2020 年的 21664 元，增幅为 33.6%，与烟台市农村居民人均可支配收入比保持在 0.97；莱阳市农村居民人均可支配收入从 2016 年的 14319 元提高到 2020 年的 18963 元，增幅为 32.4%，与烟台市农村居民人均可支配收入比从 2016 年的 0.86 下降到 2020 年的 0.85；栖霞市农村居民人均可支配收入从 2016 年的 13529 元提高到 2020 年的 18087 元，增幅为 33.7%，与烟台市农村居民人均可支配收入比保持在 0.83（见表 6）。

表 6　2016~2020 年烟台市扶贫重点县与烟台市农村居民人均可支配收入比

扶贫重点县	2016 年	2017 年	2018 年	2019 年	2020 年
海阳市	0.97	0.97	0.97	0.97	0.97
莱阳市	0.86	0.86	0.85	0.85	0.85
栖霞市	0.83	0.83	0.83	0.83	0.83

资料来源：根据烟台市统计局相关数据整理计算。

（三）烟台市城乡居民收入差距逐步缩小

2016~2021 年，烟台市城乡居民收入差距逐步缩小，城乡居民人均可支配收入比从 2016 年的 2.32 下降到 2021 年的 2.16。2016 年，烟台市农村居民的收入水平和收入增幅低于城镇居民，城乡居民人均可支配收入比为 2.32。2017 年，城乡居民人均可支配收入名义增速均为 8.0%，农村和城镇居民人均可支配收入分别为 18051 元和 41837 元，城乡居民人均可支配收入比为 2.32。2018~2021 年，虽然农村居民的收入水平仍然显著低于城镇居民，但农村居民人均可支配收入名义增速高于城镇居民，城乡居民人均可支配收入比从 2.31 降至 2.16。2021 年，农村居民人均可支配收入名义增速为 10.2%，高于城镇居民 2.6 个百分点（见表 7），城乡居民人均可支配收入比低于全国平均水平（2.50），也低于山东省平均水平（2.26）。

表 7　2016~2021 年烟台市城乡居民收入增长情况

年份	人均可支配收入(元)			名义增速(%)			城乡居民人均可支配收入比
	农村	城镇	全市	农村	城镇	全市	
2016	16721	38744	29742	7.6	7.9	8.4	2.32
2017	18051	41837	32299	8.0	8.0	8.6	2.32
2018	19425	44875	34901	7.6	7.3	8.1	2.31
2019	21218	47977	37783	9.2	6.9	8.3	2.26
2020	22305	49434	39306	5.1	3.0	4.0	2.22
2021	24574	53169	42629	10.2	7.6	8.5	2.16

资料来源：根据烟台市统计局相关数据整理计算。

二　烟台市农民增收的主要路径

烟台市经济综合实力迈上新台阶，推动城乡和谐发展，增加农民收入，全面增进农村居民的民生福祉。与此同时，烟台市农民持续快速增收面临越来越多的挑战，在经济结构、社会结构和城乡结构转型的过程中，出现了农民增收的新路径。适应新的形势以促进农民收入持续增长，是新发展阶段烟台市全面推进乡村振兴面临的基本任务。本部分主要分析烟台市农村居民人均可支配收入构成中工资性收入、经营净收入、财产净收入和转移净收入情况（见表8）。

表8　2016～2020年烟台市农村居民人均可支配收入构成情况

单位：%

	2016年	2017年	2018年	2019年	2020年	年均
可支配收入构成	100	100	100	100	100	
工资性收入	44.1	43.9	44.3	44.3	44.4	
经营净收入	41.8	41.9	41.7	41.9	41.6	
财产净收入	4.4	4.3	4.2	4.2	4.2	
转移净收入	9.7	10.0	9.7	9.6	9.8	
名义增速						
工资性收入		7.4	8.7	8.7	5.3	7.5
经营净收入		8.0	7.2	7.2	4.4	6.7
财产净收入		5.4	6.0	6.0	4.9	5.6
转移净收入		11.2	5.0	5.0	7.4	7.1
增收贡献率						
工资性收入		41.1	50.3	44.2	46.0	45.4
经营净收入		42.3	39.7	44.3	36.2	40.6
财产净收入		3.0	3.4	3.8	4.0	3.6
转移净收入		13.6	6.5	7.8	13.9	10.5

资料来源：根据烟台市统计局相关数据整理计算。

（一）稳住工资性收入增长势头

2016 年以来，烟台市农村居民的收入构成较为稳定。工资性收入是烟台市农村居民收入的主要来源，其占比有所波动，从 2016 年的 44.1%下降到 2017 年的 43.9%，2018 年回升到 44.3%，2020 年为 44.4%。工资性收入的名义增速从 2017 年的 7.4%上升至 2018 年的 8.7%，但 2020 年跌落至 5.3%，2017~2020 年年均名义增速为 7.5%，超过经营净收入、财产净收入和转移净收入，是烟台市农村居民收入增长最快的一项收入。2016~2020 年，工资性收入的增收贡献率均超过 40%，平均为 45.4%，远高于经营净收入、财产净收入和转移净收入的贡献率。但其增收贡献率从 2018 年最高的 50.3%下降至 2020 年的 46.0%，因此要稳住工资性收入的增长势头。

1. 通过推动就近转移就业确保工资性收入增长

工资性收入的增收能否实现关键要看农民务工收入能否实现稳定增长，《纲要》提出，要增加农民工资性收入。根据 2019 年三季度国家统计局烟台调查队烟台农民工监测调查结果，烟台市外出农民工以就近转移为主，58.7%的农民工在本县域之内务工，34.8%在县外省内务工，只有 6.5%的农民工选择了省外务工。[①] 因此，要继续推动就近转移就业，提升县城综合实力，充分发挥乡镇联城带村节点的功能，增强吸纳农业转移人口的能力。同时，要继续加强农村劳动力转移就业服务体系建设，有序引导农村富余劳动力外出就业。

2. 通过加大就业扶持力度实现工资性收入增长

工资性收入是农民增收的首要来源，而工资性收入的取得取决于农民自身的发展能力。[②] 因此，加大就业扶持力度应该成为促进农民增收的重中之重。脱贫攻坚以来，烟台市就业扶贫工作取得积极成效。一方面，烟台市通

---

① 《三季度烟台农民工就业形势分析》，烟台市人民政府网站，2019 年 9 月 30 日，http://www.yantai.gov.cn/art/2019/9/30/art_11748_2519629.html。

② 冯旭芳、班纬：《乡村振兴战略背景下农民工资性收入影响因素的实证研究》，《经济研究参考》2018 年第 52 期。

过就业扶贫协作、对口支援、结对帮扶等机制，采取提供定期定向招聘服务、信息动态对接服务、就业技能培训服务、创业联盟平台服务和劳动者后续跟踪服务等措施，为贫困劳动力和用人单位搭建对接平台，引导贫困劳动力参与劳务协作，实现转移就业。截至 2017 年底，在建档立卡的农村贫困人口中，烟台市法定劳动年龄内有就业愿望的农村贫困人口 115 人已全部完成转移就业，其中单位就业 34 人，灵活就业 81 人；另有 155 人脱贫、清退或丧失就业意愿。①

此外，烟台市深入推进公益专岗扶贫，因人因需发展设置家政服务、村务服务、村庄善治、产业辅助等 4 类扶贫公益专岗，为有一定劳动能力的建档立卡贫困人口提供就地就近就业机会，拓宽了贫困劳动力的就业渠道，一定程度上增加了贫困户的收入，发挥了重要的就业托底保障作用。开展扶贫工作以来，烟台市 1.05 万名贫困群众参与公益专岗，通过自身劳动实现稳定增收。② 因此，要大力促进转移就业，维持农民工资性收入增长势头，高度重视农民工稳定就业和收入提高。积极开发就业岗位，并加强相应的职业技能培训，提升就业人员的能力；同时，出台农民工稳岗就业的支持政策，并为返乡就业创业农民工做好服务保障。

（二）提高经营净收入增长幅度

长期以来，经营净收入都是烟台市农村居民收入的重要组成部分。经营净收入占烟台市农村居民可支配收入的比重变化较不明显，从 2016 年的 41.8%提高到 2017 年的 41.9%，2018 年下降至 41.7%，2019 年又回升至 41.9%，2020 年为 41.6%。经营净收入的名义增速有所下降，2020 年经营净收入的名义增速已从 2017 年的 8.0%跌落到 4.4%。经营净收入的增收贡献率从 2017 年的 42.3%下降至 2018 年的 39.7%后有所提高，2019 年回升

① 《“三娘”助力脱贫摘帽》，烟台市人力资源和社会保障局网站，2017 年 12 月 20 日，http://rshj.yantai.gov.cn/art/2017/12/20/art_23236_1615269.html。

② 《脱贫攻坚，烟台这样做!》，烟台智慧党建网站，2021 年 2 月 25 日，http://ytdj.gov.jiaodong.net/system/2021/02/25/010633940.shtml。

至44.3%，但2020年又下降至36.2%，年均增收贡献率为40.6%，仅次于工资性收入的年均增收贡献率。值得注意的是，经营净收入名义增速整体上有所下降，且其增收贡献率也有所下降，要进一步激发经营净收入的增长潜力。

1.通过第一产业健康发展促进经营净收入提高

党的十九大以来，烟台市农业产业化水平不断提升，以农业供给侧结构性改革为主线，强化政策供给，优先投入资金，优先满足要素配置，坚持因地制宜和分类推进，采取了一系列有力措施发展农业农产品，2020年烟台市农产品出口额居全国地级市首位。因此，要通过第一产业的健康发展促进烟台市农村居民经营净收入的提高。

第一，增强农产品供应能力。推进高标准农田建设，压实粮食生产责任制，2021年，烟台市新增12.3万亩高标准农田，整治改造5750亩撂荒耕地；做好病毒防护工作，小麦条锈病发病面积仅占全省的0.24%；全年粮食面积达454万亩，产量达180万吨，实现丰产丰收。实施种业攻坚行动，攻关种源“卡脖子”技术，自主研发的小麦品种“烟农1212”“登海206”先后刷新全国旱地小麦单产纪录；自主培育的“益生909”小型白羽肉鸡，是全国畜禽育种的巨大创新。

第二，推动烟台特色果业高质量发展。烟台市打造“烟台仙果”果业全品类整体品牌，利用抖音、快手、淘直播等自媒体平台和农产品推介会，开展特色农产品线上线下宣传，集中打造烟台苹果、莱阳梨、烟台草莓、烟台大樱桃等区域公用品牌。“十三五”期间，烟台市从事苹果产业的人员近170万人，产值近200亿元；烟台苹果品牌价值达145.05亿元，连续12年蝉联中国果业第一品牌。[①] 成功举办“中国·山东国际苹果节”和“2020第十五届烟台东亚国际食品交易博览会”，签订41个合约，总金额370亿元。

① 《烟台市“十三五”农业农村发展成绩斐然》，烟台市人民政府网站，2020年12月31日，http：//www.yantai.gov.cn/art/2020/12/31/art_ 44911_ 2924170.html。

第三，高度重视畜牧业发展，实施畜牧规模化、标准化养殖工程。2018年《烟台市乡村振兴战略规划（2018—2022年）》提出，要“加快建设现代畜牧示范区，大力发展肉鸡、生猪、牛肉、畜禽良种产业及畜产品加工业，稳妥发展特色养殖业，严格控制水禽、黄羽肉鸡、毛皮动物发展”。2020年，烟台市先后为12家规模猪场、4家生猪屠宰厂争取贷款贴息1486.47万元，协调金融机构帮助1495个中小养猪企业申请贷款8.06亿元，争取省级以上现代畜牧业发展资金3803.2万元。畜牧业的稳健发展为烟台市农民增收提供重要助力。

第四，发展海洋渔业经济。烟台市编制并印发《烟台市海洋牧场发展规划（2019—2025年）》，持续推进海洋牧场建设，构建“海上粮仓”流通贸易平台，积极推进渔港及渔港经济区建设。截至2020年，烟台市拥有省级以上海洋牧场30处，其中国家级14处，占全国的1/8，各类海洋牧场建设面积达110万亩，产业链产值超过500亿元。①

第五，积极培育新型职业农民。培育新型职业农民不仅是优化农业从业者结构、缓解农业劳动力“短缺”问题的有效途径，而且对农民的农业经营收入具有正向影响。② 2012~2020年，烟台市新型职业农民培育试点累计培育高素质农民19292人，新型农民创业培训3319人，青年农民农场主666人，农业经理人532人，农业领军人才311人，农业丝路先锋人才106人，参与农民实用技术培训108万人次。③

2.通过推动三产融合、因地制宜打造富民产业，带动经营净收入提高

乡村振兴，产业兴旺是基础，要高度重视富民产业的打造。烟台市在发展第一产业的同时，促进第二、第三产业发展，推动立体化、复合式全产业链发展，让更多农民分享产业增值收益。一是实施新型经营主体培育工程，

---

① 《1808亿！“十三五”期间烟台市海洋经济居全国沿海地级市前列》，烟台市人民政府网站，2020年12月17日，http：//www.yantai.gov.cn/art/2020/12/17/art_ 43376_ 2919949.html?from=groupmessage。

② 陈建伟：《新型职业农民身份对农业经营收入的影响：基于倾向值匹配方法的分析》，《东岳论丛》2019年第11期。

③ 《高素质农民培育“烟台模式”叫响全国》，烟台市人民政府网站，2022年5月10日，http：//www.yantai.gov.cn/art/2022/5/10/art_ 11800_ 2976084.html。

围绕烟台苹果、白羽肉鸡、海洋渔业等特色农业产业，培育发展龙头企业、家庭农场、合作社，发展多种形式适度规模经营。截至2020年，烟台市累计创建7个省级以上现代农业产业园、4个国家级产业强镇，其中，国家级现代农业产业园“栖霞模式”在全国推广。2021年，烟台市拥有17家农业上市企业、15家国家级农业产业化龙头企业、83家省级农业产业化龙头企业。二是注重农业的多功能性，加快推进农业与旅游、教育、文化、健康养老等产业的深度融合。2019年，烟台市规模以上农业休闲观光基地发展到130多处，特色农产品网上销售额27亿元，总额居全省第一。例如，招远大户陈家村依托大户庄园，带动周边5个村成立专业合作社，投资1.5亿元建成5000亩优质粮食基地、3000亩绿色果品基地、2000亩乡村旅游基地，成为招远市国家现代农业示范区核心区，当地农民既得红利又可打工，收入水平显著提高。三是延伸农业产业链，实施农产品加工业提升行动，引导加工企业重心下沉，把更多的就业机会和增值收益留在农村、留给农民。

（三）挖掘财产净收入增长潜力

烟台市农村居民财产净收入占比一直较低，近年来有略微下降的趋势，从2016年的4.4%下降到2020年的4.2%。财产净收入的名义增速有所波动，从2017年的5.4%提高到2018年的6.0%，2020年回落至4.9%。2017年以来的年均名义增速为5.6%。财产净收入的增收贡献率有所上升，从2017年的3.0%增长为2020年的4.0%。2017~2020年，财产净收入平均增收贡献率为3.6%。

1. 通过推进土地制度改革促进财产净收入增长

在当前农户分化的大背景下，土地依然是农民最重要的财产，围绕土地的收入如土地流转收入、征地补偿、农民房产和宅基地增值收入等，是农民财产净收入最主要的来源。[①] 然而，当前农村宅基地和集体经营性建设用地

① 张军：《农村产权制度改革与农民财产性收入增长》，《农村经济》2014年第11期；张国林、何丽：《土地确权与农民财产性收入增长》，《改革》2021年第3期。

的使用主体和交易面临诸多限制，导致农村建设用地大量空置闲置和隐性流转，阻碍农民财产净收入的增长。[①] 随着农村大量劳动力进城务工以及农业企业、农民合作社和种粮大户等新型经营主体的不断发展，农村土地“三权分置”成为现实所需。

要通过深化农村改革来挖掘烟台市农民财产净收入的增长潜力，继续深化农村土地制度改革，健全经营性建设用地入市政策，推进房地一体的农村集体建设用地和宅基地使用权确权登记颁证，积极探索承包地、宅基地“三权分置”的有效实现形式。烟台市农村土地制度的改革工作取得了显著成效，推动了城乡统一的建设用地市场建设，增强了农村产业发展用地保障能力。

2. 通过推进农村集体产权制度改革促进财产净收入增长

农村集体产权制度改革对增加农民的财产净收入意义重大。2017 年，烟台市起草了《烟台市农村集体产权制度改革市级试点方案》，成立烟台市农村集体产权制度改革领导小组，围绕清产核资、确定成员身份、实现资产量化、股权设置管理、实行登记注册等五个环节，采取加大宣传培训力度来营造良好氛围、强化组织领导来落实主体责任、引入中介机构来规范高效推进、创新工作措施凸显改革成效、保障改革资金加强督导考核等措施，对分类有序推进农村集体产权制度改革做出了明确部署。同年，莱州市、龙口市被确定为省级农村集体产权制度改革试点县，确立了 23 个市级试点村。截至 2020 年，烟台市 6439 个涉村（组）完成集体产权清产核资、身份确认、股权量化、成立集体经济组织等工作，占村（组）总数的 99.97%。[②] 2021 年，烟台市成立新型农村集体经济组织 6439 个，6304 个完成同步换届。截至 2021 年，烟台市村党支部领办合作社达 3045 个，带动新增集体收入 3.9 亿元，群众增收 5 亿元。[③]

---

① 蓝海涛等：《新常态下突破农民收入中低增长困境的新路径》，《宏观经济研究》2017 年第 11 期。

② 《烟台市“十三五”农业农村发展成绩斐然》，烟台市人民政府网站，2020 年 12 月 31 日，http://www.yantai.gov.cn/art/2020/12/31/art_44911_2924170.html。

③ 《我市创新推行村党支部领办合作社 蹚出共同富裕的烟台路径》，烟台市人民政府网站，2021 年 3 月 18 日，http://www.yantai.gov.cn/art/2021/3/18/art_20201_2935957.html。

（四）拓展转移净收入增长空间

烟台市农村居民转移净收入的比重略有波动，从 2016 年的 9.7%提高到 2017 年的 10.0%，2018 年回落到 9.7%，2019 年降为 9.6%，2020 年回升至 9.8%。转移净收入的名义增速从 2017 年的 11.2%下降为 2018 年的 5.0%，2019 年保持 5.0%的增长速度，2020 年增长到 7.4%，年均名义增速为 7.1%，超过经营净收入和财产净收入。其年均增收贡献率为 10.5%，已成为烟台市农村居民收入增长的重要来源。

1. 通过完善惠农补贴政策确保转移净收入不减少

随着国家和省级财政对烟台市“三农”领域投入的快速增加，烟台市农业补贴政策领域不断拓展，补贴内容日趋丰富，包括农民收入补贴、农业生产性补贴、粮食直补、农资综合补贴、良种补贴、耕地地力保护补贴、农业生态资源保护补贴、政策性农业保险费补贴等，而且补贴资金规模逐年扩大，补贴政策已经成为烟台市农业支持保护政策的重要组成部分。各项惠农补贴是农村居民转移净收入的重要组成部分。烟台市完善农业支持保护制度，不断增强“强农惠农富农”政策的精准性、稳定性、实效性。

2. 通过完善农村社会保障和农村基本公共服务体系促进转移净收入提高

烟台市农村社会保障体系的不断完善对促进农民收入增长和增进农民福祉发挥了积极的作用。随着精准扶贫工作的持续推进，烟台市不断加大社会救助力度，烟台市农村居民人均低保标准从 2016 年的 2468 元增长到 2020 年的 4423 元，增长了 79.2%。“十三五”期间，烟台市 14.4 万名建档立卡贫困人口全部实现稳定脱贫。[①] 医疗保障体系持续完善，贫困群众合规医疗费用自付占比不超过 5%。自 2020 年 1 月起，烟台市提高居民医保普通门诊最高报销限额，一档缴费的普通门诊年最高报销限额从 100 元提高至 200

---

① 《烟台市国民经济和社会发展第十四个五年规划纲要》，烟台市人民政府网站，2021 年 6 月 15 日，http：//www.yantai.gov.cn/art/2021/6/15/art_ 43173_ 2945629.html。

元，二档缴费的普通门诊年最高报销限额从200元提高至350元。[①] 烟台市加快养老服务改革创新，探索形成“政府主导+品牌连锁+机构延伸+农村互助”“四位一体”的居家社区养老服务模式，建成农村幸福院857处，农村社区日间照料设施覆盖率达到75%。[②] 同时，不断发展烟台市农村教育事业，推进健康乡村建设，提高农村民生保障水平，在幼有所育、学有所教、劳有所得、病有所医、老有所养、住有所居、弱有所扶上不断取得新进展。

三　实现烟台市农民增收的对策建议

烟台市是工业大市、农业大市、海洋大市，具有优越的区位优势和良好的农业农村发展基础。在新发展阶段，为实现烟台市农民持续增收，应以全面推进乡村振兴战略为契机，继续深化农业供给侧结构性改革，加快城乡融合发展，着力构建农民持续稳定增收的长效机制，确保烟台农民走上共同富裕的道路，满足农民对美好生活的向往。

（一）推进以县城为载体的城镇化，为农民增收创造良好条件

受新冠肺炎疫情的影响，烟台市农民工返岗意愿下降，不少农民工因防控形势的复杂多变，不打算继续外出就业。[③] 同时，《烟台市“十四五”推进农业农村现代化规划》中制定的人口城镇化率目标为68%，而2021年烟台常住人口城镇化率为67.8%，这就需要继续推进建设以县城为载体的城镇化，建立县乡村一体设计、一并推进机制，推动形成县城、乡镇、

① 《烟台市提高居民医保普通门诊年最高报销限额》，烟台市医疗保障局网站，2020年9月22日，http://ybj.yantai.gov.cn/art/2020/9/22/art_33363_2831935.html。

② 《“‘十三五’成就巡礼”新闻发布　这五年，烟台民政110多亿元兜底解难增进福祉！》，“烟台发布”澎湃号，2020年12月29日，https://www.thepaper.cn/newsDetail_forward_10591373。

③ 《烟台：农民工返岗意愿下降　亟待相关政策扶持》，烟台市人民政府网站，2022年2月24日，http://www.yantai.gov.cn/art/2022/2/24/art_11748_2970950.html。

行政村功能衔接的结构布局，并健全农业转移人口市民化推进机制，让具备条件的农业转移人口能够在城镇和农村新型社区落户，减少跨地区流动带来的风险。要推进中心村、特色村建设，发挥中心村产业集聚作用，引导周边人口向中心村集中。根据村庄特点和发展基础，发挥示范引领型村庄的产业带动力强、基础设施配套完善等优势，促进农民就地就近就业。对已经转移到非农领域就业的农民，在政策上关注农业转移人口的市民化问题，包括落实保障农民工工资支付制度，完善农民工工资增长保障机制，提高农民工在教育、医疗、住房等公共服务领域的各项社会福利水平。

（二）加强技能培训和就业创业帮扶，提高就业增收能力

农民的长期发展能力关乎农民收入增长的长期可持续性。科技革命和产业变革已对当前就业环境产生重要影响，同时，新冠肺炎疫情对滞留在低端就业岗位的低技能劳动力外出工作和获取收入造成负面影响。因此要加大对烟台市农民人力资本的投入力度，提高农民的长期发展能力和就业创业能力。一是有计划、有步骤地安排农民工参加各类技能培训活动，加强对农民工的实用技能培训，从农技推广应用、农业生产生活服务等方面，开展对农村劳动力有计划、分批次、多层次的培训，增加乡村就业人员新技能。二是构建新型职业农民培育机制，通过职业农民学院、田间课堂、农村大讲堂、庄户剧院、农民讲习所、网络教室、典型示范带动、能人现身说法等形式，以提高科技素质、职业技能和经营能力为核心，培养一批有文化、懂技术、会经营的新型职业农民，让职业农民获得相应的人力资本回报。三是扩大农村实用人才带头人示范培养规模，以新型农业经营主体带头人轮训计划和现代青年农场主培养计划为引领，加大对家庭农场经营者、专业大户、农民合作社带头人、农业企业经营管理人员、农业社会化服务人员的培养和培训力度，扩大人力资本的溢出效应。扶持适度规模经营主体，加强农户社会化服务。四是加强创业扶持，整合发展返乡创业（产业）园区，聚集生产要素，完善配套设施，降低创业成本。完善并落实鼓励创业的用地支持、金融扶持

以及税费、租金减免和资金补贴等政策，吸引更多农民工入园创业、集群创业。同时扩大以工代赈规模，让返乡农民工能打工、有收入。

（三）加快发展高质量农牧渔业，进一步激发第一产业增收潜能

烟台农业正处于由大到强、加快转变的关键期，应通过创新农业发展和经营方式，推动农业由增产导向转向提质导向，着力增加农业经营收入对烟台市农民增收的贡献。

一方面，在守住粮食安全底线的基础上，稳定以小麦、玉米为主的粮食综合生产，巩固花生、大豆等油料作物生产，推动以烟台苹果、莱阳梨、大樱桃、葡萄为代表的烟台果业高质量发展，促进以生猪和白羽肉鸡为重点的畜牧业结构调整，巩固以海参养殖为重点的烟台渔业。在农业方面，进一步加强耕地保护，稳定粮食种植面积和生产能力；关注苹果、大樱桃、梨、葡萄等优势果品，更新改造老龄果园，优化调整品种结构；支持蔬菜生产设施提档升级。在畜牧业方面，大力发展肉鸡、生猪、牛肉、畜禽良种产业，稳妥发展特色养殖业。在渔业方面，壮大海参产业，大力推广智能网箱、围网、循环水等绿色养殖模式，继续优化海洋牧场格局。

另一方面，要加强农业支持保护，降低农业经营风险，稳定农业经营收入。一是理顺农产品价格的市场形成机制，坚持“市场定价、价补分离”的改革方向不动摇，降低成本“地板”，提升农产品价格“天花板”，扩大农业经营收益的空间。二是继续完善农业收储制度，落实粮食最低收购政策，引导多元主体入市收购，为农户提供粮食代清理、代干燥、代储存、代加工、代销售“五代”服务，促进粮食提质减损和农民增收。三是提高农业风险保障能力，扩大农业保险覆盖面，逐步推广农业大灾保险的补贴范围和保障水平，鼓励探索开展“农业保险+”模式。四是加强农田水利等基础设施建设，加强农业技术推广，因地制宜地推进高效节水灌溉建设，改善农业生产条件，提高农业机械化水平，减少旱涝灾害等风险损失。

（四）发展富民产业，推动产业就业融合发展促进增收

在发展产业的过程中，要遵循市场规律，有序引导商品市场与劳动力市场的供需匹配，通过地方产业和就业的深度融合，扩大烟台本地产业吸纳就业的空间，带动农民收入持续增长。

首先，深化农业供给侧结构性改革，立足烟台市区位条件、资源禀赋和农业状况，遵循产业发展规律，实施“1+6”特色产业集群培育工程，即打造烟台苹果1个千亿级和白羽肉鸡、生猪、海参、葡萄与葡萄酒、花生与食用油、龙口粉丝6个百亿级产业集群。林果种植业要加快构建现代农业产业园、标准化园区、加工产业园区，培育壮大一批深加工企业，完善品牌建设和运营机制，提升品牌价值和影响力。养殖产业要加强白羽肉鸡、生猪等良种繁育体系建设，开展规模化、工厂化、智能化养殖，打造全国高端畜禽产品加工基地。以海参为主的海洋渔业要整合产业链条，进行品牌推广，进一步提升品牌价值，带动鲍鱼、虾夷扇贝、海胆等海珍品产业发展，推进渔业产业由第一产业向第三产业平稳过渡。

其次，发展多种类型的农村产业融合方式。围绕烟台市优势特色产业，打造一批现代农业产业园、农业产业强镇和乡土产业名品村，推进农业关联产业集聚发展、生产加工流通一体化发展和一二三产业融合发展，辐射带动乡村产业兴旺，同时要深入挖掘乡村文化、海洋文化，发展休闲农业、创意农业，打造滨海乡村旅游精品带。

再次，培育壮大烟台市现代农业经营体系，壮大农业产业化龙头企业雁阵群，加强培育农民专业合作社和家庭农场，创建农业产业化联合体，提高组织化程度并完善利益联结方式。以新型经营主体为龙头带动乡村经济多元化发展，推动新产业新业态集聚。

最后，完善烟台市农村产业融合服务体系，打造农产品销售公共服务平台，建设现代化农产品冷链仓储物流体系，在加大财政投入力度、加强涉农资金统筹整合的同时，创新支持方式，撬动更多金融和社会资金投向农村产业融合发展。

（五）深化农村产权制度改革，让农民获得更多财产净收入

近年来，烟台市农村居民财产净收入占比不足5%，与城市居民存在一定差距，财产净收入增长缓慢阻碍烟台市农民收入水平的提升。因此，应坚持推进农村产权制度改革，完善农村土地所有权、承包权、经营权“三权分置”办法，优化土地资源配置，采取更加市场化的配置方式，充分释放农村土地制度改革的增收红利，为农村居民增收培育新动能。第一，进一步维护承包农户的土地承包经营权，实现农村土地承包经营权确权登记颁证全覆盖，清晰界定农民财产权。完善土地承包经营纠纷调解仲裁体系，健全土地承包经营权流转服务管理体系，维护农民的土地权益。第二，规范农民的宅基地和住房财产权，探索建立宅基地有偿使用制度和所有权、资格权、使用权分置的具体实现形式，积极稳妥盘活利用农村闲置宅基地和闲置住宅，开展房地一体的宅基地确权登记颁证。第三，保护农民集体收益分配权，着力构建归属清晰、产权完整、流转顺畅、保护严格的农村集体产权制度，全面开展农村集体资产清产核资、集体成员身份确认，加快推进集体经营性资产股份合作制改革，对集体资产进行有效的运营和管理，及时兑现集体资产收益，实现家庭收入和集体收入的双增收。

（六）创新强农惠农富农政策体系，提高农村公共服务质量，保障转移净收入

除了财产净收入，与城镇居民相比，烟台市农村居民的转移净收入占比也相对较低。为提高烟台市农村居民的转移净收入，一方面，要确保对“三农”的支持力度不减，在推动公共财政覆盖农村的同时，要着力提高财政支出效率，深化财政支农体制改革，优化财政支农结构。多层次、多形式对不同来源的专项资金进行整合，充分发挥财政资金的杠杆作用，以奖补、贴息、贷款担保等多种形式，撬动信贷资金和社会资本，放大对农业农村的投入效应。坚持把“三农”作为财政优先保障和金融优先服务的领域，资金资源更大程度向“三农”倾斜，构建新型农业补贴政策体系并建立农产

品价格和生产者收入保险制度，加大对农业的财政补贴力度，完善和优化补贴结构。

此外，要加大对烟台市农村公共服务的投入力度，提高农村公共服务的可及性和质量水平。一要优化针对农村居民教育和健康领域的民生政策。受教育水平、教育质量以及健康水平关乎个人就业能力和机会，因此，要将农村教育事业发展和健康乡村建设相结合，提升农村教育水平，促进优质教育资源向农村倾斜，多渠道增加农村普惠性教育资源供给；增加农村医疗财政投入，完善农村医疗制度，加快县域医疗服务次中心建设，让农村居民享受更多的医疗福利。二要提升农村兜底保障水平，建立保障更充分的社会安全网，对脱贫不稳定户、边缘易致贫户以及因病因灾等基本生活严重困难户进行动态监测，及时纳入帮扶政策范围，加强对农村低收入人口的分类帮扶，加大对农村中低收入家庭的社会救助力度。三要进一步提高烟台市农村居民养老保险的参与率和财政补贴标准，提高农村居民养老金收入，加快推进全市农村普惠型养老服务和互助性养老发展，健全县乡村衔接的三级养老服务网络，加大对村级敬（养）老院的运营奖补扶持力度。

B.10

烟台市农村居民消费现状及展望*

朱文博**

摘　要： 把握农村居民消费的现状特征，明晰农村消费升级的发展潜力，对于全面推动烟台市乡村振兴具有重要的战略意义。进入新发展阶段，烟台市农村居民消费水平快速提高，城乡消费差距逐渐缩小，市内区域间消费发展不均衡。农村居民的生存型消费比重依旧最高，发展享受型消费的升级空间较大，耐用消费品呈现向生活便利、功能整合和个性发展方向换代升级的趋势，但是新冠肺炎疫情减缓了农村消费升级的速度。烟台市农村居民消费水平在山东省农村处于领先地位，对标城镇居民消费水平来看仍具有巨大的发展潜力。按照当前消费增长模式的发展情况，烟台市将在未来15年内实现农村消费潜力的有效释放，但也仅是追赶上了当前的城镇消费水平，距离共同富裕目标还有一定差距，须通过有效的政策手段进一步刺激农村消费潜力释放。未来，需要健全社会保障体系，促进农村居民收入稳定增长和消费理念转变，还要完善与消费相关联的配套基础设施和加强消费市场监管，实现农村居民消费增长和结构升级，为全面推动和落实烟台市乡村振兴贡献力量。

关键词： 农村消费　消费升级　乡村振兴

---

* 凡未注明出处的数据，一律为作者根据历年《烟台统计年鉴》测算。

** 朱文博，管理学博士，中国社会科学院农村发展研究所助理研究员，主要研究方向为食物消费和粮食安全。

习近平总书记在2020年中央农村工作会议上强调，构建新发展格局，把战略基点放在扩大内需上，农村有巨大空间，可以大有作为。2021年中央一号文件要求全面促进农村消费。2022年2月，国务院发布《"十四五"推进农业农村现代化规划》，明确"十四五"时期扩大农村消费的重点方向。2022年中央一号文件提出"实施县域商业建设行动，促进农村消费扩容提质升级"。近年来，烟台市在推动乡村振兴战略实施和农业农村发展上取得了突出性成果，尤其是自新冠肺炎疫情发生以来，烟台市积极应对疫情防控常态化对农村消费市场的影响，借助消费的新观念、新模式、新业态，全力推动农村消费恢复和提质升级，满足农村居民多样化的消费需求，助推乡村振兴。2021年，烟台市乡村消费品零售额达到了685.6亿元，比2020年增长了11.4%，基本恢复到2019年水平。为此，本报告聚焦烟台市农村居民的消费情况，对农村消费的现状特征和发展潜力进行分析和展望，据此提出促进烟台市农村居民消费升级、助推乡村振兴的政策建议。

一　烟台市农村居民消费现状

本部分从生活消费支出和重点消费品消费量两方面对烟台市农村居民消费的基本情况进行分析，厘清现阶段烟台市农村居民的生活消费支出变动特征、消费支出结构变动特征、基础农产品消费量变动特征以及耐用消费品拥有量变动特征。

（一）生活消费支出变动特征

按照国家统计局的定义和划分标准，居民消费支出是指居民满足家庭日常生活消费需要的全部支出，既包括现金消费支出，也包括实物消费支出。一般情况下，中国农村居民生活消费分为食品烟酒、衣着、居住、生活用品及服务、医疗保健、交通通信、教育文化娱乐、其他商品和服务八大类。本部分关于烟台市农村居民消费支出的分析均是在此八大类的基础上展开的。

1. 总体消费支出变动

乡村振兴战略实施以来，烟台市农村居民消费支出呈现快速增长趋势，但是突袭而至的新冠肺炎疫情对农村消费造成了较大冲击。从总体消费水平看，烟台市农村居民人均消费支出从 2016 年的 11651 元增长到 2019 年的 15125 元，实际年均增长率为 6.7%。2020 年农村居民消费支出增速放缓，虽然名义支出增长到 15407 元，但是实际消费支出同比下降了 0.6%。之所以出现实际消费支出的下降，一方面是因为收入增速的放缓降低了居民的消费意愿，烟台市农村居民人均可支配收入从 2016~2019 年的实际年均增长 5.9%放缓至 2019~2020 年的实际增长 2.6%；另一方面是因为新冠肺炎疫情等不确定性冲击使居民的预防性储蓄增加，现实表现为消费倾向出现下降趋势，烟台市农村居民平均消费倾向从 2019 年的 0.71 下降至 2020 年的 0.69。

各类商品或服务的消费支出变动显示，2016~2019 年农村居民各类消费支出均呈现显著增长趋势，实际年均增长 4.1%~10.6%，各消费类别增速由高到低依次是生活用品及服务、交通通信、教育文化娱乐、居住、衣着、其他商品和服务、医疗保健、食品烟酒。新冠肺炎疫情发生以来，防控措施、居家生活以及收入预期降低改变了农村居民的当前消费行为，剔除通胀因素后，2020 年仅有食品烟酒和医疗保健消费支出实现了增长，实际分别增长 1.2%和 0.4%；其他类别的消费支出均呈现不同程度的下降，降幅最大的两类为其他商品和服务以及衣着支出，分别比 2019 年降低了 10.3%和 3.7%。

烟台市城乡居民消费差距小于城乡收入差距且呈现逐渐缩小的趋势。2016~2019 年，烟台市居民城乡收支差距均低于全国平均水平，城乡居民人均可支配收入比从 2.32 缩小到 2.26；同期，城乡居民人均消费支出比从 2.21 缩小到 2.07，城乡差距更小且下降速度更快。即使在新冠肺炎疫情发生后，2020 年城乡收入差距依旧在收缩，但是城乡消费支出差距处于停滞状态。从具体消费支出类别看，衣着、生活用品及服务、居住消费支出的城乡差距较大，食品烟酒、医疗保健和交通通信消费支出的城乡差距较小

（见表1）。可以发现，烟台市政府促消费政策成效显著，尤其是在保障基础食物供给和推动城乡公共服务均等化方面成绩突出，巩固了乡村振兴实施的基础。

表1　烟台市农村居民收支及城乡比情况

单位：元，%

指标	2016年	2019年	2020年	2016～2019年实际年均增长	2019～2020年实际增长	城乡比(农村=1)		
						2016年	2019年	2020年
人均消费支出	11651	15125	15407	6.7	-0.6	2.21	2.07	2.07
食品烟酒	4067	4899	5080	4.1	1.2	1.97	1.91	1.87
衣着	868	1138	1124	7.1	-3.7	3.14	2.75	2.71
居住	2178	2935	2980	8.1	-1.0	2.51	2.29	2.35
生活用品及服务	628	908	921	10.6	-1.1	2.73	2.26	2.34
医疗保健	1011	1261	1297	5.3	0.4	1.62	1.67	1.63
交通通信	1662	2307	2351	9.1	-0.6	2.02	1.80	1.85
教育文化娱乐	936	1291	1301	8.9	-1.7	2.23	2.13	2.13
其他商品和服务	302	385	354	6.1	-10.3	2.43	2.51	2.51
人均可支配收入	16721	21218	22305	5.9	2.6	2.32	2.26	2.22
平均消费倾向	0.70	0.71	0.69	—	—	—	—	—

注：农村居民消费支出额为名义值；增长率为基于消费价格指数平减后的实际增长率；城乡比为城镇居民消费支出（或收入）与农村居民消费支出（或收入）的比值；单独列出2020年的数据是因为考虑到了新冠肺炎疫情对农村居民消费的影响，余同，此后不赘。

资料来源：根据历年《烟台统计年鉴》整理和测算。

从烟台市各市（区）的消费特征看，区域间农村居民消费水平发展不均衡，部分区域的领头羊效应逐步显现。在烟台市下辖15个市（区）中，2016年，超过烟台市农村居民人均消费支出水平的市（区）有8个，而2019年下降至5个。2016～2019年，烟台市农村居民消费支出年均增速超过或等于全市平均增速的市（区）仅有3个，为昆嵛山保护区、高新区和莱山区，年均增速分别为11.2%、8.6%和6.7%。同期，低于全市平均增速1个百分点以下市（区）有8个（见表2）。可见，烟台市各区域农村居民消费发展步入快车道，但是发展格局呈现不平衡性，重点区域的领头羊效应显现，未来需要重视不断拉大的区域间消费差距，促进烟台全体农村居民共同富裕。

表 2　烟台各市（区）农村居民人均消费总支出变动情况

单位：元，%

市(区)	2016 年	2019 年	2020 年	2016～2019 年实际年均增长	2019～2020 年实际增长
烟台市	11651	15125	15407	6.7	-0.6
芝罘区	—	—	—	—	—
福山区	11937	15074	15345	5.7	-0.7
牟平区	13594	15831	16179	2.9	-0.3
莱山区	11968	15552	15841	6.7	-0.6
蓬莱区*	12075	14894	15188	4.9	-0.5
开发区	—	—	—	—	—
高新区	12602	17243	17495	8.6	-1.0
长岛综合试验区*	10704	13600	13911	5.9	-0.2
昆嵛山保护区	5551	8150	8328	11.2	-0.3
龙口市	12602	15904	16280	5.7	-0.1
莱阳市	9004	10933	11163	4.4	-0.4
莱州市	12164	15274	15484	5.5	-1.1
招远市	11701	14361	14600	4.7	-0.8
栖霞市	8034	10036	10195	5.3	-0.9
海阳市	9240	11819	12063	6.2	-0.4

*2020 年 6 月，国务院批复撤销蓬莱市、长岛县，设立蓬莱区，以原蓬莱市、长岛县的行政区域为蓬莱区行政区域；2020 年 9 月 1 日，蓬莱区正式挂牌，长岛按照省级海洋生态文明建设功能区体制独立运转。本报告均以新行政区划名称表述，此后不赘。

注：农村居民消费支出额为名义值；增长率为基于消费价格指数平减后的实际增长率；“—”表示无农村居民消费支出数据。

资料来源：根据历年《烟台统计年鉴》整理和测算。

2. 消费支出结构变动特征

烟台市农村居民的消费支出结构具有明显的消费升级特征，具体表现为恩格尔系数和生存型消费支出份额下降，发展享受型消费的支出份额上升。2016～2019 年，烟台市农村居民的恩格尔系数从 34.9%下降到 32.4%，生存型消费支出占比从 61.0%下降到 59.3%，发展享受型消费支出占比从 36.4%上升到 38.1%。新冠肺炎疫情发生后，2020 年农村居民恩格尔系数和生存型消费支出占比有所回升，发展享受型消费支出占比基本维持不变。从数量级上看，生存型消费依旧是最大的支出项，发展享受型消费还处于相对较低水平，未来发展享受型消费发展潜力较大。

从具体八大类消费支出的份额变动看，2016~2019 年，烟台市农村居民的食品烟酒、医疗保健及其他商品和服务方面的支出份额呈现降低趋势，其中食品烟酒支出份额的降幅最大，降幅达 2.5 个百分点；衣着、生活用品及服务、居住、交通通信和教育文化娱乐的支出份额均有不同程度的增长，增幅最大的是交通通信，其次是居住，再次是生活用品及服务，增幅分别为 1.0 个、0.7 个和 0.6 个百分点。新冠肺炎疫情发生以来，2020 年农村居民的食品烟酒和医疗保健消费支出份额上升，其他类别消费支出份额均下降或保持不变（见表 3）。2021 年，随着新冠肺炎疫情对日常生活冲击减弱，社会生活秩序步入正轨，烟台市居民消费需求集中释放，发展享受型消费支出持续增长，遵循从生存型消费到发展享受型消费的升级演变路径。

表 3　烟台市农村居民消费支出结构

单位：%，个

指标	2016 年	2019 年	2020 年	2016~2019 年变动的百分点	2019~2020 年变动的百分点
消费结构特征					
食品烟酒	34.9	32.4	33.0	-2.5	0.6
衣着	7.4	7.5	7.3	0.1	-0.2
居住	18.7	19.4	19.3	0.7	-0.1
生活用品及服务	5.4	6.0	6.0	0.6	0.0
医疗保健	8.7	8.3	8.4	-0.4	0.1
交通通信	14.3	15.3	15.3	1.0	0.0
教育文化娱乐	8.0	8.5	8.4	0.5	-0.1
其他商品和服务	2.6	2.5	2.3	-0.1	-0.2

续表

指标	2016 年	2019 年	2020 年	2016~2019 年变动的百分点	2019~2020 年变动的百分点
消费升级特征					
恩格尔系数	34.9	32.4	33.0	-2.5	0.6
生存型消费支出	61.0	59.3	59.6	-1.7	0.3
发展享受型消费支出	36.4	38.1	38.1	1.7	0.0

注：生存型消费支出是人类生存所需的基本底线需求，包括用于食品烟酒、衣着和居住的支出；发展享受型消费是指人们为了满足可持续发展需求以及舒适快乐需求而产生的用于生活用品及服务、交通通信、教育文化娱乐、医疗保健的消费。

资料来源：根据历年《烟台统计年鉴》整理和测算。

（二）重点消费品消费量变动特征

本部分主要分析烟台市农村居民重点消费品消费量的变动特征，包括基础农产品消费量和耐用消费品拥有量变动特征。前者侧重于反映保障生存的食物消费量的变动情况，后者反映发展享受型的中高端消费品的消费特征。

1. 基础农产品消费量变动特征

烟台市农村居民的食物消费结构呈现从“吃得饱”到“吃得好”的转型升级。2016~2019 年，烟台市农村居民的粮食、肉类、禽类、干鲜瓜果类、糖果糕点类、烟叶和酒的人均消费量呈现增长趋势，而油脂类、蔬菜及菜制品、水产品、蛋类及蛋制品、奶和奶制品、饮料的人均消费量有所下降。较为突出的是，烟台市农村居民的粮食消费量稳步提高，与中国整体消费结构转型路径存在一定差异。

新冠肺炎疫情发生以来，烟台市农村居民的饮食结构发生了明显变化，甚至出现从“吃得好”向“吃得饱”的降级发展。为满足人体所需的基本能量、膳食纤维和蛋白质摄入，农村居民的谷薯类粮食、蔬菜及菜制品、蛋类及蛋制品等中国传统食物的消费量明显提高，而其他改善型的食物消费量有所下降，其中，干鲜瓜果类、糖果糕点类、猪肉和豆类的降幅分别达到了35.0%、33.3%、16.3%和20.2%（见表4）。因此，基础农产品消费结构升级的长期趋势是稳中向好的，烟台市农村居民的饮食质量稳步提升，但是要重点关注新冠肺炎疫情等不确定性因素对居民食物消费行为的影响，做好地方性基础食物的稳产保供工作，保障好区域层面的粮食安全。

表4 烟台市农村居民人均食物消费量情况

单位：公斤，%

食物类别	2016年	2019年	2020年	2016~2019年年均增长率	2019~2020年增长率
粮食	115.5	126.1	136.5	3.0	8.2
谷物	106.4	114.6	126.6	2.5	10.5
薯类	2.0	2.1	2.4	1.6	14.3
豆类	7.1	9.4	7.5	9.8	-20.2
油脂类	7.8	7.1	6.9	-3.1	-2.8
蔬菜及菜制品	100.7	73.4	79.7	-10.0	8.6
肉类	22.1	23.7	19.9	2.4	-16.0
猪肉	16.1	16.6	13.9	1.0	-16.3
禽类	2.7	3.4	5.0	8.0	47.1
水产品	22.5	19.1	19.6	-5.3	2.6
蛋类及蛋制品	18.3	16.1	20.8	-4.2	29.2
奶和奶制品	18.7	13.4	12.1	-10.5	-9.7
干鲜瓜果类	73.9	89.6	58.2	6.6	-35.0
糖果糕点类	6.8	12.0	8.0	20.8	-33.3
饮料	0.3	0.2	0.2	-12.6	0.0
烟叶	0.3	35.3	35.0	390.0	-0.8
酒	16.4	16.8	14.5	0.8	-13.7

资料来源：根据历年《烟台统计年鉴》整理和测算。

2. 耐用消费品拥有量变动特征

烟台市农村居民的耐用消费品发展呈现向生活便利、功能整合和个性发展方向换代升级的新趋势。第一，生活便利的发展趋势体现在农村居民的生活消费理念向城市居民看齐，对中高档交通工具和家用电器的需求快速增长。2016~2020年，烟台市农村居民的家用汽车、助力车、洗衣机、空调和排油烟机的拥有量分别增长了11.9%、8.3%、10.7%、42.5%和17.5%。第二，功能整合的发展趋势体现在集多种功能于一体的现代智能手机对传统的照相机、家用固定电话和计算机的替代方面。2016~2020年，烟台市农村居民接入互联网的移动电话数量增长了141.4%，与此同时，固定电话、计算机和照相机的拥有量分别下降了68.5%、34.1%和44.1%。第三，个性发展的新趋势体现在农村居民日益增长的文体娱乐用品需求方面，2016~2020年，烟台市农村居民的中高档乐器和健身器材分别增长了320.0%和120.0%。

进一步从耐用消费品的城乡比变动看，近年来仅有家用汽车、助力车、微波炉、洗碗机、固定电话和计算机的城乡差距有所扩大，其他耐用消费品的城乡差距均保持稳定或逐步下降。同时，从城乡比的绝对值来看，家用汽车、微波炉、空调、洗碗机、计算机、照相机、中高档乐器和健身器材拥有量的城乡差距较大，维持在1.5以上（见表5），反映了这些耐用消费品在烟台农村地区的使用时间长、更新换代慢，当然也具有较大的需求发展潜力，是未来烟台市政府在促进乡村振兴和城乡共同富裕方面的重点发力方向。

表5　2016年和2020年烟台市农村居民耐用消费品拥有量情况

指标	每百户农村居民耐用消费品拥有量			城乡比(农村=1)		
	2016年	2020年	增幅(%)	2016年	2020年	变动
家用汽车(辆)	27.7	31.0	11.9	1.7	1.9	0.2
摩托车(辆)	61.9	58.0	-6.3	0.4	0.4	0.0
助力车(台)	56.5	61.2	8.3	0.9	1.0	0.1
洗衣机(台)	78.7	87.1	10.7	1.2	1.1	-0.1
电冰箱(台)	103.8	107.4	3.5	1.0	1.0	0.0
微波炉(台)	15.7	13.5	-14.0	3.3	3.4	0.1
彩色电视机(台)	110.0	110.3	0.3	1.0	1.0	0.0
空调(台)	35.1	50.0	42.5	2.4	2.0	-0.4
热水器(台)	93.9	93.2	-0.7	1.1	1.1	0.0

续表

指标	每百户农村居民耐用消费品拥有量			城乡比(农村=1)		
	2016年	2020年	增幅(%)	2016年	2020年	变动
洗碗机(台)	0.9	0.2	-77.8	1.6	14.4	12.9
排油烟机(台)	51.0	59.9	17.5	1.8	1.5	-0.3
固定电话(线)	47.6	15.0	-68.5	0.8	1.1	0.3
移动电话(部)	196.8	196.5	-0.2	1.1	1.1	0.0
接入互联网(部)	58.4	141.0	141.4	2.1	1.3	-0.7
计算机(台)	41.9	27.6	-34.1	1.9	2.4	0.5
接入互联网(台)	30.5	24.0	-21.3	2.2	2.6	0.3
照相机(台)	5.9	3.3	-44.1	7.4	7.4	-0.1
中高档乐器(架)	0.5	2.1	320.0	17.0	3.3	-13.7
健身器材(台)	0.5	1.1	120.0	12.8	6.2	-6.6

注：城乡比为城镇居民每百户耐用消费品拥有量与农村居民每百户耐用消费品拥有量的比值。
资料来源：根据历年《烟台统计年鉴》整理和测算。

二　烟台市农村居民消费展望

烟台市农村居民消费展望分析从两个维度展开，一是在同一时间维度下开展不同地区居民的横向比较，展望烟台市农村居民对标国内其他地区或群体的消费潜力；二是在不同时间维度下开展烟台本市农村居民的纵向比较，展望烟台市农村居民在2035年的消费支出水平和结构特征。

（一）对标国内其他地区的农村居民消费潜力展望

展望烟台市农村居民的消费潜力，不仅需要了解烟台市农村居民消费水平与省内城乡居民人均消费水平的差距，而且需要明晰烟台市农村居民消费水平与全国平均水平的差距。本部分将烟台市农村居民的消费支出特征与本市城镇居民相对比，然后同省内经济发展水平最高的青岛市以及全省城乡居民的平均消费水平相对比，并同全国城乡居民的平均消费水平进行对比。

烟台市农村消费发展水平在山东省农村内部处于领先地位，但无论是从地方层面还是全国层面看，城乡消费均存在较大的鸿沟，这意味着对标城镇居民消费水平，未来烟台市农村居民消费需求仍具有巨大的发展潜力。从烟台市内城乡居民的消费特征看，2020 年，烟台市农村居民的人均消费支出水平仅相当于城镇水平的 48.4%，其中发展潜力较大的是衣着、居住、生活用品及服务，这三类消费支出仅相当于城镇居民的 36.9%、42.6% 和 42.8%。与青岛市、山东省和全国城乡居民的消费特征对比看，2020 年，烟台市农村居民的人均消费支出水平略高于青岛市、山东省以及全国农村居民的平均消费支出水平，但仅相当于青岛市、山东省和全国城镇居民消费水平的 42.9%、56.5% 和 57.0%（见表 6）。值得注意的是，烟台市农村居民的恩格尔系数与青岛市、山东省和全国城乡居民相比是最高的，这说明烟台市农村居民的食品消费在其消费结构中占有更为重要的地位，保障烟台农村地区粮食和重要副食品的供给安全更加关键。

表 6　2020 年城乡居民消费支出结构比较

单位：元，%

指标	烟台市		青岛市		山东省		全国	
	农村	城镇	农村	城镇	农村	城镇	农村	城镇
人均消费支出	15407	31843	15138	35936	12660	27291	13713	27007
食品烟酒	5080	9523	4476	10025	3722	7319	4479	7881
衣着	1124	3044	1096	3306	689	2013	713	1645
居住	2980	6989	3269	8626	2435	5973	2962	6958
生活用品及服务	921	2152	1011	2365	818	2149	768	1640
交通通信	2351	4353	2659	5154	2112	3688	1841	3474
教育文化娱乐	1301	2772	1412	3608	1291	3204	1309	2592
医疗保健	1297	2120	880	1977	1413	2298	1418	2172
其他商品和服务	354	890	336	876	181	647	224	646
恩格尔系数	33.0	29.9	29.6	27.9	29.4	26.8	32.7	29.2
生存型消费支出占比	59.6	61.4	58.4	61.1	54.1	56.1	59.5	61.0
发展享受型消费支出占比	38.1	35.8	39.4	36.5	44.5	41.5	38.9	36.6

资料来源：根据《烟台统计年鉴》《青岛统计年鉴》《山东统计年鉴》《中国统计年鉴》的数据计算和整理。

（二）对标2035年的农村居民消费展望

本报告基于2013~2020年[1]《烟台统计年鉴》的农村居民消费支出数据，通过趋势外推法，对2035年八大类商品消费支出水平和结构特征进行预测展望。考虑到消费支出变动的不确定性，设定三种增长率不同的情景方案，分别为中位方案、低位方案和高位方案。假定中位方案2021~2025年的消费支出增长率为2013~2020年的年均增长率，2026~2030年的年均增速放慢2个百分点，2031~2035年的年均增速再放慢2个百分点。低位方案和高位方案的消费支出年均增长率分别在中位方案的基础上调减1个百分点和调增1个百分点。2035年烟台市农村居民各类商品的消费支出金额、支出比重和结构升级指标的预测结果见表7。

从总体消费展望结果来看，2035年烟台市农村居民人均消费支出将达到27474~39257元，其中中位方案预测值为34081元，比2020年消费支出水平增长了1.2倍。如果对比上一部分消费潜力的展望结果，中位方案预测的2035年烟台农村居民人均消费支出（34081元）与2020年青岛市城镇居民的人均消费支出（35936元）较为接近，但已经超过了2020年烟台城镇居民（31843元）、山东省城镇居民（27291元）和全国城镇居民的平均消费支出水平（27007元）。可见，按照当前消费增长模式发展下去，烟台市农村居民将在未来15年内实现消费潜力的有效释放，但是也仅追赶上了当期的城镇消费水平，距离共同富裕目标还有一定差距，仍需通过有效政策手段进一步刺激消费潜力的释放。

从中位方案下各类商品消费的展望结果来看，首先，八大类消费支出均会继续增长，2021~2035年八大类商品消费支出的增幅区间为35.6%~218.1%，增幅居于前三位的分别为生活用品及服务、交通通信、教育文化娱乐，分别是原来的2.2倍、1.8倍和1.6倍。除了其他商品和服务外，增

---

① 自2013年开始国家统计局调整了城乡数据调查方案，数据的统计口径发生了改变，考虑到消费支出的数据实效性、口径一致性和增长稳定性，故本报告在计算年均增长率时仅采用2013年之后的数据。

幅最低的为食品烟酒支出，增幅仅为72.6%。其次，消费支出结构发生显著变化，2021~2035年，烟台市农村居民居住、生活用品及服务、交通通信和教育文化娱乐消费支出份额将继续上升，2035年分别达到了21.4%、8.6%、19.2%和9.9%，分别比2020年提高了2.1个、2.6个、3.9个和1.5个百分点；食品烟酒、衣着、医疗保健及其他商品和服务的支出份额呈现下降趋势，降幅最大的为食品烟酒，降幅达到了7.3个百分点，低位方案、高位方案与中位方案的消费支出结构差异性不大，也反映了支出结构预测的稳健性。最后，未来烟台市农村居民的消费结构将会继续转型升级，总体表现为恩格尔系数和生存型消费支出占比下降，发展享受型消费支出占比上升。到2035年，中位方案下烟台市农村居民的恩格尔系数和生存型消费支出占比将比2020年分别下降7.3个和6.0个百分点，发展享受型消费支出占比将比2020年提高6.9个百分点。

表7　2020年和2035年烟台农村居民八大类商品的消费展望

单位：元，%

支出项目	2020年		2035年					
	基期		中位方案		低位方案		高位方案	
	支出	占比	支出	占比	支出	占比	支出	占比
人均消费支出	15407	—	34081	—	27474	—	39257	—
食品烟酒	5080	33.0	8767	25.7	6304	22.9	10124	25.8
衣着	1124	7.3	2226	6.5	1842	6.7	2567	6.5
居住	2980	19.3	7286	21.4	5897	21.5	8386	21.4
生活用品及服务	921	6.0	2930	8.6	2336	8.5	3364	8.6
医疗保健	1297	8.4	2482	7.3	2541	9.3	2864	7.3
交通通信	2351	15.3	6532	19.2	5018	18.3	7510	19.1
教育文化娱乐	1301	8.4	3378	9.9	2998	10.9	3886	9.9
其他商品和服务	354	2.3	480	1.4	538	2.0	555	1.4
恩格尔系数	—	33.0	—	25.7	—	22.9	—	25.8
生存型消费支出占比	—	59.6	—	53.6	—	51.1	—	53.7
发展享受型消费支出占比	—	38.1	—	45.0	—	46.9	—	44.9

注：由于四舍五入的原因，支出占比合计有可能不完全等于100%。

资料来源：基期情景的数据来源于《烟台统计年鉴2021》，其他情景的数据为测算。

三 促进烟台市农村消费的对策建议

激活农村消费市场，促进农村消费结构升级，释放农村消费潜力，不仅满足了农村居民对美好生活的需要，也是全面推动和落实乡村振兴战略、实现农民农村共同富裕的重要举措，有利于促进国内大循环和强大内需体系的形成。无论是从城乡对比看还是从预测结果看，未来烟台市农村居民的消费发展潜力和结构升级空间都较大，需要多措并举促消费，稳定提升农村居民消费意愿，持续提高农村居民消费能力，深入促进农村消费升级，多元畅通农村消费途径，净化农村消费环境。

（一）健全社会保障体系，增强农民消费意愿

建立健全农村社会保障体系是促进农村消费的基础保障。社会保障体系的完善能够降低农村居民未来生活的不确定性，进而改变消费预期，提升农民的消费意愿。在脱贫攻坚阶段，烟台市在促进农村就业、养老服务升级、医疗保障兜底和城乡教育均等化等方面取得了优异成果，也形成了坚实的产业基础、人才基础和组织基础。进入全面推动乡村振兴的新发展阶段，需要充分利用脱贫攻坚阶段形成的产业利益联结机制、人才队伍、组织机制以及创新性模式，进一步聚焦和夯实农村居民就业、养老、医疗和教育基础，逐步改进和健全农村社会保障体系。需要特别注意的是，烟台市农村居民居住类的消费支出金额大且份额高，这使得居住条件改善需求增长与住房社会保障供给不足的矛盾日益凸显。因此要针对农村建新房、购新房、装修房以及租房群体给予适当的政策性倾斜，可增加现金补贴或者提供消费券，在满足居民最基本的住房需求的同时，避免因居住相关支出占比过高而挤占农村居民的其他类别消费空间。另外，烟台市可以依托自身的气候优势、区位特点和产业特性，创新性构建集休闲、康养、医疗于一体的新型养老模式，同时通过公益岗位的设置增加农民就业机会。重点关注未成年人的生活消费需求，对有

未成年人的家庭给以一定的生活补贴，尤其是对有农村留守儿童的家庭，降低家庭抚养成本。

（二）促进收入稳定增长，提高农民消费能力

保障农民持续稳定增收是促进农村消费的战略重心。收入水平滞后是当前烟台农村居民消费支出水平落后于城镇居民的主要原因。农村居民的收入存在不稳定性，因为农民是生产和消费的复合体，面临着生产决策和消费决策的并行和权衡问题。生产投入成本的上升可能降低农村居民的消费倾向并挤压其消费空间。同时，农村居民还面临着生产经营的不确定性，经营性收入的市场风险和自然风险并存，未来的不确定性可能进一步降低当期消费欲望。因此，提高村民消费能力的关键在于多措并举拓宽农村居民增收渠道，建立依托产业的长效利益联结机制，不仅要稳定提高农村居民的当期收入，还要提高预期收入。烟台市地处沿海，地理位置优越，产业优势明显，苹果等特色农业产业突出，农产品加工业发展迅速，乡村旅游资源丰富。烟台市要依托产业优势，进一步促进特色农业产业、农产品加工业和乡村旅游业的一二三产业融合发展，让农民群体真正融入整个产业链，成为产业链内的利益分享者，让农业增值留在农民手中，建立以农民为核心的紧密、稳定、长效的利益联结机制。同时，提高农村居民的生产经营抗风险能力，通过扩大农业保险的覆盖范围，降低农村居民收入波动，稳定其未来消费预期。还要借助现代科学技术手段，积极发展农村电子商务，通过线上网店销售和直播带货销售等方式，多渠道增加农村居民收入。

（三）转变传统消费理念，促进农村消费升级

引导农村居民转变传统消费理念、加速农村消费结构升级是促进农村消费的核心动力。由于烟台市的对外开放程度较高，农民收入水平相对较高，现代新型消费思维相对超前。农村居民的消费理念在全省乃至全国范围内位居前列，但是与城镇居民相比仍有差距，尤其是部分市（区）农村居民的基础消费品质量不高、使用年限长，已开始显现无法适配快速发展的现代科

技社会和无法满足日益增长的美好生活需要的困境。因此，需要聚焦农村居民消费升级需要，进一步转变传统消费理念，做到传统消费不缩水、新型消费高增长、热点消费抓时机，深入推动农村消费升级。要充分发挥城镇示范效应，促进城乡互动的协调发展，向农村居民宣传现代新型消费理念。虽然农村居民的基本饮食消费需求完全得以满足，但是还不同程度存在健康膳食理念落后和饮食结构不合理等问题，最直接的后果是农村地区超重肥胖迅速蔓延。食品消费中的消费理念转变在于更加注重食物的健康营养特性，要在农村地区强化新版《中国居民膳食指南（2022）》和中国膳食宝塔的宣传和普及，推动农村居民高盐高油高脂的饮食方式向膳食均衡的方向转变。同时，衣着、家用电器等消费品中的消费理念转变在于注重优质品牌、优质产品，需要增加开展品牌商品下乡进村折扣活动的频次，通过向农村居民发放消费券等方式刺激农村地区消费升级。耐用消费品中的消费理念转变在于促进更新换代，更新换代方向在于推动家电产品的轻薄化和智能化，实现家居家装的健康舒适和绿色环保，鼓励汽车向低碳环保方向更新换代，遏制高价值且高能耗汽车的攀比消费风气。

（四）完善配套基础设施，畅通农村消费途径

推动完善农村消费配套基础设施是促进农村消费的关键助力。完善农村消费配套基础设施要与烟台市农村消费途径的拓展和发展相适应。一是线上消费途径的拓展，农村居民的消费方式由线下的传统型消费方式向互联网线上消费方式转变。烟台市拥有特色苹果产业，随着数字互联网技术的发展和农村物流网络的逐步完善，网上购物迅速在农村普及。通过直播带货、社区团购等新型电商模式来销售和消费苹果及其加工产品的模式逐渐成熟。二是线下消费途径的拓展，消费方式由以农村居民本地消费为主向吸引城市居民下乡消费转变。烟台市具有丰富的旅游资源，随着乡村休闲旅游逐渐兴起，城市居民下乡消费的情况日益增多，体现了现代城市人群在物质生活丰足后追崇回归田园、寄情山水、畅享自然的新时代需求。在此背景下，需要完善与农村消费相配套的基础设施来增强城乡居民在农

村地区消费的可得性和便利性，应重点加强快递物流基础设施、网络通信基础设施和乡村旅游基础设施建设。在完善快递物流基础设施建设方面，以县域为抓手，强化县域乡镇商贸设施和到村物流站点建设，彻底打通消费品下乡的“最后一公里”。在提升网络通信基础设施建设上，要在农村地区增加主要网络运营商基站的数量，扩大其覆盖范围，让偏远地区和偏僻山区都能有信号有网络，还要逐步调低手机流量费和网络宽带资费，普及移动支付等消费新业态、新模式，降低网络购物的通信成本，提高其便利程度。在改善乡村旅游基础设施建设上，要强化多元一体化的综合配套服务设施，以提高交通等基础设施和公共服务的供给能力为核心，推动城际旅游路、乡间旅游路建设，使旅居游客“进得来”，创造消费机会；完善旅游景点的布局规划及配套基础设施和服务，使旅居游客“留得住”，扩大消费规模；改善留宿当地所需要的餐饮、住宿等配套基础设施和服务，使旅居游客“玩得好”，升级消费体验。

（五）加强消费市场监管，净化农村消费环境

强化农村消费市场的监管能够净化农村消费环境，可以为农村消费发展保驾护航。相比于城市消费市场的正规化、规模化和智能化，农村消费市场发展相对迟缓，仍然存在质量参差不齐、规模大小不一、环境差异明显等落后特征。随着农村居民消费升级速度的加快，农村消费市场也需要有序发展，有必要强化市场监督监管，推动消费环境加速改善。首先要加强对农村消费市场的日常监管，聚焦城乡接合部、农村集市、农村批发市场等重点区域，保持对农村消费市场质量违法行为的高压态势，严厉打击假冒伪劣和“三无”产品，同时强化生产主体和销售主体的自纠自查、自检自验，将质量安全问题扼杀在供给端。其次要加大对农村消费市场产品的抽查力度，科学制订监督抽查计划，突出重点，抽查力度向涉及人身健康和生命财产安全的商品倾斜。还需要进一步提高监督抽查的统一性，扩大覆盖面，有效整治一批行业性、区域性质量“顽疾”，加大处罚曝光力度，实现“发现一个问题、整改一家企业、规范一个行业”。最后，加强

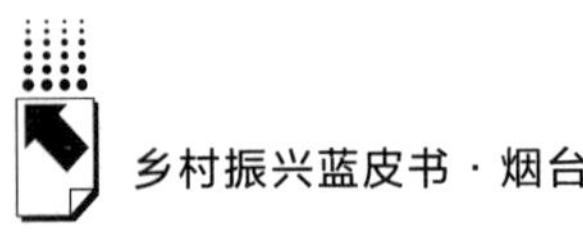

对农村消费不良风气的正向引导，遏制农村不合理人情消费和房产、汽车等高价值产品的攀比消费。

参考文献

方松海、王为农、黄汉权：《增加农民收入与扩大农村消费研究》，《管理世界》2011 年第 5 期。

石明明、江舟、周小焱：《消费升级还是消费降级》，《中国工业经济》2019 年第 7 期。

谭涛等：《中国农村居民家庭消费结构分析：基于 QUAIDS 模型的两阶段一致估计》，《中国农村经济》2014 年第 9 期。

唐博文、郭军：《如何扩大农村内需：基于农村居民家庭消费的视角》，《农业经济问题》2022 年第 3 期。

问锦尚、姚志、郑志浩：《双循环下农村居民消费需求弹性测算与结构变化预测——基于 QUAIDS 模型的应用》，《经济问题探索》2021 年第 3 期。

周建、艾春荣、王丹枫等：《中国农村消费与收入的结构效应》，《经济研究》2013 年第 2 期。

B.11

烟台市农村老年人口共同富裕的应对策略

曾俊霞*

摘　要： 农村老年人口是实现共同富裕的重点和难点人群。烟台市比全国提前近10年进入了老龄化社会，老龄化程度远高于山东和全国平均水平，烟台市农村地区的老龄化程度又远高于城镇地区。烟台市实现农村老年人口共同富裕存在多重现实困境。近年来，烟台市积极正视农村人口老龄化问题，从多方面发力，着重解决农村老年人口共同富裕难题，在物质富裕、集体富裕、精神富裕方面取得了一定的成果。未来，烟台市应更加有效地促进农村老年人口收入多元化，构建高水平的农村社会保障体系，发挥农村集体经济组织的共富作用，建立全方位的农村养老体系，更好、更快地促进农村老年人口共同富裕。

关键词： 老年人口　老龄化社会　共同富裕

共同富裕是中国特色社会主义的本质要求，是中国式现代化的重要特征。当前，我国社会的主要矛盾已转化为人民日益增长的美好生活需要和不平衡不充分的发展之间的矛盾，发展的不平衡不充分是制约共同富裕的关键所在。我国城乡发展差距依然较大，实现共同富裕最艰巨的任务在农村。作

* 曾俊霞，管理学博士，中国社会科学院农村发展研究所助理研究员，研究方向为农民人力资本。

为农村脆弱群体的农村老年人口，是实现共同富裕的重点和难点人群。我国农村老年人口规模大、占比高。第七次全国人口普查数据表明，2020年，我国乡村60岁及以上老年人口规模达到1.21亿人，占乡村总人口的23.81%；乡村65岁及以上老年人口规模达到9035万人，占乡村总人口的17.72%。相比于全国，烟台市的人口老龄化程度更深，并且农村的老龄化程度超过城镇。和全国农村情况类似，烟台市实现农村老年人口共同富裕面临着诸多困难和挑战，烟台市从多方面进行了积极的探索。

一 烟台市人口老龄化的基本情况

我国于1999年进入老龄化社会，老年人口规模日益扩大、老龄化程度日益加深。国际上通常将一个地区60岁及以上人口占总人口的10%或65岁及以上人口占总人口的7%作为进入老龄化社会的标准；65岁及以上人口占总人口比重达到14%时，标志着该地区进入老龄化社会；65岁及以上人口占总人口比重达到20%时，标志着该地区进入超老龄社会。[①] 烟台市早于全国近10年提前进入老龄化社会。2020年，烟台市的老龄化程度超过全国，农村地区的老龄化程度超过城镇地区，各地区农村之间老龄化程度差异明显。

（一）烟台市人口老龄化程度超过全省和全国平均水平

从全国第七次人口普查数据来看，2020年烟台市已非常接近超老龄社会，老龄化程度超过全省和全国平均水平。2020年烟台市60岁及以上的人口占比达到了25.68%，同期，山东省该项占比为20.90%，全国该项占比为18.70%，分别低于烟台市近5个和7个百分点。烟台市65岁及以上的人口占比达到了18.12%，同期，山东省该项占比为15.13%，全国该项占比

① 金光照、陶涛、刘安琪：《人口老龄化与劳动力老化背景下中国老年人力资本存量与开发现状》，《人口与发展》2020年第4期。

为 13.50%，分别低于烟台市近 3 个、5 个百分点（见表 1）。烟台市每 4 个人当中就约有 1 个人年龄在 60 岁及以上，每 5 个人当中就约有 1 个人年龄在 65 岁及以上。从 65 岁及以上的占比来看，烟台市的老龄化程度已经超过了老龄化社会标准（14%）4.12 个百分点，距离超老龄社会标准（20%）也仅差 1.88 个百分点。烟台市人口老龄化程度已经相当严重。

表 1　2020 年烟台市、山东省及全国常住人口年龄构成

单位：%

年龄段	烟台	山东	全国
0~14 岁	12.10	18.78	17.95
15~59 岁	62.22	60.32	63.35
60 岁及以上	25.68	20.90	18.70
其中:65 岁及以上	18.12	15.13	13.50

资料来源：根据《第七次全国人口普查公报（第五号）》《烟台市第七次全国人口普查主要数据公报》整理。

（二）烟台市人口老龄化程度加深且增速明显

烟台市人口老龄化的程度不仅深，而且从历次人口普查结果来看，还呈现了明显加速趋势（见图 1）。以 65 岁及以上人口占比为例，1990 年第四次人口普查显示，烟台市该占比为 7.16%，超过老龄化社会的标准即 7%，说明烟台市已经提前全国近 10 年进入了老龄化社会。65 岁及以上人口占比在 2000 年第五次人口普查中上升到 8.96%，2010 年第六次人口普查上升到 11.45%，2020 年第七次人口普查迅速上升到了 18.12。相比于 1990 年的第四次人口普查，65 岁及以上人口占比在后三次人口普查结果中分别增加了 1.80 个、4.29 个和 10.96 个百分点，增速明显加快。

烟台市老龄化人口不仅相对占比高、绝对数量非常大，并且涨幅明显。1990 年的第四次人口普查中，65 岁及以上人口数量为 44.87 万人，逐渐增加到第五次、第六次、第七次人口普查时的 59.46 万人、79.82 万人和 128.71 万人。四次人口普查中，65 岁及以上人口数量分别增加了 14.59 万

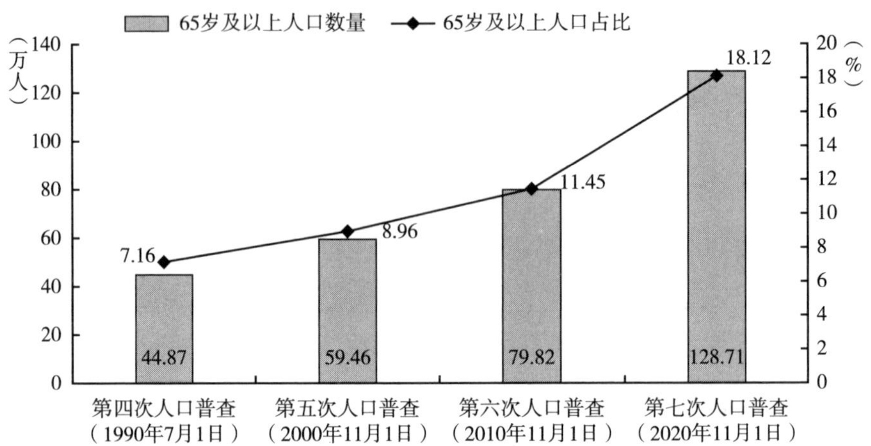

图 1　1990~2020 年四次人口普查烟台市 65 岁及以上人口数量及占比

资料来源：《烟台统计年鉴 2021》。

人（2000 年相比于 1990 年）、20.36 万人（2010 年相比于 2000 年）、48.89 万人（2020 年相比于 2010 年），绝对数量增加幅度明显扩大。烟台市大规模的老龄化绝对人口，高占比的老龄化相对人口，意味着实现共同富裕所面临的挑战难度较大。

（三）烟台市农村老龄化程度超过城镇地区和全国乡村地区

分城镇和农村地区来看，烟台市农村地区的人口老龄化程度超过了城镇地区。根据 2021 年烟台市统计局对城镇 1100 户居民家庭、农村 800 户居民家庭的统计样本数据，城镇、农村家庭中 60 岁以上的人口占比分别为 20.19%和 29.27%，65 岁以上人口占比分别为 12.06%和 17.41%（见图 2），两项占比城镇均明显低于农村，说明农村地区人口老龄化程度超过了城镇地区。①

与全国乡村人口的老龄化程度相比，烟台市农村人口的老龄化程度更加

① 烟台市统计局对城乡居民家庭人口就业情况的统计中，年龄分界线采用的是 61 岁和 66 岁，不是 60 岁和 65 岁。因此，图 2 中采用的指标是 60 岁以上（不包括 60 岁）、65 岁以上（不包括 65 岁）。如果包括 60 岁、65 岁，图 2 中的老龄化占比将更高。

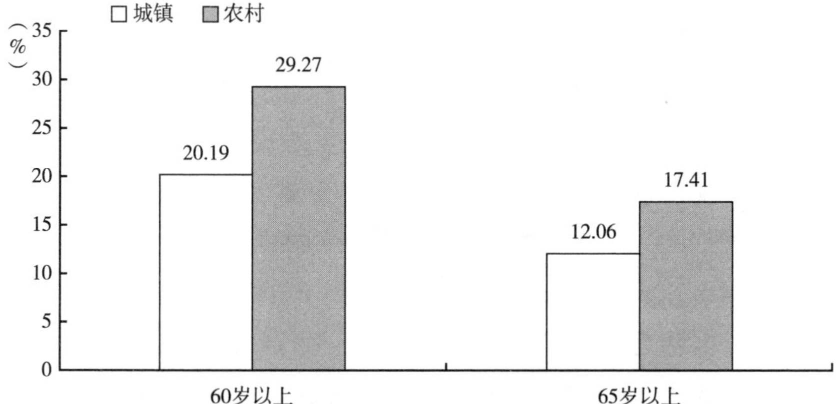

图 2　2021 年烟台市城乡 60 岁以上和 65 岁以上人口占比

资料来源：《烟台统计年鉴 2021》。

严重。第七次全国人口普查结果显示，2020 年，我国乡村 60 岁及以上老年人口占乡村人口的比例为 23.81%。烟台市农村居民 60 岁以上（不包括 60 岁）的人口占比就已经达到了 29.27%，超过全国 5.46 个百分点，老龄化程度进一步加深。

（四）烟台市农村老龄化程度地区差异明显

烟台市所辖各市（区）农村居民的老龄化程度呈现较为明显的地区差异。根据 2021 年烟台市统计局对城镇 1100 户居民家庭、农村 800 户居民家庭的统计样本数据，农村地区 60 岁以上人口占比区间为 14.44%～52.14%，65 岁以上人口占比区间为 5.56%～30.19%，不同市（区）农村居民的老龄化程度差异很大。烟台市所辖各市（区）农村居民老龄化程度见图 3。

烟台市老年人口呈现总体规模大、比例高、增速快的明显特征，通过外部比较可知烟台市老龄化程度超过了全省和全国平均水平，通过内部比较可知农村地区老龄化程度超过了城镇地区平均水平，并且各市（区）的农村居民老龄化地区差异也尤为显著。

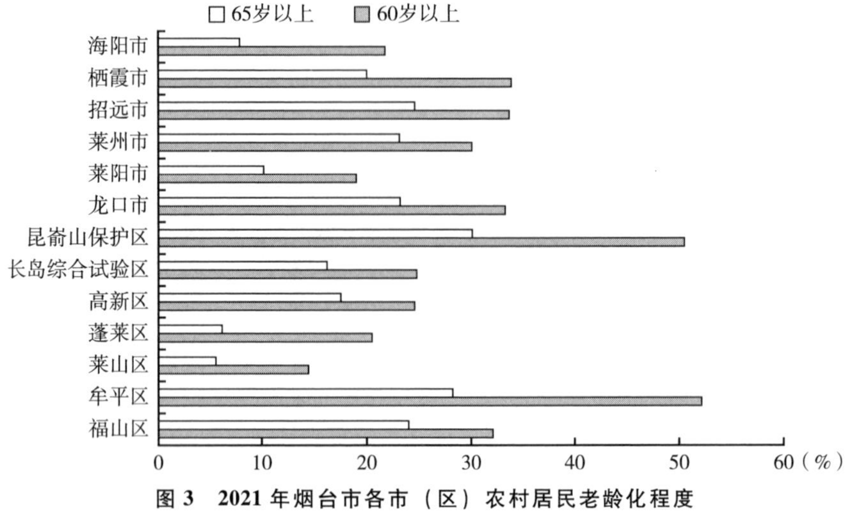

图 3　2021 年烟台市各市（区）农村居民老龄化程度

注：芝罘区和开发区未统计在内。
资料来源：《烟台统计年鉴 2021》。

二　烟台市农村老年人口共同富裕的现实困境

烟台市严峻、复杂的老龄化特征对烟台市老年人口的共同富裕构成了艰巨的挑战。老年人口及其所在家庭、农村集体组织、当地政府等主体，在实现农村老年人口共同富裕的过程中还未能充分发挥各自的作用，存在现实困境。同时，农村老年人口的共同富裕更多局限于物质富裕领域，对精神生活的富足重视不够。

（一）老年人口农业增收能力不足

烟台市农村劳动力的老龄化问题非常突出，老年农民的农业增收能力不足。烟台市农业生产经营人员中，55 岁及以上的占 49%，约为全国该项占比的 1.5 倍；35 岁及以下的仅占 9%，仅约为全国该项占比的一半。[①] 农业

① 《第三次全国农业普查主要数据公报（第五号）》数据显示，55 岁及以上、35 岁及以下的农业生产经营人员占比分别为 33.6% 和 19.2%。

劳动力老龄化的同时伴随着低文化水平。烟台市120多万名农村劳动力中，初中以下文化程度的占八成，基本是中老年人口，科学种田、产业升级、农业增收能力亟待提升。

农业劳动力中，最具代表性的烟台果农就存在老年农民的增收难题。烟台是中国现代苹果的发源地，烟台苹果驰名全国，其品牌价值达到了145亿元，连续12年荣获“中国果业第一品牌”称号。烟台市苹果种植面积常年保持在280万亩左右，全部从业人员超过170万人。然而，改革开放后栽种的第一茬苹果已经来到树龄老化、产量下降、品质降低的时间节点，烟台老劣果园面积大，树龄20年以上的老果园、郁闭园达到120万亩。同时，烟台果业从业人员年龄老化、结构断层、后继乏人，“老人无力种果、年轻人无意种果”的现象日益突出，60岁以上的果农约占1/4，40岁以下的不足1/10，留守村庄的基本是老人，没有精力和能力给果树进行更新换代。加之苹果有成长周期，换上新品种的前三年不结果，果农没有收入，家庭经济压力大，对于老年果农来说一次性投入成本高且见效期长，难以承受产业投入代价。

（二）农村家庭养老保障功能减弱

人口老龄化对传统的家庭养老提出了巨大挑战。从烟台市历次人口普查结果来看，平均家庭户规模逐渐缩小，人口的平均预期寿命增加，老年抚养比增加，家庭养老压力增加。烟台市平均家庭户规模从1990年的3.23人下降到2000年的2.82人，再降到2010年的2.62人，到2020年第七次人口普查时已经下降到2.39人。与此同时，随着烟台市经济、文化、公共卫生条件和医疗卫生等各方面发展水平的稳步提升，人口的平均预期寿命逐年增加，从2000年的74.81岁增加到2020年的80.47岁。家庭户规模缩减，人口预期寿命增加，这意味着一个更小规模的家庭要承担更多老年人口、更长时间的照料和看护责任。老年抚养比直观反映了社会养老压力的增大，1990~2010年，老年抚养比从10.17%增加到14.77%，但是从2010年的14.77%迅猛增加到2020年的25.97%，几乎翻番。包括老年抚养比、少儿抚养比在内的总抚养比从2010年的28.91%增加到2020年43.31%（见表2），揭示了劳动年龄人口“上养老、下养小”的家庭负担加重。

表2 烟台市家庭人口基本特征

指标	第四次人口普查(1990.7.1)	第五次人口普查(2000.11.1)	第六次人口普查(2010.11.1)	第七次人口普查(2020.11.1)
平均家庭户规模(人)	3.23	2.82	2.62	2.39
平均预期寿命(岁)	—	74.81	76.50	80.47
总抚养比(%)	41.88	35.60	28.91	43.31
少儿抚养比(%)	31.72	23.45	14.15	17.34
老年抚养比(%)	10.17	12.15	14.77	25.97

注：第四次人口普查平均预期寿命数据缺失。

资料来源：《烟台统计年鉴2021》。

人口老龄化使农村家庭养老压力增大的同时，也带来了养老保障功能弱化的问题。这主要是由于家庭保障能力不足，首先是农村老年人口自身养老金储备不足，其次是家庭子女外出进城经济成本大，经济结余少，可提供给父母的养老支持降低。[①] 此外，子女的赡养意愿也在降低，子女不尽赡养义务，老而无养、养而不敬的现象不同程度存在。随着传统社会向现代社会转型，老年人的经验、技术和价值取向的现实效用不断下降，老年人在家庭中的地位从主导转向依附，部分子女无力或不想履行对老年人的赡养义务。[②]

（三）农村社会保障制度不健全

近年来，我国农村社会保障水平逐步提高，在解决农村老年人的贫

① 崔红志：《共同富裕目标下农民养老的困境与应对》，https://kns-cnki-net-s.ra.cass.cn:8118/kcms/detail/detail.aspx?dbcode=CAPJ&dbname=CAPJLAST&filename=DJGL20220718000&uniplatform=NZKPT&v=8UP2WtuVbeCx89R9Nhf9ujYxXE8qWrjgK-vd2A2Z_XWmRVRm08Nsw-dbTEMA9FEJ。

② 郝亚光：《孝道嬗变：农村老人家庭地位的式微——以农业生产社会化为分析视角》，《道德与文明》2011年第1期。

困问题、促进农村老年人共同富裕等方面发挥了一定作用，但与城市社会保障水平相比，农村社会保障不仅水平低，公平性也不足，导致其促进农村人口尤其是老年人共同富裕的功能不足。社会保障主要由社会保险、社会救助等保障项目组成，其中社会保险主要包括养老保险和医疗保险，是绝大多数农村老年人口受益最多的保障来源。2009 年我国正式建立农村社会养老保险制度，2014 年新型农村社会养老保险和城镇居民社会养老保险两项制度合并，形成了统一的城乡居民基本养老保险制度，但城乡居民基本养老保险地区差异非常明显。一些发达省份的城乡居民基础养老金已经超过了每人每月 1000 元，但绝大多数地区的城乡居民基础养老金不足每人每月 200 元。同时，相同地区城乡之间的居民养老金标准也存在较大差距。城乡居民医疗保险基金由居民个人缴费总额、集体补助、政府补贴三个方面资金构成。2018 年，城乡居民实际住院费用中，个人负担占比仍达 43.9%，对于农村老年人口来说，个人负担占比仍然较高。①

2020 年，烟台市最低基础养老金标准为每人每月 118 元，每年为 1416 元，仅相当于同年烟台市农村居民人均消费总支出 15407 元的 9.19%，基础养老金标准非常低。烟台各市（区）基础养老金也存在一定的差异，但未能完全反映地区经济差异，如 2020 年海阳、莱阳、栖霞 3 个扶贫工作重点县的基础养老金为最低标准每人每月 118 元，芝罘区、莱山区、开发区、福山区最高，为每人每月 165 元，仅比最低标准高出了 47 元。2020 年，烟台市城乡居民医疗保险缴费标准一档为每人每年 340 元，二档为每人每年 490 元。与全国居民医保报销类似，烟台市的居民医保报销仍然是以“保大病”为主，对于老年人口经常性需要的门诊报销和慢性病报销仍存在较大制约。

---

① 崔红志：《共同富裕目标下农民养老的困境与应对》，https：//kns-cnki-net-s. ra. cass. cn：8118/kcms/detail/detail. aspx? dbcode = CAPJ&dbname = CAPJLAST&filename = DJGL20220718000&uniplatform=NZKPT&v=8UP2WtuVbeCx89R9Nhf9ujYxXE8qWrjgK-vd2A2Z_ XWmRVRm08Nsw-dbTEMA9FEJ。

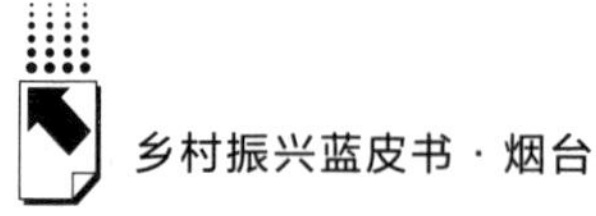

（四）农村集体经济组织共富能力不强

2018 年 9 月 21 日，习近平总书记在主持十九届中共中央政治局第八次集体学习时强调指出："要把好乡村振兴战略的政治方向，坚持农村土地集体所有制性质，发展新型集体经济，走共同富裕道路"。[①] 研究表明，一些村集体经济的发展的确产生了明显的共富效应，集体经营性资产收益分红已成为农民财产性收入的重要组成部分[②]，基于对全国总量数据的统计分析发现，农村集体经济对增加农民收入、缩小城乡收入差距的直接贡献超过 1%，且贡献度呈增长态势[③]。

但不可否认的是，全国大部分村庄集体经济发展水平相对较低，促进农村人口共同富裕的作用还十分有限。[④] 烟台市虽然是农业大市、农业强市，但农村集体经济组织在促进老年人口共同富裕的道路上也困难重重。烟台市共有行政村 6284 个，其中 100 人以下的村有 92 个，200 人以下的村有 449 个，300 人以下的村有 727 个，"村多村小"问题相对较突出。截至 2019 年，全省集体经济收入 3 万元以下的村约有 3700 个，占当年全部行政村总数的一半以上。农村集体经济组织的领头人、经营管理人员、技术专家也面临年龄老化、能力欠佳的问题，影响农村集体经济组织的长远发展。许多村干部年龄偏大，相比于年轻干部，他们思想保守、观念落后、市场敏锐性差，发展集体经济的能力弱；经管队伍人员年龄偏大且严重不足，部分城郊村财务人员年龄老化、后继无人问题突出；党支部领办合作社的管理经营、技术能手年龄普遍集中在 55~60 岁，多为当地"土专家"，习惯于传统劳作

---

① 《习近平：把乡村振兴战略作为新时代"三农"工作总抓手》，人民网，http://jhsjk.people.cn/article/30309476。

② 夏英、张瑞涛：《农村集体产权制度改革：创新逻辑、行为特征及改革效能》，《经济纵横》2020 年第 7 期。

③ 丁忠兵、苑鹏：《中国农村集体经济发展对促进共同富裕的贡献研究》，《农村经济》2022 年第 5 期。

④ 陈锡文：《充分发挥农村集体经济组织在共同富裕中的作用》，《农业经济问题》2022 年第 5 期。

模式，对无人机、物联网等现代技术的运用能力不足，合作社内懂技术、会经营、擅管理的人才，尤其是能带动产业发展的领军人才严重缺乏。这些都在很大程度上限制了烟台农村集体经济组织的快速、高质量发展，也影响集体经济组织对老年人口产生的共富效应。

（五）农村老年人口精神富足难度大

共同富裕是人民物质富裕和精神富足的有机统一，共同富裕既包括物质生活的丰富，也包括精神生活的富足，还包括生活环境的优美和社会的稳定和谐。近年来，虽然农村老年人口的经济困难问题相对得到缓解，但是农村老年人在文化娱乐、生活照料、精神慰藉等方面的需求问题仍然非常棘手。一些地方的调查发现，农村老年人日常娱乐的几大主题仅限于“聊天”“散步”“打牌”“看电视”，老年人精神文化生活十分单调。①

烟台市农村老年人口的文化富裕也明显不足。烟台市农村数量大，财政投入相对不足，基层公共文化建设在硬件和软件上仍然存在“短板”。基层文化人才队伍结构不合理，人员构成老化、专业素养不强，文化活动缺乏“带头人”，文化骨干队伍编制落实不到位，高水平的优秀乡村文化人才匮乏，文化振兴工作力量偏弱。精准对接群众文化需求的供给机制不够健全，文化服务供给的精准性、有效性还不足，社会力量参与有限，农村老年人口的精神文明生活质量有待提高。

三　烟台市促进农村老年人口共同富裕的积极举措

虽然烟台市老龄化程度高，实现农村老年人口共同富裕难度大，但近年来烟台市积极正视农村人口老龄化问题，从多方面发力着重解决农村老年人

① 崔红志：《共同富裕目标下农民养老的困境与应对》，https：//kns-cnki-net-s. ra. cass. cn：8118/kcms/detail/detail. aspx？ dbcode = CAPJ&dbname = CAPJLAST&filename = DJGL20220718000&uniplatform = NZKPT&v = 8UP2WtuVbeCx89R9Nhf9ujYxXE8qWrjgK - vd2A2Z _XWmRVRm08Nsw-dbTEMA9FEJ。

口共同富裕难题，在物质富裕、集体富裕、精神富裕方面取得了一定的成果。

（一）巩固脱贫攻坚成果

老年人口更容易陷入贫困，成为实现共同富裕中的困难人群。烟台市脱贫帮扶群众当中，老弱病残占90%以上，返贫和新致贫的风险仍然很大。消除贫困、改善民生，逐步实现全体人民共同富裕，是社会主义的本质要求。因此，巩固脱贫攻坚成果是帮助农村老年人口实现共同富裕的首要举措。

烟台市全面实施了脱贫攻坚巩固提升工程，重点保障脱贫人口稳定不返贫。烟台市实施了“332”扶贫工作重点县镇村集中攻坚行动，并根据贫困程度、脱贫难度，确定了海阳、栖霞、莱阳3个重点县，以及30个重点镇和200个重点村，对这些重点区域新增资金、新增项目、新增惠民政策，加强完善基础设施、公共服务保障体系建设，着力推动重点县镇村的贫困群众稳定脱贫增收。烟台市实施“公益专岗扶贫”行动，利用镇村家政服务、村务服务、村庄善治、产业辅助等事务需要开设对应的扶贫公益岗位，吸收贫困劳动力就业，并对贫困劳动力开展岗前技术技能培训，保证人岗匹配。烟台市针对重点区域贫困人口多的就业需要和老年人口多的服务需要，综合统筹两类人群的基本需求，解决贫困人口就近就业与老弱病残贫困人口生活困难等问题。

（二）发展优势产业经济

烟台市大力发展可以吸收更多农村老年人口就业的优势农业产业，如苹果、大樱桃等产业，增加老年人口农业收入，从而尽快实现共同富裕。2020年烟台市开始实施苹果产业更新升级三年行动计划，预计用三年时间更新改造120万亩老龄果园，建设210个县镇村三级示范园区。行动计划实施以来，已改造47.2万亩老龄苹果园，培植1500家苹果专业合作社、30家精深加工企业；打造了具有国际先进水平的烟台苹果科技创新中心、大数据中心、展示交易中心和文化博物馆；“烟台苹果”获得批准创建千亿级国家优势特色产业集群，成为农业农村部、财政部组织实施的全国仅有的两个苹果产业集群之一；成功举办中国·山东国际苹果节，项目签约总金额 370 亿元。此外，烟台市通过农村电商平台，大力发展苹果、樱桃线上产业，开展农村电商示范县创建，增加淘宝镇和淘宝村的建设数量和质量；强化农民电商创业就业技能培训，促进农村人口从事农村电商产业，带动更多农村老年人口参与实体产业发展，实现农村网络虚拟经济与实体产业经济的有机融合，增加农村人口产业收入。

（三）增强农村集体经济

烟台市积极发展壮大集体经济，提升村党组织引领集体经济、引领带动农村老年人口共同富裕的能力。“十三五”以来，烟台市坚持党建引领，加强党对农村工作的全面领导，以推行党支部领办合作社、党建引领乡村振兴融合发展为重点，提升基层党组织的组织力、战斗力、凝聚力，为乡村振兴、共同富裕提供坚强的组织保证。烟台市以党支部领办合作社为抓手，将党支部的政治优势、合作社的经济优势、群众的能动性等要素有机融合，走出了一条以组织力提升促进乡村全面振兴的“烟台路径”。截至 2020 年，烟台全市共有 3045 个党支部领办合作社，带动新增集体收入 3.91 亿元，带动群众新增收入 5.01 亿元，受益人群绝大部分是农村老年人口。栖霞市衣家村党支部通过领办合作社，组织全村 50 余户留守老年农户开展基础设施建设，仅用 7 个月就在大山深处开辟了上山路、建起了蓄水池，发展当地特色产业，2019 年村集体收入 25 万元，户均增收 6000 元。烟台市培育和发展党支部领办合作社这一模式成功入选山东乡村振兴可复制可推广的典型经验做法，为实现农村老年人口共同富裕目标提供了山东样板。

烟台市有力推动村庄集体经济和村党组织组织力的“双提升”，增强村集体带动老年人口共同富裕的能力。烟台市通过实施抓党建促村级集体经济发展三年行动计划，明确任务目标，科学制定镇村年度计划、增收目标和推进措施，充分调动农村党员群众积极性，因村制宜发展集体经济增收项目。

2019 年基本消除集体经济“空壳村”，2020 年基本消除集体收入 3 万元以下村。针对村级组织带头人、经营管理人员年龄老化、能力不足的问题，烟台市每年举办村党组织书记示范培训班，确保村党支部书记每年至少参加一次县级及以上组织的集中培训，市县两级每年对村党组织书记集中轮训一遍，大力提升村级带头人的综合素质和组织管理能力。

（四）开展农村人居环境整治

烟台市加强开展农村人居环境整治工作，为农村居民尤其是农村老年居民不断改善农村居住环境和生活条件。烟台市通过实施农村人居环境整治三年行动，统筹推进村容村貌整治、厕所改造、垃圾处理、道路硬化、危房改造、能源改造等工作。加快农村饮水安全巩固提升工程建设，扩大集中规模化供水覆盖面，农村自来水普及率保持在 96%以上。深入推进农村“厕所革命”，累计完成改厕 55.7 万户，无害化卫生户厕普及率达到 89%。全部村庄实行生活垃圾城乡一体化处理，2020 年实现建制乡镇生活污水集中处理全覆盖，农村生活污水处理能力进一步提高。已完成 4200 个村庄的通户道路硬化工作，建制村通客车率达到 100%，推进农村“四好”公路建设，在实现道路“村村通”的基础上，积极推进农村道路“户户通”。全面核实确定全市农村危房改造对象，2018 年完成低保户、农村分散供养特困人员、贫困残疾人家庭等重点群体的存量房改造。积极推进农村清洁取暖，宜气则气、宜电则电，优先支持地热能、生物质能、太阳能等可再生能源替代分散燃煤。2018 年，全部农村学校、卫生室、养老院等公共场所实现冬季集中供暖。农村留守人口的居住条件得到大幅提升，农村老年人口逐步享受到优美的生活居住环境。

（五）提高社会保障和农村养老服务水平

烟台市进一步完善城乡居民社会保障制度和养老服务体系，提高农村老年人口的社会保障和养老服务水平。烟台市全面推行“老享颐养”工程，对未脱贫人口，由财政代缴不低于100元的养老保险费；对达到养老待遇领取年龄，因缴费年限不够不符合领取条件的，按照100元/年的标准一次性补缴差额年限保费。为进一步减轻居民医保参保人的住院医疗费用负担，自2021年12月1日起，烟台市提高居民医保住院报销比例至90%。烟台市积极推动专业化养老服务向农村地区延伸，积极推广莱山区社区日间照料中心（农村幸福院）经验模式和社会力量参与兴办社区助老大食堂等社会化服务模式，通过村级（社区）主导、政府补助、企业参与、社会捐助相结合方式，构建多层次多形式的农村居家式共享型养老保障体系。完善农村最低生活保障制度，积极推进农村特困人员供养机构社会化改革，2022年失能半失能特困人员集中供养率达到50%，推动老年人社会福利保障政策普惠化发展，推行邻里互助、结对帮扶、志愿服务、购买服务等方式，改善贫困老年人的生活状况。

（六）丰富农村公共文化供给

烟台市实施乡村公共文化服务提升工程，将农村老年人、未成年人、残疾人、留守妇女儿童、生活困难群众作为公共文化服务的重点对象，开展面向以上特殊群体的文化服务，促进公共文化服务在群体间的均等化。为图书馆、文化馆配备流动服务车，在乡村、社区建设流动服务站点，将流动服务制度化，图书馆每年下基层流动服务次数不低于60次，文化馆每年组织流动演出15场以上，流动展览12场以上。推广流动博物馆、流动美术馆等服务方式，把展览、讲座等送到农村群众身边，极大地丰富了农村留守老人的文化娱乐生活。建立公共文化服务城乡联动机制，推进城乡“结对子、种文化”，加强城市对农村文化建设的帮扶，形成常态化工作机制。扶持、壮大文化志愿者和群众文艺骨干队伍，培养农村文化带头人，达到“培养一个人、带起一支队伍、影响一个乡村”的效果。自乡村振兴战略实施以来，烟台市建立县级新时代文明实践中心15个、镇街实践所164个、村居实践站5842个，覆盖率达到90%，累计开展文明实践活动10万余场次，乡村文化得到极大丰富，村民精神得到极大振奋，农村老年人口精神得到极大充实。

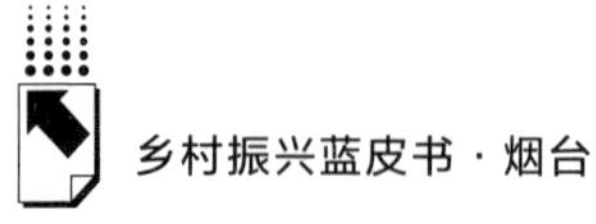

（七）强化道德教化作用

烟台市针对家庭养老功能弱化、子女赡养意愿降低的社会现象，大力弘扬社会主义核心价值观，深入挖掘乡村熟人社会蕴含的道德规范，结合时代要求进行创新，通过完善村规民约、居民公约等，引导年轻农民孝老爱亲。烟台市扎实开展孝善养老扶贫，以县为单位设立扶贫孝德基金，鼓励贫困家庭子女履行赡养义务，按照10%~20%的比例发放奖补资金，3.2万名贫困老人享受资金奖补，农村社会孝老敬老家庭增加。很多村庄每年开展“好婆婆”“贤媳妇”评选活动，并给予适当的物质奖励和精神鼓励，以榜样标杆带动子女养老文明新风。莱阳市第一大村濯村，通过村庄喇叭宣传“孝诚爱德”典型200余人次，专设“濯村公益基金”对60岁以上老年人、生活困难者进行补助，村庄人口平均寿命超过80岁，尊老爱老蔚然成风。

四　烟台市农村老年人口共同富裕的对策建议

在当前老龄化社会背景下，农村老年人口共同富裕成为我国全体国民实现共同富裕的关键。烟台市农村老年人口规模大、占比高，老龄化程度远超全国平均程度，社会养老任务更加艰巨。烟台市积极面对农村老年人口共同富裕难题，采取了多项举措，取得了显著成就。未来，烟台市应更加全面、高水平、高质量地促进农村老年人口共同富裕。

（一）促进农村老年人口的收入多元化

积极拓展农村老年人口的收入来源，稳定收入水平，为农村老年人口共同富裕奠定坚实的物质基础。烟台市应继续发挥并扩大农业大市、农业强市的产业优势，因地制宜地发展富民产业，促进传统农业的升级改造，创新农村一二三产业融合发展，帮助从事农业生产经营的农村老年人口实现增收目标，稳定共同富裕的经济收入基础保障；活跃土地流转市场，在农村老年人口丧失劳动能力后可以通过流转土地获取租金收入；促进年轻农民在农业、非农业领域的创业就业活动，降低年轻农民进城务工、子女就学等的经济成本，提高年轻农民赡养农村老年人口的经济能力和实际意愿。通过稳定农民家庭经营性收入，增加农民工资性收入，扩大农民财产性收入，提高农民转移性收入，促进农村老年人口的收入多元化，为共同富裕构筑物质基础。

（二）构建高水平的农村社会保障投入机制

作为社会弱势群体，农村老年人口的共同富裕必将在很大程度上依赖社会保障投入，因此，烟台市应构建更高水平的社会保障投入机制，为农村老年人口共同富裕提供制度保障。现有的烟台市城乡居民社会保障还远不能为农村老年人口共同富裕提供强有力的支撑，应在城乡社会保障的制度设计、资金投入、资源分配中，充分体现农村老年人口群体的基本需求，以及不同地区的经济社会差异，全面扩大社会保障的覆盖面，提高其保障水平以及保障公平性。比如，在城乡居民养老保险中，大幅提高基础养老金标准，保障农村老年人口必要的生活支出；在城乡居民医疗保险中，提高老年人口较为需要的门诊报销、慢性病报销比例，报销范围纳入失能半失能老人一定的照料费用，全面减轻农村老年人口的医疗负担。

（二）发挥农村集体经济组织的共富作用

发展农村集体经济是新时代党中央着眼于坚持中国特色社会主义道路、完善农村基本经营制度、引领农民逐步实现共同富裕而做出的一项重大战略决策。烟台市在发展壮大农村集体经济方面取得了显著成果，走出了村党支部领办合作社、以组织力提升促进乡村全面振兴的“烟台路径”。未来，烟台市应不断创新和发展农村集体经济组织，持续增强集体经济组织实力，不仅发挥集体经济组织在促进农业农村发展、提高农民收入方面的作用，而且应更多发挥农村集体经济组织在消除农村贫困、实现农民共同富裕方面的积极作用，使更多的农村集体经济组织有能力为农村老年人口养老保障提供补助，提高农民养老保障的整体水平。

（四）建立全方位的农村养老体系

2021 年 11 月，《中共中央国务院关于加强新时代老龄工作的意见》指出，要丰富老有所乐的精神文化生活，完善老年精神关怀服务体系，建立以居家养老为基础、以社区照料服务为依托、以机构养老服务为支撑的具有中国特色的为老服务体系。烟台市农村老年人口规模大、占比高，老龄化程度远超全国平均程度，社会养老任务更加艰巨。在此背景下，烟台市应更加积极地应对农村老龄化难题，建立全方位的农村养老体系，降低居家养老的家庭成本，创造居家养老的家庭条件，提高居家养老的家庭激励，让更多的农村老人可以在家庭中享受亲情、享受养老；提高农村社区、集体组织的照料服务意愿和能力，鼓励更多的集体经济收入利益分配向农村老年人口倾斜，为农村老人建设更多的互助养老服务设施和农村幸福院，提供丰富多样的娱乐文化活动，改善老年人的生活状况；推进农村养老服务的市场化发展，引导社会力量到农村地区建设养老机构，提高农村专业化的养老服务水平。通过构建多层次的农村养老保障体系，创新多元化照料服务模式，惠及更多农村老年人口，更好、更快地实现农村老年人口的物质富裕和精神富足。

典型案例篇

Typical Instances

B.12

栖霞市党支部领办合作社实践

林 珊 于法稳*

摘 要： 党的二十大报告提出，全面推进乡村振兴，加快建设农业强国。其中，发展新型农村集体经济是推动农业高质量发展的有效路径。山东省烟台市栖霞市通过开展党支部领办合作社，积极创新集体经济发展路径，探索出了乡村振兴的“栖霞经验”。本报告以栖霞市开展党支部领办合作社的实践案例为基础，探讨领办合作社的发展模式与现状、做法与成效、经验与启示，研究领办合作社的新模式、新机制、新动能、新通道。通过分析成功的实践案例，总结出坚持乡村基层党组织的领导是核心、高质量发展壮大农村集体经济是方向、完善乡村要素联动配套机制是保障、增加农民收入实现成果共享是根本的经验启示。

---

* 林珊，中国社会科学院大学应用经济学院博士研究生，主要研究方向为生态经济学；于法稳，管理学博士，中国社会科学院农村发展研究所研究员，主要研究方向为生态经济理论与方法、资源管理、农村生态治理和农业可持续发展。

关键词： 集体经济　党支部领办合作社　脱贫攻坚　乡村振兴

党的二十大报告提出了全面推进乡村振兴，明确要求“巩固和完善农村基本经营制度，发展新型农村集体经济，发展新型农业经营主体和社会化服务，发展农业适度规模经营”。《乡村振兴战略规划（2018—2022年）》不仅提出要发展新型农村集体经济，而且明确指出要发挥村党组织对集体经济组织的领导核心作用。壮大集体经济是一项重要工作，要正确把握集体经济发展壮大的方向，引导各村立足自身资源，探索发展集体经济之路，充分发挥村党组织在集体经济发展中的领导作用。

关于村集体经济发展的研究，学界有不同的研究路径，有学者从经济层面关注村集体经济的发展，[①] 也有学者更关注村集体经济发展的政治意义。[②] 众所周知，栖霞市是著名的苹果之乡，苹果种植是主要产业，也是农民增收的主要来源。早在2013年，栖霞市蛇窝泊镇东院头村采取党支部领办合作社模式，进行了对农村集体经济发展之路的探索，取得了巨大成功，引起了重大反响。该模式在栖霞市逐渐得以推广，截至2018年，全市确立了100个示范村，加入合作社的社员达到2.8万余人，实现集体收入增加8200万元，并带动560个村党支部领办了合作社。[③] 本报告以栖霞市开展党支部领办合作社的实践案例为基础，探讨栖霞市党支部领办合作社的发展模式与现状、做法与成效、经验与启示。

---

① 梁昊：《中国农村集体经济发展：问题及对策》，《财政研究》2016年第3期；孔祥智、高强：《改革开放以来我国农村集体经济的变迁与当前亟需解决的问题》，《理论探索》2017年第1期；农业部经管司、经管总站研究课题组、关锐捷：《发展壮大农村集体经济　增加农民财产性收入》，《毛泽东邓小平理论研究》2012年第3期。

② 贺雪峰：《农民组织化与再造村社集体》，《开放时代》2019年第3期；贺雪峰：《如何再造村社集体》，《南京农业大学学报》（社会科学版）2019年第3期。

③ 董博谦等：《山东栖霞党支部领办合作社模式的相关思考》，《农村经济与科技》2020年第2期。

一 栖霞市党支部领办合作社的模式与现状

自2013年2月开始，烟台市就率先创新成立了第一家党支部领办的合作社，并在全市范围内选取了11个试点村开展党支部领办合作社试验，随后，试验范围进一步扩大。栖霞市共有村党支部领办合作社3045个，占村庄总数的48%，带动集体经济收入增加39100万元，群众增收50100万元。2021年，“中国苹果之都”栖霞市被确定为山东省合作社整县提升试点县。栖霞市按照2017年启动实施、2018年典型示范、2019年全域推进、2020年提质拓面、2021年提档升级、2022年规范提升的战略部署，率先在全市范围内推广党支部领办合作社模式，推动了农村集体经济发展，走出了一条山区贫困村振兴发展的新模式。

（一）栖霞市党支部领办合作社的发展模式

党支部领办合作社是栖霞市委立足统筹解决当前农村集体经济薄弱等问题进行的创新探索，在全市走在前列，在全省有一定影响。栖霞市创新的党支部领办合作社模式，有诸多特点。

1. 顶层设计统一规划，运行管理规范

栖霞市党支部领办合作社模式相比于单一、小型的合作社发展模式，站在了更高的角度去设计，可以受到现行法律的制约。核心在于由党支部牵头，代表村集体注册合作社，村两委与合作社“双向进入、交叉任职”，有效地推动了村务与合作社的共同发展。栖霞市党支部领办的合作社中，一般由村支书兼任合作社的董事长，这种管理模式便于受上级政府监督，从而避免了合作社成为“一言堂”，有效地规范了合作社的运行，实现“项目统一、推进统一、管理统一”。

2. 村社一体发展产业，方向清、扶持大

基于广大农村以苹果种植为主要产业和收入来源的现状，为有效地对接市场，栖霞市成立了很多苹果种植合作社，各村党支部也采取了一系列技术

层面的扶持措施，出台了一系列政策推动苹果种植合作社的发展。在不断发展的过程中，不断创新发展模式，特别是村党支部通过加强与在外流动党员的联系，通过异地共建，探索出党支部领办专业合作社的模式，实现了村社一体，共同推动产业的发展。

3. 政府引导股份合作，资金有保障

栖霞市以优质苹果闻名于世，苹果树升级改造离不开政府的引导，需要政府帮助解决资金短缺问题。在资金保障方面，对村合作社开展要素股份合作，党支部干部成员以及普通村民均可以资金或土地入股合作社，村集体也可以将集体水塘、集体荒滩等以集体股的方式入股。在利润分配上，主要采用按股分红的方式与村集体、社员分享盈余；对于龙头企业，栖霞市政府引导农业龙头企业入股投资合作社，近几年继续加大老残苹果园总体改造提升力度，保证合作社的可持续发展。

4. 实施领办人才共享机制，后备力量足

栖霞市党支部领办合作社重视农村基层党组织队伍建设，注重培养乡村振兴的“领头羊”“带头雁”。选拔培养农村方针政策的“明白人”、领着农民干的“致富人”、甘愿吃亏奉献的“热心人”进入农村基层党组织队伍，使这些“领头羊”“带头雁”发挥示范带头效应。同时，实行领办人才共享机制，将优秀的领办带头人跨村共享，不断吸纳优秀人才返乡，依托党支部领办合作社，加强对农村党支部书记的选拔和培养，打开人才振兴通道。

（二）栖霞市党支部领办合作社的发展现状

截至2020年，栖霞市领办村庄占比达81.7%，已有779个村领办786个合作社，其中领办占比最高的镇已经达到92.92%。在此之前，栖霞市的村庄治理面临组织涣散、苹果产业效益逐年下降、土地撂荒严重、基础设施落后、村集体经济薄弱等难题，[①] 栖霞市党支部领办合作社模式改变了村庄

① 于福波、张应良：《基层党组织领办型合作社运行机理与治理效应》，《西北农林科技大学学报》（社会科学版）2021年第5期。

的落后面貌，重塑了支部形象。如今，栖霞市党支部领办合作社发展如火如荼，呈现高质量发展的良好态势，主要体现在以下几个方面。

1. 领办合作社工作管理服务中心成立

随着党支部领办合作社的快速发展、扩面提质，各项工作进入“井喷期”，对产业发展的各个环节提出了更高、更专业的要求，为了确保配套服务到位、有效，迫切需要相应的组织机构进行协调推动。2020 年 5 月，在市级层面成立了党支部领办合作社工作管理服务中心，为党支部领办合作社提供专业化、精准化、特色化服务。该中心重点负责党支部领办合作社的组织协调、产业服务和考核评价等工作，为党支部领办合作社提供“中央厨房”式服务。这表明栖霞市党支部领办合作社逐渐走向专业化、规范化、职业化的发展轨道。

2. 产业多元化规范化推进

除了传统果业外，栖霞市党支部领办合作社这一创新模式还拓展到其他产业，推进多元化经营。产业多元化发展推动了多个典型村镇的出现，其中，庙后镇后许家村成立了土地、旅游、置业、劳务等股份合作社，规划打造生态康养特色小镇；亭口镇复兴村成立水利合作社，村民以现金和出工两种方式入股，工程竣工后村民以每立方米 1.5 元的成本价用水，并发展樱桃产业，建设美丽乡村；亭口镇衣家村依托山多林密的优势，成立“一点园”果蔬专业合作社，发展藏香猪生态立体养殖、玉木耳和黑木耳大棚种植，利用废弃菌包生产有机肥等。产业在拓展，领办合作社的范畴从村级扩展到镇域，镇党委领办联合社提高了党支部领办合作社的领办占比与发展质量。

3. 传统农业发展模式提档升级

自烟台市提出全域推进党支部领办合作社以来，栖霞市的大多数村庄不具备自我发展的基础和条件，党支部领办合作社后上什么项目、立什么产业、如何促进集体和群众双增收，这些现实问题仅靠各村单打独斗难以解决。栖霞市党支部针对现状，跳出就村抓村的惯性思维，成立镇级联合社，创新“镇党委+村党支部领办合作社联合社+公司”模式，其中典型案例是庙后镇大樱桃产业。庙后镇党委通过群众入股、村集体筹股、党委政府配股的方式，整合中央财政资金、扶贫资金及社员股金共计2000余万元，建成了150亩智慧化高品质大樱桃示范园，引进新型大樱桃种植模式和管理技术，延伸大樱桃产业链条，实现镇级大联合、三产大融合，实现集体增收、群众致富和大樱桃产业提档升级多重目标。

4. 传统农业种植技术更新换代

镇党委领办合作社的探索，肇始于栖霞市松山街道汉桥村，该村也是苹果种植技术更新换代的典型村。2017年，汉桥村为突破苹果园地老、树老、效益不高的产业发展瓶颈，运用“产业园+党组织+合作社+农户”的发展模式，一次性流转土地618亩，建设高标准苹果示范园。示范园采用国内先进的种植模式和管理技术，把成熟的种植技术和模式送到了群众地头，既让果农在本村就能亲身感受新品种、新模式、新技术带来的效益，又能直观认识到自家苹果更新换代的紧迫性和必要性。示范园带着老百姓共同致富，把收益所得按村集体10%、群众20%的比例分成，实现了村集体与社员双增收。

二　栖霞市党支部领办合作社的做法与成效

栖霞市将党支部领办合作社作为全市“一号工程”和乡村振兴“希望所在”，持续发力、常抓不懈。目前，栖霞市党支部领办合作社占比居烟台市首位，在推进力度、发展速度、产业广度、合作深度等方面做法创新、成效明显，走出一条栖霞独特的乡村振兴新路子。

（一）栖霞市党支部领办合作社的做法

党支部领办合作社是烟台市委立足统筹解决当前部分农村集体经济薄弱、党支部缺乏号召力、群众人心涣散、缺乏产业支撑等问题进行的创新探索，走在全省前列，在全国也有一定影响。目前，栖霞市党支部领办合作社已成燎原之势，探索出了乡村振兴的“栖霞经验”。

1. 新模式：党支部+合作社+X

在栖霞市党支部领办合作社的发展进程中，各村庄的实际情况存在差异，具体表现为“党支部+合作社+集体土地”“党支部+合作社+农户”“党支部+合作社+企业+农户”“党支部+合作社+产业园+农户”“联合社+党支部+合作社”等十余种发展模式，[①] 为解决普遍存在的“地谁来种”“钱谁来筹”“资源谁来管”等问题提供了出路。“党支部+合作社+X”模式将村集体和群众的经济利益形成一个共同体，股权明晰、规模经营，走共同富裕的乡村振兴道路。党支部领办合作社在将农户承包土地集中起来统一经营的同时，也实现了闲置资源充分利用，更有效的是将农民重新组织起来，紧紧团结在村党支部周围，推动了村级基础设施的进一步完善，激发了农民在合作社务工的激情，拓宽了农民增收渠道。过硬的党支部带领发展壮大集体经济，探索出一套抱团发展、共同富裕的新模式。

2. 新机制：督导与奖评体系双结合

2022 年，按照“规范提升”的总体思路，坚持系统谋划、重在落实的原则，栖霞市委对党支部领办合作社进行了顶层设计，强调育强用好“头雁”领航，强力推进新模式，实现进度、质量“双确保”。为实现上述目标，在市级层面分别成立了综合协调、政策宣讲、考核督导等党支部领办合作社工作组，建立了稳定的保障体系。制定合作社认定标准、考核制度、测评办法，每周、每季度、每半年均进行不同程度的考核测评，对于不达标的人员采取相应处罚措施；同时设立奖励机制，激励村干部担当作为，最高给予 10 万元奖励。这些有效措施形成了栖霞市推动农村集体经济发展的新机制。

3. 新动能：资源整合与要素联动

栖霞市委、市政府高度重视各项资源的有效整合，在政策扶持、资金整合、引智引才等方面给予扶持。在政策扶持方面，出台扶持政策、指导意

---

① 刘月平：《发展集体经济助推乡村振兴的有益探索——山东省栖霞市“党支部领办合作社”的启示》，《山东干部函授大学学报》（理论学习）2019 年第 8 期。

见，列支专项资金，以“强村贷”政策为依托，强化与金融机构的战略合作，解决合作社融资难、融资贵的问题；在资金整合方面，充分发挥财政资金的引导作用，吸引社会资本参与农业农村发展，建立风险共担的利益共同体，并形成了“村社合一”的复合型股权结构，以“股”激活众多的生产要素；在人才队伍建设方面，树立“大人才”观念，培养新型农业人才以充实“三农”战线，推动乡村振兴战略的实施，为提升党支部领办合作社质量、推动农村集体经济发展提供了新动能。

4.新通道：领办人才资源共享共振兴

乡村振兴是一个人才“逆城镇化”的过程。栖霞市各级党组织高度重视乡村人才振兴工作，从建强农村基层党组织入手，从培育众多的“三农”干部和人才发力，实现乡村人才振兴。党支部领办合作社实施“头雁领航”工程，组织带头人到党校、大学接受教育、提升能力，学成归来的领头人可在多个村镇级领办合作社实施人才资源共享共振兴。栖霞市建立了全国第一个苹果院士工作站，并强化与高校的共建合作，创建了国家现代农业产业园，为乡土人才提供了用武之地，也吸引了大批高素质人才返乡创业，走出了一条符合栖霞实际的乡村人才振兴的新通道。

（二）栖霞市党支部领办合作社的成效

经过多年的发展，栖霞市探索出一条富民强村的“致富路”，重塑了一颗团结一致的“干群心”，搭建了一个干事创业的“服务台”，创收了一桶宜居乡村的“公益金”，走出了一条党支部领办合作社的特色发展路子。

1.探索出一条富民强村的“致富路”

以栖霞市第一家党支部领办合作社为例，该社2018年累计实现盈利116万元，村集体从中可以分红11.9万元，社员累计可分红104万元，实现了村集体经济发展与农民增收的双赢。为规范生产行为，合作社按照每亩1050元的标准向社员发放生物菌肥，折合每亩地分红金额达到5050元，远远高于传统经营模式的收益。由此可以看出，党支部领办合作社从根本上改变了小农户单打独斗的传统经营模式，在降低生产成本的同时，提升了产品质量，既实现了规模经营，又增加了农民收入，帮助小农户踏上了现代化农业发展的“致富路”。

2. 重塑了一颗团结一致的“干群心”

党支部领办合作社带领农村集体经济发展，必须配有一位好支书、一个好班子、一群好干部。为了让群众抱团发展，村干部和党员下功夫摸清村情、学习政策、调研市场，时刻想在前、干在先，把工作做到了群众炕头上，把会议开到了村头广场上，打消群众顾虑，提振群众精神。干部的真心付出换来的是人心聚集、力量汇集，村里的工作，只要干部一招呼，“老大难”也都变成了“小事情”。正是靠着领办合作社干部的担当实干、埋头苦干，靠着全村人的团结一心、艰苦创业，一颗新时代乡村振兴的“干群心”才得以重塑。

3. 搭建了一个干事创业的“服务台”

栖霞市各村党支部走上了经济发展的“前台”，开展工作有了坚定的“抓手”，坐实了领导地位。实施的“头雁领航”工程将农村支部书记纳入培训教育体系，组织其到党校、大学提升能力，村干部找到了做当家人的感觉，群众对党支部有了信赖，全栖霞市五星级党组织数量增长了20%。同时，在市镇两级的大力支持下，领办合作社聘请专业机构对社员进行高标准规划设计，组织社员到市外先进村参观学习，借助外脑、集思广益，立足本村产业基础和资源禀赋，着手发展富民产业，开始“二次创业”。栖霞市党支部领办合作社为村基层党组织找到了干事创业的“载体”，为其搭建了一个有求必应的“服务台”。

4. 创收了一桶宜居乡村的“公益金”

栖霞市党支部领办合作社，推动了农村集体经济的发展，每年从纯利润中提取一定比例的公积金作为发展村级民生事业的资金来源。党支部领办合作社构筑“土地养老”的新模式，实现了群众老有所依、老有所盼的目的，人民的获得感、幸福感不断提升。村集体经济的发展，促进了村庄基础设施的不断完善，提升了乡村基础设施的服务水平。在注重村级活动场所、村路桥梁、光伏发电、环境卫生综合整治等具体实事的同时，开展农业、科技、文化、卫生等一系列便民服务活动，实现了村容村貌的改善。在此过程中，党支部班子的凝聚力、战斗力不断增强，为建设宜居乡村积累公积金的能力得到进一步提升。

三　栖霞市党支部领办合作社的经验与启示

在栖霞的乡村，不同的合作社发展模式带给了村民不一样的发展机遇，也带来了多样化的发展经验，但他们的共同点是通过党支部领办合作社盘活了农村资源要素，解决了新问题，战胜了新挑战。因此，栖霞市党支部领办合作社的成功经验带给我们颇多思考与启示。

（一）栖霞市党支部领办合作社的经验

栖霞市创新探索具有自身特色的党支部领办合作社模式，初步走出了一条山区贫困村振兴发展的新路子，成效显著、硕果累累，实现了村庄由乱到治、产业由废到兴、群众由散到聚的转变。

1. 立足村情，解决村民迫切关注的问题

每一个乡村都有自身的特色，乡村建设不能“一刀切”，若不结合地方特色、因地制宜，乡村建设就成了无根之树、无源之水。栖霞市亭口镇衣家村立足村情，解决村民迫切关注的民生问题，硬生生地闯出了一条改头换面的乡村振兴之路。衣家村地理位置偏僻，孤悬于大山深处，缺路、少水，产业结构单一，群众收入较低，集体经济空壳，是典型的山区贫困村。全村人口一直维持在100多人，为了生计，中青年几乎全部外出务工，只留下部分老弱病残的人留守村庄。穷山恶水、普遍贫困是衣家村村民面临的共同难题。

如何改善乡村的恶劣环境、过上幸福的生活，这是村民们迫切希望解决的问题。缺路、缺水、缺人是制约衣家村发展的“三大穷根”。村党支部叫响“宁可干穷了，不能等穷了”的口号，打响了“修路引水拔穷根”的攻坚战，以彻底改变严酷现实。全村6名村干部、12名党员、30多个劳动力，男女老幼齐上阵，通过肩扛锤敲，用一年多的时间打出2米深的炮眼2300多个，炸药用了2吨多，硬生生凿出了长5.5公里、宽5.5米的新山路，打出了2口深水井，筑成了2个800立方米的高位蓄水池，修建了3个泵房，筑起了1个库容上万立方米的小型塘坝，在山地果园铺设微喷滴灌管路56公里，实现了全村350亩耕地智能微喷滴灌全覆盖，开辟了产业振兴的基础之路。

2. 立足村民利益，激活乡村内生动力

贯彻习近平总书记“提高组织化程度，激活乡村振兴内生动力”的重要指示，栖霞市发展党支部领办合作社，坚持实事求是原则，坚持人民主体地位，群众和村集体对于构建经济利益共同体的意识不断增强，推动了集体经济不断壮大，集体经济“空壳村”被消除，农民的收入水平不断提高。

栖霞市蛇窝泊镇东院头村是发展党支部领办合作社第一村，率先成立了土地股份制合作社，激活了乡村内生动力，提升了集体经济的活力。通过成立党支部领办合作社，果树品种得到改善，果树产量大幅度提高，与农户家庭经营的效益相比，单位土地生产率及效益明显提升，平均效益提升3~4倍。经营方式的创新型转变推动了经济效益的提高，壮大了村集体经济，社员也可以从收益中得到4000元/亩的土地分红，逐步实现了带动农民致富的目标。

3. 塑造领办带头人，激发村民公益精神

党支部领办合作社坚持“好人加能人才是合格当家人”的标准，锻炼出一批想干事、干成事的村领导班子，充分发挥党支部对发展村集体经济的组织引领作用，农村基层党组织的组织力显著提升。领办带头人的塑造为建设美丽乡村、倡树文明新风夯实了干群基础，激发了村民公益精神，促进了乡村善治，推动乡村振兴全面起势。

领办带头人的典型之一是衣家村党支部书记衣元良同志。衣书记有过14年军旅生涯，身上体现着勇敢、执着、坚强和担当的军人精神。自2009年7月担任衣家村党支部书记以来，他没有一味地“等靠要”，而是主动带头向大山、向贫困“宣战”，带领村民发家致富，激发村民的公益精神。为了找准发展突破口，衣书记牵头成立村社一体的农民专业合作社，引导群众将劳动力折算成股份，创新设立工票制度，对参加合作社集体劳动的，按工计票、凭票入股。合作社需要资金，他抵押自家房屋借款50万元；需要人才，他让在上海收入稳定的儿子回村创业发展；需要引水修路，他带领全村党员群众利用4个月的农闲时间修筑5.5公里进山路，铺设20多公里滴灌管路。衣家村正是靠着像衣元良同志这样的领办带头人的担当实干和带领全村群众团结一心的公益精神，开辟了一条新时代乡村振兴的“衣家村道路”。

4. 合作社“姓公不姓私”，走向共同富裕

贯彻习近平总书记“发展新型集体经济，走共同富裕道路”的重要指示，栖霞市党支部领办合作社把加强党的领导贯穿领办合作社全链条、全过程。坚持合作社“姓公不姓私”，让分红主动权牢牢抓在农民群众手中，让群众主体成为最大受益者，让老弱病残得到最有效的保障，推动脱贫攻坚、共同富裕。

烟台市党支部领办合作社走在全国前列，而栖霞市党支部领办合作社占比居烟台市首位，探索出的经验可以在全国范围内推广。栖霞的实践表明，党支部领办合作社是推动共同富裕的有效路径。在股权配置上，针对合作社的股份设置、分配办法，市级层面制定了专门的指导意见，避免了“大户垄断”现象的出现；在收益分配上，按照5%~10%的比例提取公积金，用于合作社的发展，剩余收益全部按股在村集体和群众中分配，让群众体会到“惠在何处”“惠从何来”；在入社方式上，基于解决“以地养老、稳定脱贫”的问题，因地制宜采取以土地入股、股权赠予等方式，激励贫困户和老弱病残等群体加入合作社。栖霞市党支部领办合作社姓公不姓私，把碎片化的资源要素重新整合起来，提高了资源利用效率，助力推进共同富裕。

（二）栖霞市党支部领办合作社的启示

党支部领办合作社是撬动栖霞市乡村振兴的有力“大杠杆”。通过栖霞市党支部领办合作社的成功实践，本报告总结出几点启示。

1. 核心：坚持乡村基层党组织的领导

习近平总书记在2020年底召开的中央农村工作会议上指出，实施乡村振兴战略“要充分发挥好乡村党组织的作用，把乡村党组织建设好，把领导班子建设强”。[①] 栖霞市党支部领办合作社的实践充分表明，一是始终坚持党对乡村振兴工作的全面领导，发挥全村党员干部“领头雁”的作用，充分激发全体社员的积极性，注重群众的荣誉感；二是发挥村级党组织的战斗堡垒作用，以及党员的先锋模范带头作用，为乡村振兴提供坚强的政治和组织保障。这样才能保证农民合作社、农村企业、农村社会化服务组织等在正确的道路上发展，助力乡村产业振兴。

2. 方向：高质量发展壮大村集体经济

习近平总书记强调，要把好乡村振兴战略的政治方向，坚持农村土地集体所有制的性质，发展新型集体经济，走共同富裕道路。一是以党支部领办合作社为引领，推进乡村组织坚强有力发展。全域推进党支部领办合作社，狠抓基层党组织建设，每年对村党组织书记进行轮训。创新乡村治理体系和治理能力建设，深化农村扫黑除恶专项斗争，着力构建共建共治共享的乡村治理新格局；二是以苹果产业转型升级为重点，推动乡村产业高质量发展。优化农业产业布局，加快发展现代农业，打造苹果、大樱桃等高产示范“辐射区”。发展生态循环农业，提升科技创新能力，推进一二三产业融合发展。

3. 保障：完善乡村要素联动配套机制

发展壮大乡村集体经济，要依靠乡村人才、政策和制度等全套要素的联动配套。一是以“聚才引才”工程为主导，推动乡村人才队伍不断壮大。实施乡村“聚才引才”工程，让“头雁”下乡、“鸿雁”返乡。深化院校战略合作，加快涉农博士后工作站和创新实践基地建设，集聚扶持一批“高精尖缺”农业人才。推进乡村人才评价激励机制创新，实施好“村村都

① 汪晓东、李翔、刘书文：《谱写农业农村改革发展新的华彩乐章——习近平总书记关于“三农”工作重要论述综述》，《光明日报》2021年9月23日。

有好青年”选培计划。二是加强政策扶持与制度规范，促进集体经济良性发展。将党中央对乡村振兴的顶层设计落地生根，不能简单照抄上级规划，更不能搞“一个模子套到底”。必须处理好顶层设计和基层探索的关系，鼓励和支持基层的探索创新，探索出符合自身实际的政策措施和实施方案。三是科学规范村集体与合作社的收益分配机制。建立健全民主议事、财务管理、利益分配、社务公开等制度，加强对涉农相关部门的政策指导，确保领办合作社的产业项目健康发展。

4. 根本：增加农民收入实现成果共享

坚持以人民为中心的发展理念，坚持发展为了人民、发展依靠人民、发展成果由人民共享，是新发展阶段实现共同富裕的根本遵循。一是在发展党支部领办合作社过程中，应尊重农民的主体地位，把尊重群众意愿、保护群众利益等贯穿合作社的全过程，充分保障群众在合作社发展过程中的话语权；二是立足村情，解决农民最关注的，与农民生产生活紧密联系的，最直接、最现实的问题，确保发展成果由农民共享，切实提高农民的获得感、幸福感、安全感。

B.13
龙口市产城融合发展实践

林 珊　于法稳*

摘　要： 党中央高度重视以县城为重要载体的城镇化建设，加快新型城镇化建设势在必行、迫在眉睫。山东省烟台市龙口市翻开新时代县域新型城镇化建设实干篇章，践行产城融合发展模式，打造县域高质量发展的“龙口样板”。本报告以龙口市产城融合发展的实践案例为基础，探讨产城融合的发展模式与现状、做法与成效、经验与启示，以产兴城厚植新型城镇化优势，赋能产城融合动力。通过分析成功的实践案例，总结出产城融合发展的本质，即坚持“以人为本”，依托产业集群做好社会保障“必答题”，壮大数字经济答好公共服务“加分题”，塑造智慧城市用好社会管理“综合题”。

关键词： 产城融合　数字经济　新型城镇化　智慧城市

党的十八大以来，以习近平同志为核心的党中央高度重视新型城镇化建设。2013 年 12 月，习近平总书记在改革开放后首次中央城镇化会议中指出，“城镇化是现代化的必由之路”。① 2014 年，习近平总书记对晋江推进新型城镇化试点工作做出重要批示：“眼睛不要只盯在大城市，中国更宜多

---

* 林珊，中国社会科学院大学应用经济学院博士研究生，主要研究方向为生态经济学；于法稳，管理学博士，中国社会科学院农村发展研究所研究员，主要研究方向为生态经济理论与方法、资源管理、农村生态治理和农业可持续发展。

① 中共中央党史和文献研究院：《全面建成小康社会大事记》，人民网，2021 年 7 月 30 日，http：//dangshi. people. com. cn/n1/2021/0730/c436975-32175329. html。

发展中小城市及城镇”。[①] 中共中央办公厅、国务院办公厅专门印发《关于推进以县城为重要载体的城镇化建设的意见》，战略性部署新型城镇化建设。烟台龙口市正是得益于“上合中央、下顺民心”的新型城镇化建设思路，全面翻开新时代县域新型城镇化建设的实干篇章，开启高质量发展“新型城镇化 2.0”时代。

龙口素有“菜子古国金黄县”的美誉，总面积 901 平方千米，常住人口城镇化率达 70.5%，境内资源丰富、工业基础强大，是山东半岛重要的水果储藏加工集散地，经济实力在全省县域持续领先，成功入选全国县城新型城镇化建设示范名单。龙口市工业基础等各项支撑要素集聚，一直居全国百强县前列、山东省县域首位，地区生产总值和一般公共预算收入在烟台县域率先跨过千亿、百亿大关。[②] 2022 年上半年，龙口市实现地区生产总值 633 亿元，可比增长 5.4%，高于烟台市 0.9 个百分点，增幅居烟台市首位。完成一般公共预算收入 75 亿元，按自然口径增长 3.8%。[③]

县域新型城镇化建设的最重要载体是“县城”，关键路径是“融合”。龙口市以获批全国农村产业融合发展试点示范县（产城融合型）及国家新型城镇化综合试点县为契机，统筹考虑，确定了“四城联动、三区拓展、城乡互补、加速融合”的城乡统筹发展总体蓝图，以东城、西城、南山、东海“四大组团”为大框架，以高新技术产业区、诸由工业集中区、滨海度假区、裕龙岛“四大板块”为重要节点的产城融合发展模式，高效、协调、可持续的城市发展新格局基本形成。[④] 本报告以龙口市产城融合发展的实践案例为基础，探讨龙口市产城融合的发展模式与现状、做法与成效以及经验启示，全方位探析高质量发展的“龙口样板”。

---

① 《县域发展的典范之路——“晋江经验”20 年传承与实践观察》，人民网，2022 年 8 月 17 日，http：//fj. people. com. cn/n2/2022/0817/c181466-40083760. html。

② 柴刚：《从“龙口板块”到资本聚集高地》，《经济参考报》2022 年 7 月 4 日。

③ 黄翔：《实探“龙口现象”：一个北方县域资本市场高地的成长史》，《证券时报》2022 年 8 月 18 日。

④ 韩世军、吕波：《靶向率先领先　打造县域高质量发展“龙口样板”》，《烟台日报》2019 年 9 月 27 日。

一　龙口市产城融合发展的模式与现状

2016 年 9 月，龙口成为国家农村产业融合发展试点示范县。龙口市充分利用这个机遇，依靠新技术，以新业态、新商业模式的创新发展为抓手，推动产业振兴、传统产业转型升级，优势产业不断壮大，形成了产城融合发展新格局。

（一）龙口市产城融合发展的五大模式

龙口市实行以“四大组团”为大框架，以“四大经济板块”为节点的产城融合发展模式，坚持因地制宜、先行先试的原则，创新打造了产城融合发展的五大模式，促进新型城镇化建设。

1. 产城互动模式

龙口市注重产业化与城镇化融合发展，二者互促共进。产业化为城镇化建设提供强劲的资金支持和稳定的就业保障，城镇化为产业化提供充足的产业工人和广阔的发展空间。龙口市实行组团拉动、板块带动、项目驱动，推动了产业规模的扩大，增强了“城市组团、经济板块”的辐射力、拉动力和承载力。

2. 强村带动模式

龙口市以新型农村社区为依托，充分发挥经济强村在新型城镇化建设中的示范带动作用。发挥经济强村、产业强村的产业优势，通过以强带弱、联合发展，进一步加大对贫困村和薄弱村的帮扶力度，扎实推进城乡共同富裕。

3. 强企拉动模式

龙口市依托龙头骨干企业的资金优势、产业优势，引导企业参与新型城镇化建设。充分发挥龙头企业在产城融合发展中的示范作用，采取龙头企业强强联合的发展模式，实现强企拉动下的产业带动、产业合作、互利共赢。

4. 成建制促动模式

龙口市引导工业园区辐射范围内的村庄群众从土地中“解放”出来，投身第二、第三产业。具备成建制的发展条件之后，鼓励区域内村庄向大型社区集聚，在实现产业融合的基础上，增加基础建设投入，实现乡村与城镇的城乡融合、产业融合。

5. 商业推动模式

龙口市引入商业地产开发模式，对城区内的乡村实施旧村改造，打破资金瓶颈。旧村改造为新城，扩大产城融合区域面积，提升产城融合建设标准和档次，进一步拓展产城融合发展的空间。

（二）龙口市产城融合发展的现状

龙口市产城融合发展如日中天，在合作社里“别有一番风景”，“走出去”的“龙字号”驰名中外，产城融合发展驱动龙口市在新型城镇化建设中不断“进化”。

1. 合作社里“别有一番风景”

目前，龙口市采用“公司+农户”的经营模式，打造高效、可持续的生态农业新典范，带动当地一部分农户创造新的经济效益。最为典型的案例实属烟台快乐农夫生态农业开发有限公司，该公司将创建我国最大的设施猕猴桃标准化生产基地之一。在龙口创办的猕猴桃种植基地“快乐农夫”，注册资本 800 万元，完成 400 亩土地的流转，建起 220 座大棚，致力于打造富有艺术性、趣味性和科学性的现代生态庄园。该基地借鉴国际设施农业的先进经验，使用优质有机肥，锄草、开沟、施肥、授粉、果实采摘等采用全机械化操作，最大限度降低劳动力成本。基地发展优秀种植业，打造现代猕猴桃生态庄园，从而摈弃人们传统意识当中农业落后、“脏乱差”的思想，把农业做出彩，做得富有艺术性、趣味性和科学性。“快乐农夫”生态基地发展标准化的设施栽培、规模化的生产示范区，做优质、高效、可持续农业种植业的典范，带动当地农民的经济效益达 2 万元/亩，提高了 10 倍。

龙口市坚持“政府引导、企业实施”的思路，采取“公司+基地+合作社”的运作模式。最为典型的案例是绿杰苹果高质量发展示范园，该园位于龙口市兰高镇欧头孙家村，由绿杰生态农业开发公司投资建设，注册资本6100万元，厂区占地12.1万平方米，建筑面积3.6万平方米，拥有“绿杰”“碱夫”“醋小仙”三大品牌，3万吨苹果醋发酵站，5条一流的全自动生产线，年生产能力达10万吨。该示范园改变人力密集型管理模式，向机械化、智能化、信息化管理模式转变，以研发中心为依托共取得25项专利证书，完成20项成果转化，5项科技成果经鉴定达到国内领先水平。该公司已发展成为龙口市苹果产业高质量发展的标杆，对于推动乡村产业振兴和强村富民具有很好的示范引领作用，2021年被认定为烟台市精品苹果示范园、龙口市农业科技试验示范基地。

2. 走出去的驰名“龙字号”

龙口市引导农业加快规模化、标准化和产业化的发展步伐，积极引导土地、人才、技术资源向农民专业合作社、家庭农场等新型农业经营主体集聚，着力打造了茂源果蔬基地、恒绿生态循环基地等10个农业标准化示范基地。以专业镇村为基础，发展精细农业，打造了“快乐农夫”设施猕猴桃、“益康苑”蔬菜等10个有基地、有商标、有市场、有效益的农业地域品牌。[①] 另外，中国驰名商标“龙丰”“食安山东”食品生产加工示范企业龙口香驰粮油、中国著名品牌“龙金花”植物油，以及现隶属于中粮集团旗下企业的新龙食油等“龙字号”均驰名中外。目前龙口全市建有标准化生产基地18万亩，“三品一标”认证农产品达到97个，山东省、烟台市农业产业化龙头企业26家。

同时，龙口市“互联网+”的行业趋势为农业产业发展提供了有力支持。龙口市“互联网+现代农业”的整合帮助威龙股份、作强果业等诸多农产品及食品加工企业“破茧而出”，也令绿杰股份、双合泰食品等新兴企业快速崛起。其中，威龙葡萄酒股份有限公司是中国A股主板上市公司，是

① 王欣芳：《农村产业融合在山东（3）——龙口：产城融合描绘城市新路径》，《齐鲁周刊》2017年第14期。

中国大型葡萄酒生产企业之一，产销量、利税、市场占有率等综合指标位居全国行业前列。该公司成立了全资电商子公司，实现了全网 B2C 平台的入驻覆盖，先后在天猫、京东、拼多多、苏宁易购等各大电商平台开设了旗舰店，在稳步提升销售额、完成公司下达的销售任务的同时，达到了提高品牌曝光度、配合线下渠道宣传推广的目的。目前，龙口市正加速建设一批特色电子商务产业园区及平台，培育一批淘宝村等电商基地，构筑“原料产地—食品加工—保鲜储藏—卖场冷链物流”的配送体系，加速形成覆盖市镇村三级的物流网络体系，让更多龙口市的驰名“龙字号”走出去。

3. 产城融合驱动城市“进化”

2021 年以来，龙口市聚力“提升产业能级、拉动有效投资、做强企业主体”的攻坚突破，助推传统产业转型升级，促进县域产城融合升级，驱动城市“进化”。龙口城市智能体和大数据中心项目，总建筑面积 71136 平方米，总投资 80598 万元，设有数据中心、城市运营中心、创新中心，[①] 通过科技、业态“双轮驱动”创新，打造面向胶东半岛的公共云计算与大数据服务平台。

南山航空材料产业园在产城融合大背景下活力四射。产业园占地 2000 多亩，总投资约 19.9 亿元，2020 年度改造厂房 2.25 万平方米，生产中国较为高端的高铁铝材。与广为人知的华西村类似，龙口本地成长起来的南山集团正在带动当地农村实现工业化和城镇化。“南山组团是集工业、教育、生活、商贸、旅游于一体的产城融合发展典范区。”南山组团按照生产空间集约高效、生活空间宜居适度、生态空间山清水秀的原则，把组团产业布局与功能定位相结合，积极发展壮大铝业、纺织服饰、旅游、教育、金融、房地产、航空、养老养生等优势产业，努力推动新型城镇化建设，形成以优势产业带动城镇化建设、以城镇化建设促进优势产业壮大的产城融合发展新格局。与南山集团对望的东海组团同样是产城融合的发展典型。这一休闲化居住、系列化教育、链条化生产的新型多功能海滨新区，一方面将依托旖旎的

① 龙宣：《龙口：奋力打造县域高质量发展的北方样板》，《走向世界》2021 年第 35 期。

海岸风光，大力发展滨海旅游等第三产业，构建集旅游、休闲、度假、居住于一体的高端滨海旅游区，促进临海区域的城镇化建设；另一方面，以高端铝材产业的集聚发展为依托，通过对东海工业园、航空材料产业园等产业园区的开发建设，推动园区周边村庄的社区化建设，实现产业发展与农村社区建设的互促、融合。

二　龙口市产城融合发展的做法与成效

新型城镇化发展需要城镇与产业的"双向融合"，而龙口市拥有雄厚的产业基础，可以厚植新型城镇化优势。龙口市以产兴城，产城融合，新型城镇化发展成效显著，值得借鉴。

（一）龙口市产城融合发展的做法：以产兴城

龙口市发展现代产业链条，聚集骨干企业，建设城市智能体，着力厚植新型城镇化优势，以产业促就业，以就业提人气，以人气促兴旺，加快了城镇化进程。

1. 以现代产业链条矩阵构建充足稳定的就业矩阵

进入新时代，龙口市确立了"矢志全面领先，奋力跨越赶超，打造县域高质量发展北方样板、山东龙头"的高点目标，围绕高端化工、纺织服饰、高端铝材料、汽车及零部件、海工装备、葡萄高端制品、信息技术、清洁能源、生物医药、化学医药十大产业链条，采取一系列措施，在推动新型城镇化的过程中，优化了强劲且可持续的就业环境。值得关注的是，龙口拥有"千亿级"的世界级石化产业基地——裕龙岛炼化一体化项目，就可以吸纳高端人才 2 万人、高级蓝领 5 万人，带动就业 6 万人，提供 17 万个稳定就业岗位，呈现"人才聚集区""城市繁荣区"的特征；在数字及信息化产业链条上，拥有"百亿级"的华为"一体一园"项目，带动高端人才就业 2 万人，打造 IT、大数据等领域人才的北方集聚区，实现城市管理运营智能化、信息化。

2. 以骨干企业的聚集效应放大产城融合的带动效应

龙口是“中国交通铝材名城”，是国家铝及铝合金加工高新技术产业化基地。2022 年 3 月，龙口市高端交通铝材特色产业集群入选山东省特色产业集群。该产业集群主攻新型材料领域，规划区域面积约 90 平方千米，拥有高端铝材料生产及相关企业 138 家，主要以龙口经济开发区、南山工业园、东海航空材料产业园为依托，创新驱动能力强，集群效应显著，是在国内乃至国际拥有核心竞争力的产业集群。其中，南山集团在东海区片的航空材料产业园占地 3000 亩，致力于打造世界最大的航空航天用铝合金加工基地和国家铝合金材料战略性生产基地。分布在省级龙口经济开发区的道恩集团、隆基集团、华电龙口、龙矿集团、龙口港集团等骨干企业，有效地带动了新型城镇化发展，发挥了“塑强一个企业、扩张一域园区、提升一片城区”的蝴蝶效应。

3. 以“生命体”为理念建设“1+1+N”城市智能体

龙口市作为山东省第二批新型智慧城市建设试点城市，将智慧城市建设与产业经济发展有机结合。2019 年，龙口市与华为达成战略合作，依托龙口城市智能体项目和大数据产业园项目，正式开启了智慧城市建设。“1+1+N”城市智能体以“生命体”为理念，通过 1 套城市基础设施、1 个城市运营中心、N 个智慧应用的建设，将人工智能等高端信息技术与各类城市应用场景深度结合，在智慧城市建设的大潮中走出了一条龙口特色之路。数字化经济的发展，快速改善了龙口产业发展的软环境，助力了新旧动能转换。目前，龙口市以数字化科技赋能城市，大胆探索新型智慧城市建设的长效运营模式，打造成数字中国、数字山东新型智慧城市建设的新样板。

（二）龙口市产城融合发展的成效：赋能动力

龙口市从产城融合的牵引力、推进力、支撑力、提升力“四力”奋进，大手笔投入、多维度推动，把城乡统筹、产城融合作为战略重点，充分挖掘产城融合发展潜力，多措并举将其转化为综合竞争实力。

1. 产城融合的牵引力:“十大城市区片”全面推进

龙口市按照“融合东西两城、贯通南北山海”的总体思路，紧扣产城融合发展战略定位，结合不同区域的资源禀赋优势，规划总投资800亿元，启动实施高铁新城、常伦区片、大数据产业园等“十大城市区片”的开发建设。其中，高铁新城、常伦区片、大数据产业园的连片开发，彻底打通南山与新区的板块阻隔，实现无缝融合；北河区片、塌陷区及斑裂房治理区片做好生态修复治理和人居环境提升工作，实现人居环境质量的改善；诸由区片将充分发挥重要城镇的节点链接作用，实现乡镇与城区高度衔接。“十大城市区片”的开发建设，将有效加快新型城镇化建设的步伐，拉动投资消费，引领城市升级，促进经济繁荣，提升群众美好生活的获得感、幸福感和满意度。

2. 产城融合的推进力：乡村振兴多点开花

龙口市坚持重点突破、典型引路，以打造乡村振兴齐鲁样板示范市为目标，以点带面推动全域乡村振兴。近三年，龙口市投资1.7亿元，打造了黄山馆镇、诸由观镇两个示范片，取得了明显的成效。黄山馆镇入选省级美丽乡村样板示范区创建名单，诸由观镇入选全国综合实力千强镇，全市美丽乡村覆盖率达到90%以上，省级示范村超过20个。目前，龙口市计划投资1.2亿元，启动了第二批样板示范片的创建工作，旨在打造独具特色的美丽乡村示范片品牌。七甲镇坚持“财政引导、社会参与”的原则，已成为全国农村综合性改革试验区，撬动各类资金8亿多元，建设乡村富民产业、数字乡村发展、乡村人才振兴、乡村治理机制、生态宜居乡村建设5类重点项目，打造乡村振兴齐鲁样板先行区。

3. 产城融合的支撑力：基础功能齐全完善

实现城乡公共服务一体化，推进产城融合，关键在于完善基础配套设施。近五年，龙口市按照城乡一体化建设思路，投入250多亿元，全面提升道路、水利、电力、管网、5G基站等基础设施水平，加快城镇棚户区、老旧小区改造以及农村“厕所革命”、农村道路硬化、违建治理等基础设施工程，为推动产城融合发展提供了强有力的支撑。港城大道、石黄公路等城乡主路网工程的实施，既有效地缓解了道路交通压力，又大幅度加快了东西两城沿线产城融合发展的步伐。中央商务区及相关配套设施的建设，加速了中心城区的提质扩容，进一步加强了对人流、物流、商流的吸附和集聚。城乡供水一体化、农村生活污水治理进一步推动农村人居环境实现质的改善。

4. 产城融合的提升力：生态环境美丽宜居

龙口市坚持生态优先、绿色发展，全面打响蓝天、碧水、净土三大保卫战。近五年，完成生态投入 53 亿元，统筹推进工业污染集中整治、清洁能源替代、“两高”项目清理等，淘汰 35 吨及以下燃煤锅炉 540 台，关停化工企业 40 多家、石材企业 210 余家、“散乱污”及土小企业 220 多家；实施清净水体行动，抓好工业废水深度治理，完成生态湿地工程 2 个，岸线修复工程 3 个，河流综合治理 30.6 千米，污水处理厂新建和改扩建工程 5 个，市政污水日处理能力达到 18 万吨；大力推广测土配方施肥，强化农业面源污染治理，关停禁养区养殖场户 459 个，规模养殖场粪污处理设施配套率达到 100%。同时，龙口市持续推进生态修复，绿化造林 2.3 万亩，加大对自然保护区、水源地、河口湿地等的保护力度，有力推动了城乡生态环境质量的提升。

三　龙口市产城融合发展的经验与启示

新型城镇化建设不仅要注重“面子”，而且要注重“里子”，打造“民有所呼、政有所应”的理想城市。龙口市产城融合描绘了城市发展的新路径，也给全国提供了宝贵的经验启示。通过依托产业集群、壮大数字经济以及塑造智慧城市来做好“以人为本”的答卷，这才是产城融合发展的本质所在。

（一）依托产业集群做好社会保障“必答题”

龙口市基于产城融合发展特色产业集群，依托市（区）或产业园区集中管理，以中小企业为主体，以特色产业为支柱，集聚具有产业关联的中小企业以及相关服务、管理和科研等支撑机构，在特定空间范围内共享专业人才、市场、技术和信息等诸多产业要素，形成具备“区域面积100平方千米以内、协作配套企业100户以上、年营业收入100亿元以上”等条件的优势产业集聚区，使该产业集聚区具有产业集聚度高、成长性好、创新能力强、公共服务完善、发展环境优良、带动能力强的特点和优势。

“四大组团”“四大板块”承载了全龙口市约70%以上的人口、80%以上的企业和90%以上的生产力。以新型农村社区建设为载体，聚集各类生产要素，探索出一条产城融合发展的新型城镇化路子。板块发展是先进加工制造业的主载体。其中，高新技术产业区板块内各类企业吸纳农业人口5000余人，带动区内13个村实现了由农村向城镇的跨越；诸由工业集中区板块坚持农村新型社区与特色产业园区同步推进，该镇的中际公司与前柞杨村建立了合作共建关系，建设了高标准农村社区，对村庄进行了整体搬迁，节余土地指标用于企业发展，促进就地就近城镇化；滨海旅游度假区板块结合园区开发，先后启动了福海、福苑2处社区的建设，8个村共计2000户群众成建制实现城镇化。基于准确的功能定位、完备的配套设施，依托产业集群，组团板块被有效激活、膨胀发展、扩张规模、吸纳人口、改善民生，做好社会保障“必答题”，推动新型城镇化驶入“快车道”。

（二）壮大数字经济答好公共服务“加分题”

“十四五”期间，龙口市将“数字龙口”作为经济高质量发展的首位战略，培育壮大数字经济，加快推进各领域“数字产业化”和“产业数字化”，推进城市数字基础设施体系建设，提升数字政府现代化治理水平，改善数字城市的民生问题。

“数字龙口”需要打通传统“烟囱”系统，点亮智能化的“眼睛和经脉”，开发机器视觉、通信网络、数字平台、大数据平台、人工智能平台等数字基础设施。龙口市基于产业云平台，构建丰富的大数据应用，打造统一的交通、医疗、政务、工业等大数据平台。目前，龙口市数字化平台基于大数据、海量数据，能实现城市治理模式和治理方式的创新重塑，从医疗服务、环境保护、应急管理、建筑工地、公共安全和为民服务等方面，通过数据归集、智慧应用、大数据分析，充分挖掘数据信息在感知城市公共服务方面的应用价值，实现公共服务管理的可视、可管和可控，答好公共服务的“加分题”。

（三）塑造智慧城市用好社会管理“综合题”

龙口市坚持“以人为本”，推动城市全要素融合，将现代物联网、云计算、大数据、空间地理信息技术和智能技术运用在政务服务、社会管理、民生服务、产业发展方面，以智慧城市现代化科学的综合管理和便捷有效的民生服务为目标，扎实推进城市智能体的顺畅运行。

城市智能体建设涵盖“感、传、知、用”等要素，具有人体“眼、脑、手、脉”的功能。目前，龙口市拥有城市运行管理中心、智慧政务、智慧应急、智慧工地、智慧交通、智慧医疗、智慧供暖、智慧城管、智慧旅游等40多种智慧工程，是集实时监测、快速预警、主动预防和决策指挥于一体的智慧城市。龙口市为建设宜居、智能、有韧性的城市，全面向数字城市和新型智慧城市转型发展，大力促进政府信息化、城市信息化、社会信息化，以提升生活品质和城市整体形象，达到加快城市社会经济发展、提升城市竞争力和居民幸福指数的目的。塑造智慧城市，答好社会管理“综合题”，从快速发展到高质量发展，从系统建设到城市运营管理，一幅全新的智慧城市图景正在龙口展开。

Abstract

This book analyzes the achievements of the implementation of rural revitalization strategy in Yantai, looks forward to the future development trend, and implements the evaluation and prediction of the development index of rural revitalization. Based on this, from the perspective of industrial development, rural construction, and farmers' life, the book comprehensively analyzes the problems existing in the implementation of the rural revitalization strategy in Yantai, and explores the improvement path. Finally, taking the two counties of Qixia and Longkou as examples, the book shares typical cases of the cooperatives led by Party branch and the urban-rural integration to provide a useful reference for other regions to comprehensively promote the rural revitalization strategy. This book consists of 13 chapters, including one main report and four thematic chapters.

First, the overall achievements and future prospects. This part analyzes the achievements of the rural revitalization strategy in Yantai from the five aspects of the rural revitalization strategy, and summarizes the main practices and experiences and analyzes the main problems. Finally, to put forward the policy recommendations for promoting high-quality rural revitalization strategies in the future.

Second, development evaluation and prediction. In this part, the main indexes of Yantai rural revitalization strategic planning are compared and analyzed to the realization degree of each subsystem of rural revitalization, and predicts the main indicators.

Third, industrial development status research. Industrial prosperity is the foundation of rural revitalization. This part mainly studies the effect of Yantai's rural industry development, puts forward the future strategic focus and countermeasures, and on this basis, carries on the systematic analysis to Yantai's current rural collective economy modernization and marine ranch development.

Fourth, rural construction status research. Focusing on the modernization of Yantai's rural governance system and capability, rural human settlement environment improvement, and equalization of basic public services in urban and rural areas, this part systematically analyzes the development achievements and main practices, dissects existing problems, and puts forward countermeasures and suggestions.

Fifth, peasant's life status research. This part focuses on the income and consumption of rural residents, explores the path and measures to increase the income of rural residents in Yantai, and then analyzes the consumption status of rural residents and future prospects. Meanwhile, this part also analyzes the realistic dilemma and positive measures of realizing common prosperity of the rural elderly population under the background of aging, and defines specific countermeasures.

Sixth, typical instance studies. Taking Qixia and Longkou as examples, this part systematically analyzes the successful practices and experiences of the cooperatives led by Party branch in promoting the development of rural collective economy and the urban-rural integration in creating county high-quality development, so as to reveal the underlying enlightenment and to provide reference for the effective implementation of the rural revitalization strategy.

Keywords: Rural Revitalization; Index Evaluation; Industrial Development; Human Settlement; Public Service

Contents

I General Reports

Abstract: The comprehensive implementation of the rural revitalization strategy is the key to solving the "three agricultural issues" and an important path to achieve common prosperity. As the central city of Shandong Peninsula, an important port city in Bohai Rim region and a national historical and cultural city, Yantai has achieved a series of phased achievements in implementing the rural revitalization strategy in the first year of the 14th Five-Year Plan. The grain production showed a pattern of "three increases", and fruit industry and other characteristic industries were developed efficiently. Through the introduction and cultivation of talents, the construction of rural revitalization talent team has been vigorously promoted. The construction of rural customs and civilization has been carried out in an orderly manner by taking multiple measures. The construction of beautiful countryside has been promoted across the board, and the rural living environment has been improved. The organizational guidance has been further strengthened, and the modernization level of rural governance has been significantly improved. These achievements are mainly attributed to the strengthening of political responsibility and sense of responsibility, the activation of rural resource factors for rural revitalization, the implementation of the village Party branch-led cooperative system, the improvement of the living environment, and the guidance of Party building in rural governance. Despite the remarkable achievements, compared with the objectives of the national rural revitalization strategy, the endogenous driving force of agricultural economic growth in Yantai is still insufficient, rural talent support needs to be further strengthened, rural cultural construction needs to be improved, and the task of ecological and environmental protection in agriculture and rural areas is still arduous. In order to further promote the efficient implementation of the rural revitalization strategy, Yantai should continue to promote the high-quality development of agriculture, improve the construction level of beautiful countryside, deepen the comprehensive rural reform and improve the level of equalization of basic public services in urban and rural areas. Therefore, the following countermeasures and suggestions are put forward to speed up the process of Yantai rural revitalization and to create rural revitalization Qilu model city. Firstly, accelerating the improvement of agricultural quality and efficiency, and promote the integration of rural three industries. Secondly, strengthening talent cultivation and introduction and improving rural development power. Thirdly, reinforcing work support and service guarantee, and promoting rural cultural construction. Fourthly, promoting environmental protection and governance to facilitate rural ecological revitalization. Fifthly, promoting the integration of autonomy, rule of law and rule of virtue, and continue to improve the level of rural governance. Sixthly, expanding the channels for increasing farmers' income and adopt multiple measures to promote common prosperity.

Keywords: Rural Revitalization; Rural Governance; Modernization of Rural Areas

Abstract: Evaluation was carried out on the process of Yantai rural revitalization strategy planning. After focusing on the evaluation of the completion of 24 accessibility indicators, it was concluded that Yantai City has made important progress since the implementation of the rural revitalization strategy. The overall implementation quality of rural revitalization strategic planning goals is high, and it can achieve index innovation and overall consideration of goals. It is becoming the pilot area leading the rural revitalization of Qilu model. From the perspective of the five sub-systems of rural revitalization, the overall realization degree of the three sub-systems of "industrial prosperity", "effective governance" and "rich life" is relatively consistent, while the completion degree of some indicators of "ecological livable" and "rural culture and civilization" is lagging behind, so it is necessary to accelerate the improvement and adjust the idea of indicator design. Each subsystem has a number of advantage indicators, which represent the direction of agricultural and rural modernization and make important contributions to the implementation of rural revitalization. Focusing on the development goals of high-quality and efficient agriculture, livable and business-suitable rural areas, rich and prosperous farmers during the 14th Five-Year Plan period, 13 keyindicators were selected to forecast the targets for 2025, forming a trend outlook for rural revitalization in the 14th Five-Year Plan period.

Keywords: Rural Revitalization; Index Evaluation; Qilu Model

Ⅱ Industry Development

Abstract: Industrial prosperity is the primary task of rural revitalization strategy. By fully applying the new development concept and meeting the requirements for high-quality development, the rural industries in Yantai has achieved great success, the quality and efficiency of industries with agricultural specialty have been heavy promoted, the level of green development of agriculture has been orderly improved, the driving effect of new agricultural business entities has become more prominent, the primary, secondary and tertiary industries in rural areas have been more integrated, and the effective connection between poverty alleviation and rural revitalization has also been further consolidated. This has laid a good foundation for building Qilu model demonstration city of rural revitalization. In order to ensure food security, promote high-quality agricultural development and achieve common prosperity, Yantai will continue to adhere to the bottom line thinking of food security in the future, and continue to promote the development of characteristic industries. Strengthen scientific and technological innovation to enable modern agriculture. Foster new types of agricultural operation entities and continue to increase farmers' incomes. Improve industrial and value chains to promote high-quality agricultural development. In view of the practical problems in the development of Yantai's rural industry, the following policy suggestions are put forward to promote the high-quality development of the city's rural industry and accelerate the comprehensive realization of the rural revitalization strategy. The first is to lead the revitalization of rural industry by strengthening the construction of grassroots party organizations. The second is to empower the integrated development of rural industry by strengthening scientific and technological innovation. The third is to promote the ecologicaliza-tion of industry and ecological industrialization. The fourth is to strengthen the support of resource elements through multiple measures. The fifth is to establish and improve the development system and mechanism of rural industry.

Keywords: Rural Industry; Green Development; Rural Revitalization; Modernization of Agriculture; High-quality Development

Abstract: Under the background of rural revitalization strategy, Yantai city actively promotes the modernization of rural collective economy, and has embarked on a road of rural collective economy modernization with the characteristics of Yantai city. After combing, this report found that Yantai paid great attention to the development of rural collective economy, and promoted the development and growth of rural collective economy with the Party building leading cooperatives as the starting point, and constantly deepened the reform of rural property rights system and the innovation of management system, which created conditions for the high-quality development of rural economy. However, there are still some problems in the modernization process of Yantai's rural collective economy, including the construction of grass-roots party organizations to be strengthened, the lack of strong growth points in the development of rural collective economy, the imbalance of collective economic development between regions and villages, and the policy and capital environment to be improved. It is suggested that in the future, on the basis of continuing to deepen the guidance of Party construction, further optimize the policy and fund environment, develop the rural collective economy according to local conditions, and explore the long-term mechanism for the continuous increase of farmers' income.

Keywords: Rural Development; Collective Economy; Rural Property Right System Reform; Rural Revitalization

B.5 The Effect and Countermeasure of Yantai Marine Ranch Development

Cao Jianhua, Wang Tiantian / 083

Abstract: Marine ranch is not only an important producing method for restoring the ecological environment and increasing fishery resources, but also a comprehensive carrier of the new six industries of marine fishery development in China, which is green, low-carbon and sustainable. The construction of marine ranch in Yantai has lots of advantages such as superior material, technical and industrial foundations. It is a pilot area for marine ranch construction in the whole country and Shandong Province, and has become the main engine to promote local fishery transformation and upgrading. In recent years, a number of policy documents, including marine ranch development plans, implementation opinions and measures, have been issued. A "4 belts and 20 groups" marine ranch pattern has been established. The "4 belts, 10 points, 100 boxes" demonstration projects have been carried out smoothly. The marine fishery resources have been recovered. The construction of marine ranches has shown a trend of large-scale, equipment-based and intelligent development. The development model of recreational fisheries such as "marine ranch + marine equipment + tourism" has grown into new industries and new formats, promoting the integrated development of modern fishery three industry. In practice, the Marine Ranch Industry Technology Innovation Strategic Alliance has been established, and three organizational models have been innovated, that is, the "government + fishery + marine engineering" multi-linked development model, the "land-sea relay" compatibility model, and the "big fishing belt + small fishing" sharing model, etc. Due to the short construction time, insufficient basic research, lagging supporting facilities, and weak construction of the blue silicon valley, the industrial transformation is facing many uncertain factors. There is also an economic downward pressure. It is recommended to strengthen the basic research, the blue silicon valley seed base, the supporting facilities and the information construction, also the marine economic system cultivating, and policy supporting.

Keywords: Marine Ranch; Smart Ocean; Industrial Integration; Augmentation Fishery; Recreational Fishery

Ⅲ Rural Construction

Abstract: Rural governance is not only an important part of the national governance system, but also a solid foundation for rural revitalization. Yantai is the "seventh consecutive championship" city in the country's comprehensive social management. Innovatively carry out the construction of a series of rural grassroots governance infrastructure projects such as "Law and Virtue Promotion" and the Four Morals Project. Yantai's rural governance system has formed a set of standards, mainly including the grass-roots organization construction system, the villagers' self-governance management system, the rural public security system, the morality and kindness system, the law-abiding behavior system, and the rural industry development system. The rural revitalization of Yantai City puts forward higher requirements for the modernization of the rural governance system and governance capacity of Yantai City. To realize the modernization of the rural governance system and governance capacity, we can start from the leadership of party building, regional integration, "combination of four governance", sinking of management and service forces, and grassroots services. The implementation of specific capabilities, etc.

Keywords: Rural Governance System; Governance Capacity Modernization; Rural Revitalization

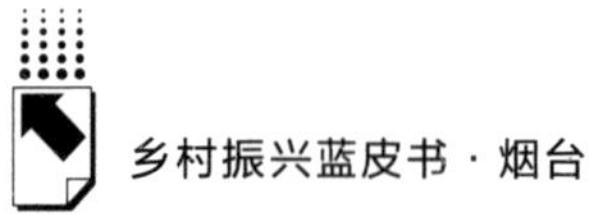

B.7 The Approaches and Countermeasures for Rural Living Environmental Improvement in Yantai City

Bao Xiaobin, Liu Miao / 116

Abstract: The comprehensive improvement of rural living environment quality is an important task for implementing Rural Construction Action Program in the new period in Yantai city and the main path for promoting rural ecological civilization construction. Yantai city has made great progress in improving the rural living environment, such as rebuilding sanitary toilets, disposing of household garbage, sewage treatment, centralized water supply, and improving the appearance of villages. The production and living conditions of farmers have been significantly improved, and the level of rural culture and civilization has been significantly raised. Based on the progress on rural living environmental governance in Yantai city, this report shows the main existing problems, such as the imperfect rural public services, rural living environmental governance separated from rural overall construction planning, no coordination mechanism among rural sectors, ineffective supervising methods for rural living environment, insufficient input of rural living environmental governance. Meanwhile, it determines the key tasks of improving the rural living environment of Yantai in the new period, which mainly include the rural "toilet revolution", domestic garbage treatment, domestic sewage treatment, rural drinking water safety, rural layout construction, village appearance beautification and rural cultural construction. Finally, it puts forward the following countermeasures for promoting rural living environmental improvement, including completing rural public health security system, establishing effective maintenance mechanism for the rural living environment, increasing multiple inputs on rural living environmental improvement, encouraging peasant participation in rural living environmental governance and strengthening the supervision for the rural living environmental governance.

Keywords: Living Environment; Rural Construction; Environmental Governance; Public Services

Abstract: Promoting the equalization of basic public services in urban and rural areas is an important starting point for China's modernization and common prosperity. This report sorts out the relevant measures and main achievements of Yantai City in promoting the equalization of urban and rural basic public services in recent years, clarifies the main problems existing in the non-equalization of urban and rural basic public services in Yantai City, and the reasons for these problems, and on this basis puts forward the path and countermeasures to achieve the equalization of basic public services in urban and rural areas of Yantai City. Formulate an integrated planning system for urban and rural basic public services. Transform government functions and establish a scientific and effective management mechanism. Deepen the reform of the financial system and improve the public finance system. Innovate diversified rural basic public service supply models, etc. Narrow the gap between urban and rural areas, realize the "same frequency resonance" between the basic public service guarantee and social and economic development in Yantai, and strive to write a chapter in the new era of rural revitalization Qilu model Yantai chapter.

Keywords: Basic Public Services; Social Security; Rural Revitalization

Ⅳ Peasant Life

Abstract: Increasing farmers' income is an important dimension of common prosperity. Against the background of the complex international situation, the arduous task of reform, development and stability, and the sudden impact of the

COVID－19, Yantai's farmers have stepped into a new level in increasing their income, but they also face many challenges. Adapting to the new situation and promoting the continuous growth of farmers' income is the basic problem faced by Yantai's agricultural and rural work in the new era. It is necessary to adhere to the new development concept, take the implementation of the rural revitalization strategy and build a model city for rural revitalization as the main starting point, deepen the structural reform of the agricultural supply side, accelerate the integrated development of urban and rural areas, develop high-quality agriculture, animal husbandry and fishery, and create characteristic industries to promote employment transfer, promote the reform of the rural property rights system, improve the quality of rural public services, focus on building a long-term mechanism for farmers to continuously and steadily increase their income, and further expand the channels for farmers to increase their income, so that rural residents can share the fruits of national development and move towards common prosperity.

Keywords: Increase Farmers' Income; Transfer Employment; Characteristic Industries; Property Rights Reform; Rural Economy

Abstract: Grasping the current situation of rural residents' consumption and clarifying the development potential for upgrading is of great significance for comprehensively promoting the rural revitalization of Yantai. Entering a new stage of development, the consumption of rural residents in Yantai has increased rapidly, the urban-rural consumption gap has gradually narrowed, and the development of consumption levels among regions has been uneven. Rural residents still have the highest proportion of subsistence consumption, while there is more space for upgrading enjoyment consumption. Durable consuming goods are showing a trend of upgrading in the direction of convenience of life, functional integration and individual preference. However, the outbreak of the COVID-19 has slowed down the pace of rural consumption upgrading. The consumption level of rural residents in Yantai is in a leading position in the rural areas of Shandong Province. And it still has huge development potential compared to the consumption level of urban residents. According to the current consumption growth pattern, the consumption potential will be effectively released in the next fifteen years. But it will only catch up with the current urban consumption level, and there is still a certain gap between the goal of common prosperity. It is necessary to further stimulate the release of rural consumption potential through effective policy measures. In the future, it is necessary to improve the social security system, and at the same time, it should promote the steady growth of rural residents' income and the change of consumption concept. It is also necessary to improve the supporting infrastructure related to consumption and strengthen the supervision of the consumption market. Ultimately, the growth and structural upgrading of rural residents' consumption will be realized, and contributions will be made to the comprehensive promotion and implementation of Yantai's rural revitalization.

Keywords: Rural Consumption; Consumption Upgrade; Rural Revitalization

Abstract: The elderly in rural areas are the key and difficult groups for all citizens to achieve common prosperity. Compared with the whole country, Yantai has entered an aging society nearly 10 years earlier. The degree of aging in Yantai is much higher than the average level of Shandong and the whole country. The degree of aging in rural areas of Yantai is much higher than that in urban areas. There are multiple practical difficulties in the common prosperity of the rural elderly population in Yantai. In recent years, Yantai has actively faced the problem of aging in rural areas, made efforts from various aspects to focus on solving the problem of common prosperity of the elderly, and achieved certain results in terms of material prosperity, collective prosperity, and spiritual prosperity. In the future, Yantai should promote the income diversification of the rural elderly population more effectively , build a high level of rural social security investment, make rural collective economic organizations more effective in the common prosperity, establish a comprehensive rural pension system for the elderly in rural areas to achieve common prosperity.

Keywords: Elderly Population; Aging Society; Common Prosperity

V Typical Instances

Abstract: Implementing the rural revitalization strategy is a important decision made at the 19th National Congress of the Communist Party of China and a necessary requirement for promoting high-quality rural development. Among them, developing rural collective economy is the key. Qixia City, Yantai city, Shandong Province, has launched the "Qixia Exploration" of rural revitalization by carrying out the mode of "Party branch leading cooperative" and actively innovating the development path of collective economy. Based on the practice case of "Party branch leading cooperative" in Qixia City, this report discusses the development mode and current situation, practice and effect, experience and enlightenment of leading cooperative, and discusses the new mode, new mechanism, new kinetic energy and new channel. Through the analysis of successful practical cases, it is concluded that upholding the leadership of rural primary party organizations is the core, developing and strengthening the rural collective economy with high quality is the direction, improving the linkage and supporting mechanism of rural elements is the guarantee, and increasing farmers' income and realizing the achievement sharing is the fundamental.

Keywords: Collective Economy; Party Branch-led Cooperative System; Poverty Crucid; Rural Revitalization

Abstract: The CPC Central Committee attaches great importance to the urbanization construction with the county seat as an important carrier, and it is imperative and urgent to accelerate the construction of new urbanization. Longkou City of Yantai in Shandong Province has opened a practical chapter in the construction of a new type of county-level urbanization in the new era, practiced the integrated development model of industry and city, and created a "Longkou Model" of high-quality development at county level. Based on the practical cases of the integrated development of industry and city in Longkou City, this report discusses the development model and status, practices and results and experience enlightenment of the integration of industry and city, and discusses to revitalize the city through production, build a new type of urbanization, and empower the power of urban-rural integration. Through the analysis of successful practice cases, summarizing the essence of the integrated development of industry and city, adhering to "people-oriented", and relying on industrial clusters to do a good job in social security "required questions", strengthening the digital economy to answer public services "bonus points", and shaping smart city to making good use of social management "comprehensive problem".

Keywords: Integrated Development of Industry and City; Digital Economy; New Type of Urbanization; Wisdom City

皮 书

智库成果出版与传播平台

✧ 皮书定义 ✧

皮书是对中国与世界发展状况和热点问题进行年度监测，以专业的角度、专家的视野和实证研究方法，针对某一领域或区域现状与发展态势展开分析和预测，具备前沿性、原创性、实证性、连续性、时效性等特点的公开出版物，由一系列权威研究报告组成。

✧ 皮书作者 ✧

皮书系列报告作者以国内外一流研究机构、知名高校等重点智库的研究人员为主，多为相关领域一流专家学者，他们的观点代表了当下学界对中国与世界的现实和未来最高水平的解读与分析。截至 2021 年底，皮书研创机构逾千家，报告作者累计超过 10 万人。

✧ 皮书荣誉 ✧

皮书作为中国社会科学院基础理论研究与应用对策研究融合发展的代表性成果，不仅是哲学社会科学工作者服务中国特色社会主义现代化建设的重要成果，更是助力中国特色新型智库建设、构建中国特色哲学社会科学“三大体系”的重要平台。皮书系列先后被列入“十二五”“十三五”“ 十四五”时期国家重点出版物出版专项规划项目；2013~2022 年，重点皮书列入中国社会科学院国家哲学社会科学创新工程项目。

中国社会发展数据库（下设 12 个专题子库）

紧扣人口、政治、外交、法律、教育、医疗卫生、资源环境等 12 个社会发展领域的前沿和热点，全面整合专业著作、智库报告、学术资讯、调研数据等类型资源，帮助用户追踪中国社会发展动态、研究社会发展战略与政策、了解社会热点问题、分析社会发展趋势。

中国经济发展数据库（下设 12 专题子库）

内容涵盖宏观经济、产业经济、工业经济、农业经济、财政金融、房地产经济、城市经济、商业贸易等12个重点经济领域，为把握经济运行态势、洞察经济发展规律、研判经济发展趋势、进行经济调控决策提供参考和依据。

中国行业发展数据库（下设 17 个专题子库）

以中国国民经济行业分类为依据，覆盖金融业、旅游业、交通运输业、能源矿产业、制造业等 100 多个行业，跟踪分析国民经济相关行业市场运行状况和政策导向，汇集行业发展前沿资讯，为投资、从业及各种经济决策提供理论支撑和实践指导。

中国区域发展数据库（下设 4 个专题子库）

对中国特定区域内的经济、社会、文化等领域现状与发展情况进行深度分析和预测，涉及省级行政区、城市群、城市、农村等不同维度，研究层级至县及县以下行政区，为学者研究地方经济社会宏观态势、经验模式、发展案例提供支撑，为地方政府决策提供参考。

中国文化传媒数据库（下设 18 个专题子库）

内容覆盖文化产业、新闻传播、电影娱乐、文学艺术、群众文化、图书情报等 18 个重点研究领域，聚焦文化传媒领域发展前沿、热点话题、行业实践，服务用户的教学科研、文化投资、企业规划等需要。

世界经济与国际关系数据库（下设 6 个专题子库）

整合世界经济、国际政治、世界文化与科技、全球性问题、国际组织与国际法、区域研究 6 大领域研究成果，对世界经济形势、国际形势进行连续性深度分析，对年度热点问题进行专题解读，为研判全球发展趋势提供事实和数据支持。

法律声明